历史的镜子

吴晗·著

听吴晗讲史系列丛书

A Mirror of History

Listen to Historian Wu Han series

浙江人民出版社

图书在版编目（CIP）数据

历史的镜子 / 吴晗著. — 杭州 ：浙江人民出版社，2020.1(2021.4 重印)
（听吴晗讲史）
ISBN 978-7-213-09558-0

Ⅰ. ①历… Ⅱ. ①吴… Ⅲ. ①中国历史-研究-明代 Ⅳ. ①K248.07

中国版本图书馆 CIP 数据核字(2019)第 263982 号

历史的镜子

吴晗 著

出版发行：浙江人民出版社（杭州市体育场路 347 号 邮编 310006）
市场部电话：(0571)85061682 85176516
责任编辑：诸舒鹏
营销编辑：陈雯怡
责任校对：姚建国
责任印务：程 琳
封面设计：朱 珺 鲁晴雅
电脑制版：杭州大漠照排印刷有限公司
印 刷：杭州丰源印刷有限公司
开 本：880 毫米×1230 毫米 1/32 印 张：10.25
字 数：225 千字 插 页：2
版 次：2020 年 1 月第 1 版 印 次：2021 年 4 月第 2 次印刷
书 号：ISBN 978-7-213-09558-0
定 价：45.00 元

目　录

上编　历史的镜子

下编 灯下集

上编

历史的镜子

论社会风气[①]

宋人张端义在他所著的《贵耳集》中有一段话：

> 古今治天下多有所尚，唐虞尚德，夏尚功，商尚老，周尚亲，秦尚刑法，汉尚材谋，东汉尚节义，魏尚辞章，晋尚清谈，周隋尚族望，唐尚制度文华，本朝尚法令议论。

把每一个时代的特征指出。“尚”从纵的方面，可以说是时代精神，从横的方面，可以说是社会风气。

一时代有它的特殊时代精神、社会风气，也就是有所“尚”，这是合乎历史事实的。成问题的是所尚的“主流”，是发端于“治天下者”？是被治的下层民众？是中间阶层的士大夫集团？

就历代所“尚”而言，三代邈远，我们姑且搁开不说，秦以下的刑法、材谋、节义、辞章、清谈、族望、制度文华、法令议论，大体上似乎都和小百姓无干，治天下者的作用也只是推波助澜，主流实实在在发于中层的士大夫集团，加以上层的提倡，下层的随和，才会蔚为风

① 编者注：《历史的镜子》于1946年8月由生活书店出版，是吴晗自编的第一本杂文集，记录了此时已过“而立”、未及“不惑”的吴晗，身处时代浪潮之中，以历史学者的身份对古今历史问题、当时社会现象等所做的深入思考。

气，滂薄一世。不管历史对所“尚”的评价如何，就主流的发动而论，转变社会风气，也就是所谓移风易俗，只有中层的士大夫集团才能负起责任。

就上述的所“尚”而论，有所“尚”同时也有所弊。社会风气的正常或健全与否，决定这一社会人群的历史命运，往古如此，即在今日也还是如此。例如秦尚刑法，其弊流为诽谤之诛，参族之刑，残虐天下，卒以自灭。东汉尚节义，固然收效于国家艰危之际，可是也造成了处士盗虚声，矫名饰行，欺世害俗的伪孝廉、伪君子。晋尚清谈，生活的趣味是够条件了，其弊流为只顾耳目口腹的享受，忘掉国家民族的安危。王夷甫一流人的死是不足塞责的。周隋尚族望（唐也还未能免此），流品是“清”了，黄散令仆子弟的入仕，都有一定的出身。谱牒之学也盛极一时，可是用人唯论门第，不责才力，庸劣居上位，才俊沉下品，政治的效率和纲纪也就谈不到了。高门子弟坐致三公，尽忠于所事的道德也当然说不上了。宋尚法令议论，史实告诉我们，宋代的敕令格式，一司一局的海行往往一来就是几百千卷，结果是文吏疲于翻检，夤缘为奸。议论更是不得了，当靖康艰危之际，敌人长驱深入，政府群公还在议战议和议守议逃，议论未决，和战未定，敌人已经不费一兵一卒渡过了黄河进围开封了。饶是兵临城下，还是在议论和战，和战始终不决，战也不能战，和也和不了，终于亡国。

史实明明白白地告诉我们，社会风气所尚的正面，给一群特殊人物以方便，尚族望的给高门子弟以仕进的优先权，尚法令议论的给文墨之士以纵横反覆的际会。反面呢，寒士拮据一生，终被摈斥于台阁之外，国民杀敌破家，不能于国事置喙一字，他们的血是无代价地被这群人所牺牲了。

从历史上的社会风气的正反面，来衡量近三十年来的变局，也许可以给我们以一个反省的机会。

最近三十年间的变革，不能不归功于致力新文化运动的先辈，他们负起了转移社会风气的责任。举具体的例子来说，他们把人从旧礼教旧家庭之下解放出来，他们打倒了父母之命媒妁之言的买卖式婚姻，妇女再嫁和离婚已不再成为社会的话柄。受之父母的头发给剪掉了，缠足解放了。诘屈难解的文言代替以明白易懂的白话，对于旧的传说和史实重新予以科学的评价，传统的经典也从语言学比较文字学各方面予以新的意义。他们也介绍了西洋的新思想，民主与科学，奠定了新时代的学术风气，综合地说明这时期的社会风气，可以说是所尚在“革”。

反面呢？破坏了旧的以后，新的一套还不曾完备地建设起来，小犊偾辕，前进的青年凭着热情、毅力，百折不回地着手建设所憧憬的乐园，他们不顾险阻，不辞劳瘁，继续前进，要完成新文化运动所启示的后果，结局是遇到障碍，时代落在他们的后面。他们的血汇合起来成为一条大河，滋润后一代人的心灵，给史家以凭吊的资料。

这一转变正在继续迈进中，光明已经在望了，突然爆发了不甘奴役的抗战，前后经过了七年的艰苦挣扎，创造了新的时代精神，前一时期的思想的解放，于此转变为整个民族的解放了。

七年来的抗战，完成了民族统一的伟业，提高了国际地位，就对外的同仇敌忾这一点来说，我们做到了史无前例，全国人民一心一德的地步。可是就对内方面说，似乎过度动荡紧张的情绪，使整个社会失去了常态，“人”重新归纳在民族抗战的前提之下，前一时期所破坏的对象，又以另一姿态出见，另一名词出现了。近几年来随着不正常的物价狂跌，安居乐业的悠闲趣味已被生存问题所威胁，随之社会风气也起了重大的空前的变化，这变化根本变化了个人的思想信仰，被变化了的人所作的不正常的活动，也根本促进社会风气的再变化，循环激荡，互相因果，变化的痕迹有线索可寻，病象也极明白，举目前能够看出来而又可说的大概有几方面：

第一是过去造成社会风气的主流，所谓中层集团的渐趋消灭。这集团包括曾受教育的智识分子和小有产者。在历史上，这个集团的政治意识是最保守的，下层民众的叛乱，多由这个集团负责任压制和敉平，元末豪族之抵抗香军，清代后期曾、胡、左、李诸人之对抗太平天国即是著例。这七八年来，这集团的人一小部分离开原来的岗位，长袖善舞，扶摇直上，爬到上层去了。大部分人则被自然所淘汰，固定的收入减为战前的百分之四，终日工作所得不及一引车卖浆者流，失去产业，失去过去可以自慰的优越感，鸠形鹄面，捉襟露肘，儿女啼饥号寒，甚至倒毙路旁，冤死床笫，被推落在下层。中间阶层将被肃清了。以后会只剩了上层和下层，一富一贫，形成鲜明的对比。

第二是道德观念的改变。前一时代的社会舆论，所称扬的是有才有能的人（这类人虽然事实上并不很多），并不一定以财富为标准，著名的贪官污吏，军阀劣绅，虽然满足于个人生活的享受，却也还知道清议可畏，不敢用圣经贤传的话来强自粉饰。现在则正好相反，能弄钱和赚钱最多的是合乎生存条件的优胜者，社会并不追问他的钱是由于贪污，由于走私，由于囤积，只要腰缠万贯，即使是过去不齿于乡党的败类，也可遨游都市，号为名流，经商入仕，亦商亦官，无不如意。至于遵守法纪、忠心职业的人，不是被排挤，就是困死病死，即使不死，也永远无声无息，得不到社会的尊敬，更得不到朋友的同情，乡党的称誉。道德的观念，因社会的变革而需要重新估价了。

第三是职业的混淆与贪污。就几年来的见闻，靠固定收入来维持生活的人，逼于环境，非兼差或兼业不能生存，有人甚至于同时兼任三四个机关有给的职务，或者兼管有倍蓰利润的商业，不但学商不分，工商不分，连官商也不分了。东边画卯，西边报到，日夜奔波，以正业为副业，敷衍了事，以兼业为本分，全神贯注，习与性成，以为天经地义，无可非议。不但做事效率无从谈起，单就各行各业各机关的人事异动来说，人人都存三日京兆之心，随时都准备作乔迁之计，人不安业，业也不能择人，社会的国家的损失，在这种职业的混淆和流动之下，简直是不可以数字来计算。更进一步，若干败类借口于收入不足以赡家养身，公开收受贿赂，营私舞弊，破法坏法，贪污成为风气，置国法清议于不顾，大官小官，都成利薮，大事小事，尽是财源，上行下效，惘然不知廉耻之为何物，这种不正常的现象如不纠正，未来的建国大业，恐怕会有无从下手的困难。

就以上所指出的几方面，综合起来，就历史系统而强为归纳，这时期所尚的恐怕是"利"！美名之为拜金主义。这是一个可怕的病态，比敌人的侵略更可怕的病症。目前如不努力设法转变，用社会的力量来移风易俗，则抗战虽然胜利，恐怕我们的损失将会比失败更为可怕。

论贪污

古语说:“无敌国外患者国恒亡。”这是历代相传的名言,颠扑不破的真理。其实,征之于过去的史实,这句话还可引申为:“内政修明而有敌国外患者国必不亡!”“内政不修而无敌国外患者国恒亡”。

内政不修的含义极广,举实例说明之,如政出多门,机构庞冗,横征暴敛,法令滋彰,宠佞用事,民困无告,货币紊乱,盗贼横行,水旱为灾等等都是,而最普遍最传统的一个现象是贪污。这现象是“一以贯之”,上述种种实例都和“她”有母子关系,也可以说贪污是因,这些实例是果。有了这些现象才会有敌国外患,反之如政治修明,则虽有敌国外患也不足为患。

贪污这一现象,假如我们肯细心翻读过去每一朝代的历史,不禁令人很痛心地发现“无代无之”,竟是与史实同寿!我们这时代,不应该再讳疾忌医了,更不应该蒙在鼓里夜郎自大了。翻翻陈账,看看历代覆亡之原,再针对现状,求出对症的药石,也许可以对抗建大业有些小补。

一部二十四史充满了贪污的故事,我们只能拣最脍炙人口的大人物举几个例,开一笔账,“豺狼当道,安问狐狸!”下僚小吏,姑且放开不谈。

过去历史上皇帝是国家元首，皇帝的宫廷财政和国家财政向来分开，但是有时候皇帝昏乱浪费，公私不分，以国产为私产，恣意挥霍，闹得民穷财尽，这种情形，史不绝书。最奇的是皇帝也有贪污的，用不正当的方法收受贿赂，例如汉灵帝和明神宗。汉灵帝为侯时常苦贫，及即位后，每叹桓帝不能作家居，曾无私钱，故卖官聚钱，以为私藏。光和元年(178 年)，初开西邸卖官，二千石二千万，四百石四百万，公千万，郎五百万，富者先入钱，贫者到官然后倍输。崔烈入钱五百万拜司徒，拜日天子临轩，百僚毕会。灵帝忽然懊悔，和左右说，这官卖得上当，那时只要稍为措住一下，他会出一千万的。大将如段颎、张温虽然有功，也还是用钱买，才能做三公。又收天下之珍货，每郡国贡献，先输内廷，名为导引费。又税天下田亩什钱修宫室，内外官迁除都先到西园讲价钱，大郡至二三千万，付了钱才能上任，关内侯值钱五百万。他把国库的金钱缯帛取归内府，造万金堂贮之，藏不下的寄存在小黄门常侍家。黄巾乱起，卒亡汉社。无独有偶，一千四百年后的明神宗也是爱钱胜过爱民的皇帝，他要增殖私产，到处派太监榷税采矿，大珰小监，纵横绎骚，吸髓饮血，以供进奉，有的称奉密旨搜金宝，募人告密，有的发掘历代陵寝，豪夺民产，所至肆虐，民不聊生，大小臣工上疏谏止的一概不理，税监有所纠劾的却朝上夕报，立得重谴。结果内库虽然金银山积，民间却被逼得叛乱四起，所遣税监高淮激变于辽东，梁永激变于陕西，陈奉激变于江夏，李奉激变于新会，孙隆激变于苏州，杨荣激变于云南，刘成激变于常镇，潘相激变于江西，瓦解土崩，民流政散，甚至遣使到菲律宾采金，引起误会，侨民被杀的至二万五千人，国库被挪用空乏，到了外患内乱迭起、无可应付时，请发内库存金，却靳靳不肯，再三催讨，才勉强发出一点敷衍面子。他死后，不过二十多年，明朝就亡国了,推原根本,亡国的责任应该由他的贪污行为负责。

皇后贪污亡国的,著名的例子有五代唐庄宗的刘后。刘后出身寒微,既贵,专务蓄财,薪蔬果茹,都贩鬻充私房,到了做皇后时,四方贡献,分作两份,一上天子,一上中宫,又广收货赂,营私乱政,宫中宝货山积,皇后的教和皇帝的制敕并行,藩镇奉之如一。邺都变起后,仓储不足,军士有流言,政府请发内库金帛给军,庄宗要答应,她却说自有天命,不必理会。大臣再三申论,她拿出妆具和三个银盆,又叫三个皇子出去说,人家说宫中蓄积多,不知都已赏赐完了,止留下这些,请连皇子卖了给军士罢。到庄宗被弑后,她却打叠珍宝驮在马鞍上,首先逃命。余下带不走的都被乱军所得。

大臣贪污乱国的更是指不胜屈,著例如唐代的杨国忠、元载,宋代的秦桧、贾似道,明代的严嵩,清代的和珅。史书记元载籍没时,单胡椒一项就有八百斛,钟乳五百两。严嵩的家产可支军饷数年,籍没时有黄金三万余两、白金二百余万两,其他珍宝不可胜计。隐没未抄的不可计数。和珅的家产可以供给全国经费二十年,以半数就够付清庚子赔款。

太监得君主信任的,财产的数目也多得惊人。例如明代的王振,籍没时有金银六十余库,玉盘百,珊瑚高六七尺者二十余株。刘瑾擅权不过六七年,籍没时有大玉带八十束,黄金二百五十万两,银五千万余两,其他珍宝无算。

一般官僚的贪污情形,以元朝末年作例。当时上下交征,问人讨钱,各有名目,所属始参曰拜见钱,无事白要曰撒花钱,逢节曰追节钱,生辰曰生日钱,管事而索曰常例钱,送迎曰人情钱,勾追曰赍发钱,论诉曰公事钱。觅得钱多曰得手,除得州美曰好地,补得职近曰好窠。遇事要钱,成为风气,种下了亡国的祸根。

武人的贪污在历史上也不能例外，有个著名的故事说，五代时有一个军阀被召入朝，百姓喜欢极了，说是从今拔去眼中钉了，不料这人在朝廷打点花了大钱，又回旧任，下马后即刻征收“拔钉钱”。又有一军阀也被召入朝，年老的百姓都摸摸胡子，会心微笑，这人回任后，也向百姓要“摸胡子钱”。

上下几千年，细读历史，政简刑清，官吏廉洁，生民乐业的时代简直是黄钟大吕之音，少得可怜。史家遇见这样稀觏的时代，往往一唱三叹，低徊景仰而不能自已。

历朝的政治家用尽了心力，想法子肃清贪污，树立廉洁的吏治，不外两种办法，第一种是厚禄，他们以为官吏之所以不顾廉耻，倒行逆施，主要原因是禄不足以养廉，如国家所给俸禄足够生活，则一般中人之资，受过教育的应该知道自爱。如再违法受赃，便是自暴自弃，可以重法绳之。第二种是严刑，国家制定法令，犯法的立置刑章，和全国共弃之。前者例如宋，后者例如明初。

宋代官俸最厚，京朝官有月俸，有春冬服（绫绢绵），有禄粟，有职钱，有元随傔人衣粮、傔人餐钱。此外又有茶酒厨料之给，薪蒿炭盐诸物之给，饲马刍粟之给，米面羊口之给。外官则别有公用钱，有职田。小官无职田者别有茶汤钱，给赐优裕，入仕的人都可得到生活的保障，不必顾念身家，一心一意替国家做事。一面严刑重法，凡犯赃的官吏都杀无赦，太祖时代执法最严，中外官犯赃的一定弃市。太宗时代也还能维持这法令，真宗时从轻改为杖流海岛。仁宗以后，姑息成风，吏治也日渐腐败，和初期的循良治行不可同日而语了。明代和宋代恰好相反，明太祖有惩于元代的覆败，用重刑治乱国，凡贪官污吏重则处死，轻也充军或罚作苦工，甚至立剥皮之刑，一时中外官吏无不重足屏息，奉公畏法。仁、宣两代继以宽仁之治，一张一弛，倒也建设了几十年的清明政治。正统以后，情形便大不相同了，原因是明代官俸本来不厚，洪武年代还可全支，后来便采用折色的办法，以俸米折钞，又以布折俸米，朝官每月实得米不过一二石，外官厚者不过三石，薄的一石二石，其余都折钞布，钞价贬值到千分之二三，折算实收一个正七品的知县不过得钱一二百文。仰无以事父母，俯无以蓄妻子，除了贪污，更无别的法子可想。这情形政府当局未尝不了解，却始终因循敷衍，不从根本解决，上下相蒙，贪污成为正常风气，时事也就不可问了。

由于上述两个例子，宋代厚禄，明初严刑，暂时都有相当效果，却都不能维持久远。（但是比较地说，宋代一般的吏治情形要比明代好一点。）原因是这两个办法只能治标，对贪污的根本原因不能发生作用。治本的唯一办法，应该从整个历史和社会组织去理解。

一直到今天为止，我们的政治，我们的社会组织，我们的文化都是以家族为本位的。在农村里聚族而居，父子兄弟共同劳作，在社会上工商也世承其业，治国平天下的道理也从修身齐家出发。孝友睦姻是公认的美德，几代同居的大家族更可以夸耀乡党。做官三辈爷，不但诰封父母，荫及妻子，连亲戚乡党也鸡犬同升。平居父诏其子，兄诏其弟以做官发财，亲朋也以此相勉，社会也以此相钦羡，“个人”在这环境下不复存在，一旦青云得路，父族妻族儿女姻戚和故旧乡里都一拥而来，禄薄固不能支给，即禄厚又何尝能够全部应付，更何况上官要承迎，要人要敷衍，送往迎来，在在需钱！如不贪污非饿死冻死不可！固然过去也有清官，清到儿女啼饥号寒，死后连棺材也买不起的。也有做官一辈子，告休后连住屋也没有一间的。可是这类人并不多，一部正史的循吏传也不过寥寥十数人而已。而且打开天窗说亮话，这些人之所以做清官，只是用礼法勉强约束自己，有一个故事说某一清官对人说钱多自然我也喜欢，只是名节可畏，正是一个好例。

根据这个理解，贪污的根绝，治本的办法应该是把“人”从家族的桎梏下解放出来。个人生活的独立，每一个人都为工作而生存，人与人之间无倚赖心。从家族本位的社会组织改变为个人本位的社会组织，自然，上层的政治思想文化也都随而改变。“人”能够独立存在以后，工作的收入足够生活，法律的制裁使他不愿犯禁，厚禄严刑，交互为用，社会上有公开的舆论指导监督，政府中有有力的监察机关举劾纠弹，“衣食足而后知荣辱”，贪污的肃清当然可操左券。

贪污史的一章

吏治的贪污在我国整个历史上，是一个最严重最值得研究的问题。

两个月前作者曾略举历史的例证，撰《论贪污》一文，发表于《云南日报》。在这短文中曾指出："贪污这一现象，假如我们肯细心翻读过去每一朝代的历史，不禁令人很痛心地发现'无代无之'，竟是与史实同寿！我们这时代，不应该再讳疾忌医了，更不应该蒙在鼓里夜郎自大了，翻翻陈账，看看历代覆亡之原，再针对现状，求出对症的药石，也许可以对抗建大业有些小补。"结论是，治本的办法应该是把"人"从家族的桎梏下解放出来，个人生活的独立，每一个人都为工作而生存，人与人之间无倚赖心。从家族本位的社会组织改变为个人本位的社会组织，自然，上层的政治思想文化也都随而改变。"人"能够独立存在以后，工作的收入足够生活，厚禄严刑，交互为用，社会有公开的舆论指导监督，政府中有有力的监察机关举劾纠弹，"衣食足而后知荣辱"，贪污的肃清当然可操左券。所说多属通论，意有未尽，现在专就一个时代研究贪污的现象和背景，作为贪污史的一章。

我所挑选的一个代表时代是明朝，因为这时代离我们近，史料也较多,《明史·循吏传序》说:“明太祖下逮宣仁,抚循休息,民人安乐、吏治澄清者百余年。英武之际,内外多故,而民心无土崩瓦解之虞者,亦由吏鲜贪残,故祸乱易弭也。嘉隆以后,资格既重……庙堂考课,一切以虚文从事,不复加意循良之选,吏治既已日偷,民生由之益蹙。”陈邦彦在他的《中兴致要》书中也说:“嘉隆以前,士大夫敦尚名节,游宦来归,客或询其囊橐,必嗤斥之。今天下自大吏于百僚,商较有无,公然形之齿颊,受铨天曹,得膻地则更相庆,得瘠地则更相吊。宦成之日,或垂囊而返,则群相讥笑,以为无能。士当齿学之初,问以读书何为,皆以为博科第,肥妻子而已。一行做吏,所以受知于上者非贿赂不为功,而相与文之以美名曰礼。”检《明史·循吏传》所纪循吏一百二十五人,从开国到正德(1368—1521 年)一百五十三年中有一百二十人,从嘉靖到明亡(1521—1644 年),一百二十四年只有五人!清儒赵翼赞叹明代前期的吏治说:“崇尚循良,小廉大法,几有两汉之遗风。”

其实这只是一种比较的说法,事实上嘉隆以前的贪污现象并未绝迹。举著例如洪武时代的勾捕逃军案,兵部侍郎王志受赃二十二万,盗粮案户部侍郎郭桓侵没至千万,诸司官吏系狱至数万人。成祖朝纪纲之作恶,方宾之贪赃,宣宗朝刘观之黩货,英宗朝王振之赂贿兢集,逯杲、门达之勒贿乱政,宪宗朝汪直尚铭,武宗朝刘瑾、江彬、焦芳、韩福、张綵之权震天下,公然纳贿,几乎没有一个时代是不闹得乌烟瘴气的。和嘉靖以来的严嵩、魏忠贤两个时代比较,只是程度上的差异而已。假如像《循吏传》所说,前后两时期真有划然不同之点,那就是陈邦彦所指出的,前一时期,社会尚指斥贪污为不道德,一般士大夫还知道守身自爱,后一时期则贪污成为社会风气,清廉自矢的且被斥为无能。这一风气的变化是值得今日士大夫思之重思之的。

明代吏治的贪污如上举诸例，都已为学人所谂知，不必赘及，现在要说明的是一般的情形。前期如宣德朝可说这朝代的全盛时期，吏治最修明的一阶段了。宣德三年（1428 年）敕谕说："比者所司每缘公务，急于科差，贫富困于买办，丁中之民服役连年，公家所用十不二三，民间耗费，常数十倍。加以郡邑宦鲜得人，吏肆为奸，征收不时，科敛无度，假公营私，弊不胜纪，以致吾民衣食不足，转徙逃亡，凡百应输，年年逋欠，国家仓廪，月计不足。"十年后，英宗初政，三杨当国，有人上书政府叙述地方吏治情形说："今之守令，冒牧民之美名，乏循良之善政，往往贪泉一酌而邪念顿兴，非深文以逞，即钩距之求，或假公营私，或诛求百计，经年置人于犴狱，滥刑恒及于无辜，甚至不任法律而颠倒是非，高下其手者有之，刻薄相尚而避己小嫌入人大辟者有之，不贪则酷，不怠则奸，或通吏胥以贾祸，或纵主案以肥家，殃民蠹政，莫敢谁何。"到七年后王振用事，公开地纳贿，公开地勒索，连政府仅存的一点纪纲都扫地而尽了。

到后期上下贪污相蒙，互相援引，辇毂赂遗，往来如织，民苦贪残者宦称卓异，不但不为察典所黜，而且连连升擢。地方官司捕者以捕为外府，收粮者以粮为外府，清军者以军为外府，长吏则有科罚，有羡余，刑驱势逼，虽绿林之豪，无以复加。搜括聚敛，号为常例，公开声说这钱为朝觐为考课之用，上言之而不讳，下闻之而不惊，驯至国家颁一法令，地方兴建事业，都成为官吏的利薮。以搜括所得经营升调，"以官爵为性命，以钻刺为风俗，以贿赂为交际，以嘱托为当然，以循情为盛德，以请教为谦厚"。萧然而来，捆载而去。即使被铨司察黜，最多也不过罢官，即使被抚按弹劾，最多也不过为民，反正良田大宅，歌儿舞女，不但自己受用，连子孙的基业也已打好，区区一官，倒也无足留恋了。

入仕必由科第，科场的关节，用钱买题目的技术也发见了。做官要做宰相，行贿入阁也成公开的秘密了。科名和辅相都可用金钱取得，其他的情形当然类推可知。

纳贿的技术也随时代而进步，前期孝宗时太监李广惧罪自杀，他家的账簿登载文武大臣纳贿数目被查出，明载某人送黄米若干石，某人白米若干石，孝宗一看吓呆了说，李广能吃多少？后来才知道黄米代表金，白米代表银。后期改以雅称，号为书帕。外官和京官交际，公开有科（给事中）三道（御史）四的比例。开头还假托小书名色，列柬投递标书十册二十册，袖手授受，不让人见，有点忌讳。后来渐渐公开，由白银而黄金而珠玉，数目也逐渐增多。外官和京官出使回来的都以书帕为人情，免不得买一些新书，刻几种新书来陪奉金银珠宝。明代后期刻书之多之滥，就是这个道理。

滔滔者举世皆是也！如饮狂泉，如膺痼疾，上下男女老幼都孜孜矻矻唯利是图，唯钱是贵，不但国家民族的利益谈不到，即是家人父子夫妇兄弟朋友的感情，也以钱来决定其是否持续。

这种风气是怎样造成的？我们最好用当时人的话来说明。

第一是社会教育。读书受苦是为得科名，辛苦得科名是为做官，做官的目的是发财。由读书到发财成为一连串的人生哲学。黄省曾在《吴风录》中说："吴人好游托权要之家，家无担石者入仕二三年即成巨富。由是无不以士为贵。而求入学庠者肯捐百金图之，以大利在后也。"谢肇淛《五杂俎》更说得明白："今之人教子读书，不过取科第耳，其于立身行己不问也。故子弟往往有登朊仕而贪虐恣睢者，彼其心以为幼之受苦，政为今日耳。志得意满，不快其欲不止也。"刘宗周也说："士习之坏也，自科举之学兴而士习日坏。明经取金紫，读易规利禄，自古而然矣。父兄之教，子弟之学，非是不出焉。士童而习之，几与性成，未能操觚，先熟钻刺，一入学校，闯行公庭。等而上之，势分虽殊，行径一辙。以嘱托为通津，以官府为奴隶，伤风败俗，寡廉鲜耻，即乡里且为厉焉，何论出门而往？尚望其居官尽节，临难忘身，一效之君父乎？此盖已非一朝一夕之故矣。”

贪污在这种社会风气之下，习与性成，诚然，非一朝一夕之故矣！

第二是社会环境。一般读书人在得科名的一天，也就是开始负债的一天。吴应箕在他的《拟进策》里说：“士始一窭人子耳。一列贤书，即有报赏宴饮之费，衣宴舆马之需，于是不得不假贷戚友，干谒有司，假贷则期报以异日，谒见则先丧其在我。黠者因之，而交通之径熟，圆巧之习成。拙者债日益重，气日益衰，盖未仕而所根柢于仕者已如此矣。及登甲榜，费且数倍，债亦如之。彼仕者即无言营立家私，但以前此之属债给于民，能堪之乎？”甚至一入仕途，债家即随之赴任，京债之累，使官吏非贪污不可。陶奭龄说：“今寒士一旦登第，诸凡舆马仆从饮食衣服之类，即欲兴膏粱华腴之家争为盛丽，秋毫皆出债家。谒选之后，债家即随之而至，非盗窃帑藏，朘削闾阎，何以偿之？”周顺昌在做官后，被债主所逼，向他的亲戚诉苦说：“诸亲友之索债者填门盈户，甚至有怒面相詈者。做秀才时艰苦备历，反能以馆谷怡二人，当大事。今以滥叨之故，做一不干净人，五年宦游，不能还诸债主，官之累人也多矣。”这是一个不合时代的书呆子，难怪他日后死于魏忠贤之手。

第三是政治环境。皇帝要进献，得宠的内官要贿赂，内阁要，吏部也要，有关的京官也要，上层的抚按要，知府更非多送不可，层层贿赂，层层剥削，钱一本说：“以远臣为近臣府库，以远近之臣为内阁府库。”刘宗周说：“一令耳，上官之诛求，自府而道，自道而司，自司而抚而按，而过客，而乡绅，而在京之权要，递而进焉，肆应不给……”举实例如刘瑾用事时，凡入觐出使官，皆有厚献。给事中周钥勘事归，以无金自杀，令天下巡抚入京受敕，输瑾赂，延绥巡抚刘宇不至，逮下狱。宣府巡抚陆完后至，几得罪，既赂乃令试职视事。上下左右都是贪污的环境，如不照样行贿，不但做不成官，反要得罪，教人如何能不贪污！

第四是政治制度。明代官俸之薄，是有史以来所少见的。宣德时朝臣月薪止给米一石，外官不过三石，原来的俸钞，因为贬值，每贯止实值二三钱。举例说正一品官月俸米八十七石，七品官米七石五斗。洪武时代官俸全给米，有时以钱钞折支，照物价钞一贯钱一千抵米一石，到后钞价日落，才增定每石米折钞十贯。正统时又规定五品以上，米二钞八，六品以下，米三钞七。后又改在外官月支本色米二石，其余俱支折色。照比例推算，正一品月俸得米十七石四斗，余折钞五百九十六贯，以贯值三钱计，合钱一千七百八十八文。外任正七品官知县实得米二石，得钞五十五贯，合钱一百六十五文。结果内外官都无以为生，朝官至于放遣皂隶，责以薪炭。正统元年(1436年)，副都御史吴讷要求增俸，举出一实例说：“洪武年间京官俸全支，后因营造减省，遂为例，近小官多不能赡。如广西道御史刘准，由进士授官，月支俸米一石五斗，不能养其母妻子女，贷同官俸米三十余石，去年病死，竟负无还。”六年巡按山西监察御史曹春也上奏说：“今在内诸司文臣，去家远任，妻子随行，然禄厚者月给米不过三石，禄薄者不过一石二石而已，其所折钞，急不得济，九载之间，仰事俯蓄之具，道路往来之费，亲故问遗之需，满罢闲居之用，其禄不赡，则不免移其所守，此所以陷于罪者多也。”他要求廷臣会议，酌量加俸,使其足够养廉。俸额提高以后,如仍有贪污冒法者,立置重典。可是户部以为定制难改,竟不理会。此后几十年,改折的办法虽然稍有调整,但是离生活水准还是很远。中叶以后钞已成废纸,不值一钱,政府收入的款项改为银子,但官员的薪俸折色,却还是照定制发钞,一直未改。除去上述一切情形,单就官俸说,明代的官吏贪污也是实逼使然,是环境造成的。

生活与思想

大概上了所谓“中年”年纪的人，在饭后，在深宵，有一点可以给自己利用的时间的时候，想想过去，想想现在，终会喟然长叹，感觉到有点，甚至于很不安，困恼，彷徨，但愿时光倒流。至于明天，那简直不敢想起，一想起明天，烦躁，恐慌，算了罢，但愿永远不会有明天。明天是一把利刃，对着你的胸膛，使你戒惧，不敢接近。

过去的怀恋，现实的不安，未来的恐惧，成为一般有家庭之累的，有生活负担的中年人的普遍的感觉。当然，这里所谓中年人应该除开少数的权贵和大大小小的战时暴发户。也除开有信仰有魄力肯做傻事，希望能够以牺牲自己的微少代价，来换取光明的未来的那些“傻子”们。我不说青年，因为青年还在学校，即使已经走进了社会，也还不到对社会负责任的时候，自然，有些有了中年气味的青年人，也可包括在我所指的事实上的中年人之内。

这种普遍的感觉形成一种世纪末的人生观。最好的说明是曹孟德的话：“对酒当歌，人生几何！”苟安甚至麻醉于目前的现实的生活的痛苦，对于未来不敢有计划、有希望，更谈不到理想。这和前一时代相比，和这批中年人的青年时代相比，他们曾幻想明天如何如何，个人如何如何，尽管幼稚，尽管荒唐，却表明他们对前途有信心、有把握，这信心造成了民族的动力，推动时代前进。这信心使他们出汗流血，前仆后继蹈着前人的骷髅向前。然而，现在呢？信心是丧失了，勇气被生活所消沉了，一部分人学得糊涂，也乐得糊涂，“各人自扫门前雪，莫管他家瓦上霜”。发发牢骚，哭哭穷苦，横直无办法，而且假使有办法，自己也得救了，不会比别人吃亏。没办法呢？你一个人又济得甚事。一部分人变得聪明了，他们继承而且体会了“明哲保身”的古训，是非只为多开口，既然不应该说话，那最好是不说，不该想的最好也不想。做傻事的有的是，办妥了自然不会单撇开我，而且我也是人才，毕竟也撇不开我，弄不好他倒他的霉，也沾不着我。还有一部分呢？会说也会想。他会告诉人这个不好，那个要不得，批评很中肯，有时也还扼要。可是他只是说说，背着人说说，到末了也还是说说而已，以后有好处，他会说这是我说过的，我出过力气，没好处他也不负责任。这三种人处世的方法不同，看法却是一样的，他们以为“国家兴亡，匹夫有责”是书呆子的想头，在民主的国家不是已经有人民的公仆在负责了吗？军队有指挥官，各级政府有长官，付托得人，要你来操这闲心则甚？最要紧的最要操心的还是自己的生活，开门七件事，柴米油盐酱醋茶，还得加上房租小菜灯水四样，添衣服，买袜子，孩子教育和医药费用固然谈不上，这九件事却缺一不可，你这个月的收入只够五天便完了，其余的二十五天是准备吃风还是吃空气？假如你嫌风嫌空气不大饱肚子，那得赶紧张罗，衣服卖完了，书籍吃完了，告贷的门路都堵住了，那你得另生法门，第一是兼差，第二是兼业。兼差兼政府机关职员，公司商店职员，什么都可以，只要有全份米贴。兼业更无所谓，教书，做官，开铺子，跑街，做点肥皂牙粉什么的，甚至种菜种花，养猪养牛都行，不是说国民应该增加生产吗，这正是替国家增产呀！另外有点什么权带上个把什么长之类的，薪水连米贴合起不过六七千元，雇的女帮月薪便是两千三千，每天开销几千元满不在乎。他自己原谅，他不如此干就得饿死，社会也同情他，做官不赚个十万百万，那成个什么官，而且他是人，他有家眷，他总得吃饭呀？人人抱着吃饭第一，弄钱第一，生活至上，现实至上的宗旨，自然，对于国家，对于民族，对于社会，这些空洞的观念只好姑且置之高阁了。

而且最不好的，还是明天。几年来的经验使他深切了解乌龟和兔子赛跑的故事。这故事已经改编了，主要的一点是兔子不但不肯睡一会而且会驾飞机。他已经断了心，放弃了赶上去的幻梦。现实还是现实，第一要明白的是你今天必须要活着，而且有活的权利。对于明天以至遥远的后天或下一个月，你不能有什么打算，即使你要打算，时间可不能对你负责任，三个月前的米价是多少，今天是多少，你过去曾打算到没有？如此这般你本能地明白这个道理，你现在有多少钱，最好即时换成实物，保险你最近不会饿死，票子在市场周流不息地转着，各种货物被大量地小量地囤积着，票子转得愈快，物价就愈高，票子也跟着愈快，循环到了一个限度以后，公的私的出入将都以实物来代替票子，人不但对事失去信心，对未来和对自己本身也失去信心，一切都改变了，头昏眼花，精疲力竭，只好守住今天，对现实做最后的挣扎，明天的且到明天再说了。

生活的改变，改变了一般人的人生观，把握现实，苟延残喘，对前途无信心，对未来无理想，对以后不存希望，这是现在最严重的中年人的痼疾，民族的惰性的蔓延，也是国家的隐忧。

生活改变了思想，转移了社会风气，我们假如还要有明天的话，唯一的办法是想法请兔子先生下来步行，替乌龟先生预备一辆自行车，让一般替国家社会服务的中年人安心于工作，保证他们明天后天还能和今天一样地生活，而且唯有给他们以明天，才是他们唯一的出路。

文字与形式

八股文废止于1902年，到今天已经四十三年了。四十三年在中国人的生命历程来说，是一辈子的大半，时间不可说不久。就形式说，八股文死了几十年，应该早已和草木同腐了。然而，在事实上，它不但未死，它的精神仍然滂薄于新时代新社会，充塞澎沛，表现于每一政令上，每一事务上。形式也依然存在，不过换了新名目，例如四维八德，什么生活，动什么员之类。

六百年的八股文教育，八股文生活，单凭了政治的表面改革，先是由皇帝下一道诏谕，后来又粉刷门面，换上中华民国四个大字，结果当然是形去实存，灵魂不灭。几十年来的政治的社会的经济的思想的一切一切的改革，只是表现在文字上形式上，本体上不但是依然故我，而且变本加厉，就历史的线索来说明，可以说是应有的现象，应有的结果。因为时代的形式虽变，它的精神——八股精神却并未为时代所转变。

抽象地说，八股文之所以为八股文，是因为它专讲求形式，文字只是表达这一机械形式的符号。形式的一定公式是起承转合，例如起句必用“今夫”，承句用“是故”，转句用“然而”，合句用“所以”。无论什么理论或批评或建议，或游记或书后，都可套上这公式。一共四大段，每段又双股对称，说了大半天，尽可毫无意思，等于白说，尤其妙的是最好的文章也就是白说最道地的文章。写的人看的人都彼此心照，明知是如此。相传有一名人作一破题，题目是“鞹”，破题是“鞹，皮去毛者也”。这一点也不错，犹之于说“建设健全的政治必自去贪吏始”一样的合理。但是下文呢，没有了，于是只是一张光皮，一个吏治贪污成为风气的时代而已。

讲求形式的极致，进而讲求书法，墨要浓而发光，字体要方正，风檐寸晷，一刻钟要能写上多少字。主文者也是从此道出身的，只要眼睛看着顺眼，取录的把握就有了五成，形式再不错，就稳着等捷报了。至于意思，那上文已经说过，越没意思越好，实践根本说不上。假如真的有意思，独出心裁的意思，胆敢想前人所未想，说古圣先贤所未说，即是反动，是叛逆，小子鸣鼓而攻之，权威者则将你捉去坐监，杀头。

受了六百年的教育、训练，养成了光白说不做事，专讲形式，玩弄文字的国民性。我们要记住，六百年来的政治，就操在这些专说古圣先贤的话的人手里，从当国的执政到中下属干部，即使是有不从科举出身的，至少也受过八股文的训练。社会上的领袖名流，也无例外。这习性根深蒂固，蟠结在每一个人的心里，活动在每一个人的脑子里，即使是见面寒暄，也还是今天天气好那一套公式。对人无友不如己者，拣高处爬。对事见机而作，有钱落的就干，对己自然是恕道啰，有一千个理由，一千个古人的话可以辩解，自然问心无愧。把自己和自己这批人除开以后，自然更可以应用公式，把所有古圣先贤的话搬出来，一大堆道理教人应该如此，应该如彼。有关国家兴亡民族隆替的，更可以说得叫人感激流涕，忠义愤发。这些语言文字被他的门生故旧撰成志传记状以后，史书采录，自然编入名臣传或理学传，而名垂青史，成为一代完人了。

六百年来所养成的讲求文字与形式的精神，光绪帝的诏书和辛亥革命所给予的打击，只是摧毁了这精神的形式的形式而已。民国五年袁世凯死后，日本首相大限重信在吊袁世凯一文中，感慨地说中国人的特性是专用文字来表现高超的政治见解，所实行的则正好和所说的相反。细读袁世凯的文告诏谕，假如不知他的为人和祸国殃民的经过的，一定会以为是不世出的贤臣圣主伟人。他之所以成功在此，失败亦在此。大限的话固然中肯，但是犹去一间，因为袁氏之所以如此，正因为他是这时代的产物，他是这时代的宠儿，他因为如此，才能得光绪帝的信任，才成为西后的宠臣；因为如此，才能当内阁总理，当总统以至于皇帝。假如没有对外问题，他能得到外国援助的话，也许到今天还是中华民国的皇帝。

民国以来的文字上形式上的成绩，也许会超过世界上任何国家，即使是最先进最民主的国家。我们曾经有过多少套宪法约法，我们也有参照中西集其大成的最完美的民法刑法，我们读过无数通的纲领宣言，我们也有过多少个计划，三年或五年的，并且还有数目字和表格。然而，只是表现在文字上形式上而已。

报纸与舆论

世界上的民主国家，或者多多少少有点民主气味的国家，报纸的主要任务是报道正确的消息，反映、发扬人民对于政府措施的意见，批评，指责，提出纠正，贡献意见，都是人民应有的权利。即使是战时，除掉泄漏军事机密可资敌人利用这一点，国内消息照例不受检查，社评尤其无需乎送检。

民主国家有一个特点，便是多党政治。在野的政党有堂堂正正批评政府的权利，倒过来，在野党执政了，执政党在野，同样保有这权利。彼此互相批评，互相责难，一方面有权提出以事实为根据的质问，被质问的也有义务提供解释的事实，是非曲直，取决于人民的舆论，舆论所表见的工具，最主要的是报纸。

一个国家的前途，发展或停滞，向前或落后，繁荣或衰落，最好的测验器是这一个国家的报纸能不能、敢不敢代表舆论，这也是说明了这国家是为人民所统治，是为人民谋幸福，或是为少数人所统治，为少数人争权利。

拿这个尺度来权衡我国的前途，真使人感慨万端，有不知从何处说起之苦。几十年来我们沐猴而冠，事事学人家，学得都有点样子，例如人家有政府，我们也有，人家有委员会，我们也有，人家有政党，我们也有好几个，人家有报纸，我们居然也有几十百个大大小小的报纸，所不同的是我们的政府是一元的，委员会是一元的，甚至报纸也属于一元的，报纸的消息属于一元，舆论自然也无例外。

就报纸而论，国内外消息由一个机构发出，凡是对某一方面感觉不快或者不方便的，永远不会让人民知道。因之，全国的报纸具有同型的千篇一律的整齐的可爱的面目。就杂志而论，新旧检查条例有十几种之多，现行的一种光是条文就有好几百条。图书杂志内容关于政治的，军事的，外交的，都必须事先送检。尽管全国人民在要求言论自由，思想自由，出版自由，政府也放宽了检查尺度，然而在事实上，这尺度不但未曾放宽，而且更加紧加严了。社论要送检，专载要送检，甚至连通讯、书评、补白也要送检。国内政党关系不许谈，外国法西斯不许谈，连历史上几百年前的专制的黑暗也不许谈，人民的批评意见不许发表，外国的批评指责不许发表，甚至连“履春冰，蹈虎尾”一类警惕的话，也不许发表，于是所有的报纸图书杂志，尽管种类不同，名目不同，地点不同，时间不同，内容都举一可以反三，全部相同，这不但浪费人力物力财力，其结果也会使人民的脑子一型化，僵化，硬化。有计划的桎梏，这国度内的人民将会重返自然，成为木石，成为猿鹿，为葛天氏之民，为无怀氏之民，为羲皇上人！

目前的事实，是报纸杂志和舆论分了家，舆论被埋没在每一人民的胸坎中，报纸杂志离开了现实，背叛了人民，孤零零地挂在半空中，不上不下，不进不退，不左不右，不死不活，只作为这时代的一个应有的点缀品罢了。

即就单纯的报道正确消息这一点而说，举一个实例，两个月以前，昆明学术界宪政研究会所发动的昆明各界双十节纪念大会，全国报纸有哪一家曾把这一事实报道过？又如两星期前，昆明文化界包括三个大学，十几个中学，若干学术文化团体所主办的云南护国起义纪念大会，地点在云南大学，参加的好几千人，会中有行营和省府的代表演讲，有省参议会的主席演讲，有护国耆宿的演讲，会后有大规模的游行，口号是立即实行宪政，保障人民身体自由，铲除贪官污吏，保卫大西南，不但完全合理，而且是完全合法的。不但纪念会和游行的秩序非常良好，而且，这一天是国定的纪念日，中央政府在举行纪念，全国各地在举行纪念，即在昆明同一市区，同日上午省党部在举行纪念，同日晚间，官方还举行提灯大游行。然而，第二天的报纸除官方的纪念和游行大书特书而外，人民的庆祝，人民的纪念，人民的庄严而伟大的游行，却一字不见，一字不提。这一件历史事实被隐没了，被挖去了，人民的愿望被报纸所封锁了，画地为牢，人民的要求被无言的威力所圈禁了。这一件铁一般的事实，说明旧时代里的老话："只许州官放火，不许百姓点灯。"只消把州字代以另一个字，完全适合于当前的情景。时代在变，环境在变，可是这精神还是屹立不变，且更变本加厉。

我们禁不住要质问昆明大大小小几家报纸杂志，他们不是没有采访消息，他们不聋不盲，并非没有看见这一史实，为什么不能报道？为什么不敢报道？

我们也禁不住要对下令免登这消息的机构，提出抗议，凭哪一条法令，凭什么理由，滥用权力，封锁报纸，压制舆论，以一手掩尽天下耳目？

与世无争，与人无争，是懦夫的行为，受辱不争，受害不争，是比懦夫更下一等的奴才行径，我们是懦夫？还是奴才？

我们在这样一个时代，被侵略被压迫的时代，要解放自己，要解放国家,应该先以铲除这不争的恶根性开始。

我们要建设真正的民主政治,自由世界,要从报纸能尽报道批评的责任,替人民服务,用公正的舆论来监督政府,指导政府开始。

报纸与舆论的合一,应该是当前最迫切的人民的要求。

治人与法治

历史上的政治家经常提到的一句话是:“有治人,无治法。”意思是徒法不足以为治,有能运用治法的治人,其法然后足以为治。法的本身是机械的,是不能发生作用的,譬如一片沃土,辽廓广漠,虽然土壤是十分宜于种植,气候也合宜,假如不加以人力,这片地还是不能发生生产作用。假如利用这片土地的人不是一个道地有经验的农人,一个种植专家,而是一个博徒,游手好闲的纨绔子弟,一曝十寒,这片地也是不会有好收成的。反之,这块好地如能属于一个勤恳精明的老农,有人力,有计划,应天时,顺地利,耕耨以时,水旱有备,丰收自然不成问题。这句话不能说没有道理,就历史的例证看,有治人之世是太平盛世,无治人之世是衰世乱世。因之,有些人就以之为口实,主张法治不如人治。

反之,也有人主张:“有治法,无治人。”法是鉴往失,顺人情,集古圣先贤遗教、全国聪明才智之士的精力,穷研极讨所制成的。法度举,纪纲立,有贤德的领袖固然可以用法而求治,相得益彰,即使中才之主,也还可以守法而无过举。法有永久性,假定是环境不变的时候,法也有伸缩性,假定环境改变了,前王后王不相因,变法以合时宜所以成后王之治,法之真精神真作用即在其能变。所谓变是因时以变，而不是因人以变，至于治人则世间不多得，有治人固然能使世治，但是治人未必能有治人相继，尧舜都是治人，其子丹朱、商均却都不肖，晋武帝、宋文帝都是中等的君主，晋惠帝却是个白痴，元凶劭则禽兽之不若。假使纯以人治，无大法可守，寄国家民族的命运于不肖子白痴低能儿枭獍之手，其危险不问可知，以此，这派人主张法治，以法纲纪国家，全国人都应该守法。君主也不能例外。

就人治论者和法治论者所持论点而论，两者都有其颠扑不破的理由，也都有其论据上的弱点。问题是人治论者的治人从何产生，在世业的社会组织下，农之子恒为农，父兄之教诲，邻里之启发。日兹月兹，习与性成，自然而然会成为一个好农人，继承父兄遗业，纵然不能光大，至少可以保持勿失。治人却不同了，子弟长于深宫，习于左右，养尊处厚，不辨菽麦，不知人生疾苦，和现实社会完全隔绝，中才以上的还肯就学，修身砥砺，有一点教养，却无缘实习政事，一旦登极执政，不知典故，不识是非，任喜怒爱憎，用左右近习，上世的治业由之而衰，幸而能再传数传，却一代不如一代，终致家破国灭，遗讥史册。中才以下的更不用说了，溺于邪侈，移于嬖幸，骄悍性成，暴恣自喜，肇成祸乱，身死国危，史例之多，不可胜举。治人不世出，治人之子不必贤，而治人之子却依法非治国不可，这是君主世袭制度所造成的人治论者的致命打击。法治论者的缺点和人治论者一样，以法为治固然是天经地义，问题是如何使君主守法，过去的儒家法家都曾费尽心力，用天变来警告，用人言来约束，用谏官来谏诤，用祖宗成宪来劝导。可是这些方法只能诱引中才以上的君主，使之守法，对那些庸愚刚愎的下才，就无能为力了，法无废君之条，历史上偶尔有一两个例子，如伊尹放太甲，霍光废昌邑，都是不世出的惊人举动，为后来人所不敢效法。君主必须世袭，而世袭的君主不必能守法，虽有法而不能守，有法等于无法，法治论者到此也技穷而无所措手足了。

这两派持论的弱点到这世纪算是解决了，解决的枢纽是君主世袭制度的废除。就人治论者说，只要有这片地，就可以找出一个最合于开发这片地的条件的治人，方法是选举。选出的人干了几年无成绩或成绩不好，换了再选一个。治人之后必选治人相继，选举治人的全权操在这片地的全数主人手上。法治论者的困难也解决了，由全数主人建立一个治国大法，然后再选出能守法的治人，使之依法管理，这被选人如不守法，可由全数主人的公意撤换，另选一个能守法的继任，以人治，亦以法治，治人受治于法，治法运用于治人，由治法而有治人，由治人而励行法治，人治论者和法治论者到此合流了，历史上的争辩告一解决了。

就历史而论，具有现代意义的治法的成文法，加于全国国民的有各朝的法典，法意因时代而不同，其尤著者有唐律和明律。加于治国者虽无明文规定，却有习俗相沿的两句话："国以民为本，民以食为天。"现代的宪法是被治者加于治国者的约束，这两句话也正是过去国民加于治国者的约束。用这两句话来作尺度，衡量历史上的治国者，凡是遵守约束的一定是治人，是治世，反之是乱人，是乱世。这两句话是治法，能守治法的是治人。治人以这治法为原则，一切施政，以民为本，裕民以足食为本，治民以安民为本，事业以国民的利害定取舍从违，因民之欲而欲之，因民之恶而恶之，这政府自然为人民所拥戴爱护，国运也自然炽盛隆昌。

历史上的治人试举四人作例子说明，第一个是汉文帝，第二是魏太武帝，第三是唐太宗，第四是宋太祖。

汉文帝之所以为治人，是在他能守法和爱民。薄昭是薄太后弟，文帝亲舅，封侯为将军，犯法当死，文帝绝不以至亲曲宥，流涕赐死，虽然在理论上他是有特赦权的。邓通是文帝的弄臣，极为宠幸，丞相申屠嘉以通小臣戏殿上大不敬，召通诘责，通叩头流血不解，文帝至遣使谢丞相，并不因幸臣被屈辱而有所偏护。至于对人民的爱护，更是无微不至，劝农桑，敦孝弟，恭俭节用，与民休息，达到了海内殷富、刑罚不用的境界。

魏太武帝信任古弼，古弼为人忠慎质直，有一次为了国事见太武帝面奏，太武帝正和一贵官围棋，没有理会，古弼等得不耐烦，大怒起捽贵官头，掣下床，搏其耳，殴其背，数说朝廷不治，都是你的罪过。太武帝失容，赶紧说“都是我的过错，和他无干”，忙谈正事，古弼请求把太宽的苑囿，分大半给贫民耕种，也满口答应。几月后太武帝出去打猎，古弼留守，奉命把肥马做猎骑，古弼给的全是瘦马，太武帝大怒说：笔头奴敢克扣我，回去先杀他（古弼头尖，太武帝形容为笔头）。古弼却对官属说，打猎不是正经事，我不能谏止，罪小。军国有危险，没有准备，罪大。敌人近在塞外，南朝的实力也很强，好马应该供军，弱马供猎，这是为国家打算，死了也值得。太武帝听了，叹息说：“有臣如此，国之宝也。”过了几日，又去打猎，得了几千头麋鹿，兴高采烈，派人叫古弼征发五百乘民车来运，使人走后，太武帝想了想，吩咐左右曰，算了吧，笔公一定不肯，还是自己用马运吧。回到半路，古弼的信也来了，说正在收获，农忙，迟一天收，野兽鸟雀风雨侵耗，损失很大。太武帝说，果不出我所料，笔公真是社稷之臣。他不但为民守法，也为国执法，以为法是应该上下共守，不可变易，明于刑赏，赏不遗贱，刑不避亲。大臣犯法，无所宽假，节俭清素，不私亲戚，替国家奠定下富强的基础。

唐太宗以武勇定天下，治国却用文治。内举不避亲，外举不避仇，长孙无忌是后兄，王珪、魏徵都是仇敌，却全是人才，一例登用，无所偏徇顾忌，忧国爱民，至公守法。《唐史》记："上以选人多诈冒资荫，敕令自首，不首者死。未几有诈冒事觉者，上却杀之，大理少卿戴胄奏据法应流，上怒曰，卿欲守法而使朕失信？对曰，敕者出于一时喜怒，法者国家所以布大信于天下也。陛下忿选人之多诈，故欲杀之，而即知其不可，复断之以法，此乃忍小忿而全大信也。上曰，卿能执法，朕复何忧。"又："安州都督吴王恪数出畋猎，颇损居人，侍御史柳范奏弹之，恪坐免官，削户三百。上曰，长史权万纪事吾儿，不能匡正，罪当死。柳范曰，房玄龄事陛下，犹不能止畋猎，岂得独罪万纪。上大怒，拂衣而入。久之，独引范谓曰：何面折我！对曰，陛下仁明，臣敢不尽愚直。上悦。"前一事他能捐一时之喜怒，听法官执法。后一事爱子犯法，也依法削户免官，且能容忍侍臣的当面折辱。法平国治，贞观之盛的基础就建筑在守法这一点上。

宋太祖出身于军伍，也崇尚法治，《宋史》记："有群臣当迁官，太祖素恶其人不与，宰相赵普坚以为请，太祖怒曰，朕固不为迁官，卿若如何？普曰：刑以惩恶，赏以酬功，古今通道也。且刑赏天下之刑赏，非陛下之刑赏，岂得以喜怒专之！太祖怒甚起，普亦随之，太祖入宫，普立于宫门口，久之不去，太祖卒从之。"皇后弟杀人犯法，依法处刑，绝不宽贷，群臣犯赃，诛杀无赦。

从上引四个伟大的治人的例子，说明了治人之所以使国治，是遵绳于以民为本的治法，治法之所以为治，是在治人之尊重与力行。治人无常而治法有常。治人或不能守法，即有治法的代表者执法以使其就范，贵为帝王，亲为帝子，元舅后弟，宠幸近习，在尊严的治法之下，都必须奉法守法，行法从上始，风行草偃，在下的国民自然兢兢业业，政简刑清，移风易俗，臻于至治了。

就历史的教训以论今日，我们不但要有治法，尤其要有治人。治人在历史上固不世出，在民主政治的选择下，却可以世出继出。治人之养成，选出罢免诸权之如何运用，是求治的先决条件。使有治法而无治人，等于无法，有治人而无治法，无适应时宜的治法，也是缘木求鱼，国终不治。

治人与治法的合一，一言以蔽之，曰实行民主政治。

历史上的君权的限制

近四十年来，坊间流行的教科书和其他书籍，普遍的有一种误解，以为在民国成立以前，几千年来的政体全是君主专制的，甚至全是苛暴的、独裁的、黑暗的，这话显然有错误。在革命前后持这论调以攻击君主政体，固然是一个合宜的策略，但在现在，君主政体早已成为历史陈迹的现在，我们不应厚诬古人，应该平心静气地还原其本来的面目。

过去两千年的政体，以君主皇帝为领袖，用现代话说是君主政体，固然不错，说全是君主专制却不尽然。至少除开最后明清两代的六百年，以前的君主在常态上并不全是专制。苛暴的、独裁的、黑暗的时代，历史上虽不尽无，但都可说是变态的、非正常的现象。就政体来说，除开少数非常态的君主个人的行为，大体上说，一千四百年的君主政体，君权是有限制的，能受限制的君主被人民所爱戴。反之，他必然会被倾覆，破家亡国，人民也陪着遭殃。

就个人所了解的历史上的政体，至少有五点可以说明过去的君权的限制，第一是议的制度，第二是封驳制度，第三是守法的传统，第四是台谏制度，第五是敬天法祖的信仰。

国有大业，取决于群议，是几千年来一贯的制度。春秋时子产为郑国执政，办了好多事，老百姓不了解，大家在乡校里纷纷议论，有人劝子产毁乡校，子产说，不必，让他们在那里议论吧，他们的批评可以作我施政的参考。秦汉以来，议成为政府解决大事的主要方法，在国有大事的时候，君主并不先有成见，却把这事交给廷议，廷议的人员包括政府的高级当局如丞相御史大夫及公卿列侯二千石以至下级官如议郎博士以及贤良文学。谁都可以发表意见，这意见即使是恰好和政府当局相反，可以反复辩论不厌其详，即使所说的话是攻击政府当局。辩论终了时理由最充分的得了全体或大多数的赞成（甚至包括反对者），成为决议，政府照例采用作为施政的方针。例如汉武帝以来的盐铁榷酤政策，政府当局如御史大夫桑弘羊及丞相等官都主张继续专卖，民间都纷纷反对，昭帝时令郡国举贤良文学之士，问以民所疾苦，教化之要。皆对曰，愿罢盐铁榷酤均输官，无与天下争利。于是政府当局以桑弘羊为主和贤良文学互相诘难，词辩云涌，当局几为贤良文学所屈，于是诏罢郡国榷酤关内铁官。宣帝时桓宽推衍其议为《盐铁论》十六篇。又如汉元帝时珠崖郡数反，元帝和当局已议定，发大军征讨，待诏贾捐之上疏独以为当罢郡，不必发军。奏上后，帝以问丞相御史大夫，丞相以为当罢，御史大夫以为当击，帝卒用捐之议，罢珠崖郡。又如宋代每有大事，必令两制侍从诸臣集议，明代之内阁六部都察院通政司六科诸臣集议，清代之王大臣会议，虽然与议的人选和资格的限制，各朝不尽相同，但君主不以私见或成见独断国家大政，却是历朝一贯相承的。

封驳制度概括地说，可以分作两部分。汉武帝以前，丞相专决国事，权力极大，在丞相职权以内所应做的事，虽君主也不能任意干涉。武帝以后，丞相名存职废，光武帝委政尚书，政归台阁，魏以中书典机密，六朝则侍中掌禁令，逐渐衍变为隋唐的三省——中书、门下、尚书——制度，三省的职权是中书取旨，门下封驳，尚书施行。中书省有中书舍人掌起草命令，中书省在得到君主同意或命令，就让舍人起草，舍人在接到词头（命令大意）以后，认为不合法的便可以缴还词头，不给起草。在这局面下，君主就得改换主意。如坚持不改，也还可以第二次第三次发下，但舍人仍可第二次第三次退回，除非君主罢免他的职务，否则，还是拒绝起草。著例如宋仁宗时，富弼为中书舍人，封还刘从愿妻封遂国夫人词头。门下省有给事中专掌封驳，凡百司奏钞，侍中审定，则先读而署之，以驳正违失，凡制敕宣行，大事覆奏而请施行，小事则署而颁之，其有不便者，涂窜而奏还，谓之涂归。著例是唐李藩迁给事中，制有不便，就制尾批却之，吏惊请联他纸，藩曰，联纸是牒，岂得云批敕耶。这制度规定君主所发命令，得经过两次审查，第一次是中书省专主起草的中书舍人，他认为不合的可以拒绝起草，舍人把命令草成后，必须经过门下省的审读，审读通过，由给事中签名副署，才行下到尚书省施行。如被封驳，则此事便当作为罢论。这是第二次也是最后一次的审查。如两省官都能称职，坚定地执行他们的职权，便可防止君主的过失和政治上的不合法行为。从唐到明，这制度始终为政府及君主所尊重，在这个时期内君权不但有限制，而且其限制的形式，也似乎不能为现代法西斯国家所接受。

法有两种，一种是成文法，即历朝所制定的法典，一种是不成文法，即习惯法，普通政治上的相沿传统属之。两者都可以纲纪政事，维持国本，凡是贤明的君主必得遵守。不能以喜怒爱憎，个人的感情来破法坏法。即使有特殊情形，也必须先经法的制裁，然后利用君主的特赦权或特权来补救。著例如汉文帝的幸臣邓通，在帝旁有怠慢之礼，丞相申屠嘉因言朝廷之礼不可以不肃，罢朝坐府中檄召通到丞相府，不来且斩，通求救于帝，帝令诣嘉，免冠顿首徒跣谢，嘉谓小臣戏殿上，大不敬当斩，史今行斩之，通顿首，首尽出血不解，文帝预料丞相已把他困辱够了，才遣使向丞相说情，说这是我的弄臣，请你特赦他，邓通回去见皇帝，哭着说丞相几杀臣。又如宋太祖时有群臣当迁官，太祖素恶其人不与，宰相赵普坚以为请，太祖怒曰，朕固不为迁官，卿若之何！普曰，刑以惩恶，赏以酬功，古今通道也，且刑赏天下之刑赏，非陛下之刑赏，岂得以喜怒专之。太祖怒甚起，普亦随之，太祖入宫，普立于宫门口，久久不去，太祖卒从之。又如明太祖时定制，凡私茶出境，与关隘不讥者并论死，驸马都尉欧阳伦以贩私茶依法赐死（伦妻安庆公主为马皇后所生）。类此的传统的守法精神，因历代君主的个性和教养不同，或由于自觉，或由于被动，都认为守法是做君主的应有的德性，君主如不守法则政治即失常轨，臣下无所准绳，亡国之祸，跷足可待。

为了使君主不做错事，能够守法，历朝又有台谏制度。一是御史台，主要的职务是纠察官邪，肃正纲纪，但在有的时代，御史亦得言事。谏是谏官，有谏议大夫、左右拾遗、补阙，及司谏正言等官，分属中书门下两省（元废门下，谏职并入中书，明废中书，以谏职归给事中兼领）。台谏以直陈主失、尽言直谏为职业，批龙鳞，捋虎须，如沉默不言，便为失职，史记唐太宗爱子吴王恪好畋猎，损居人田苗，侍御史柳范奏弹之，太宗因谓侍臣曰，权万纪事我儿，不能匡正，其罪合死。范进曰，房玄龄事陛下，犹不能谏正畋猎，岂可独坐万纪乎？又如魏徵事太宗，直言无所避。若谏取已受聘女，谏作层观望昭陵，谏怠于受谏，谏作飞仙宫，太宗无不曲意听从，肇成贞观之治。宋代言官气焰最盛，大至国家政事，小至君主私事，无不过问。包拯论事仁宗前，说得高兴，唾沫四飞，仁宗回宫告诉妃嫔说，被包拯唾了一面。言官以进言纠箴为尽职，人君以受言改过为美德，这制度对于君主政体的贡献可说很大。

两汉以来，政治上又形成了敬天法祖的信条，敬天是适应自然界的规律，在天人合一的政治哲学观点上，敬天的所以育人治国。法祖是法祖宗成宪，大抵开国君主的施为，因时制宜，着重在安全秩序保持和平生活。后世君主，如不能有新的发展，便应该保守祖宗成业，不使失坠；这一信条，在消极方面说，固然是近千年来我民族颓弱落后的主因，但在积极方面说，过去的台谏官却利用以劝告非常态的君主，使其安分，使其不做意外的过举。因为在理论上君主是最高的主宰，只能抬出祖宗，抬出比人君更高的天来教训他，才能措议，说得动听。此类的例子不可胜举，例如某地闹水灾或旱灾，言官便说据五行水是什么，火是什么，其灾之所以成是因为女谒太盛，或土木太侈，或奸臣害政，君主应该积极采取相对的办法斥去女谒，罢营土木，驱诛奸臣，发赈救民。消极的应该避殿减膳停乐素服，下诏引咎求直言以应天变。好在大大小小的灾异，每年各地总有一些，言官总不愁无材料利用，来批评君主和政府，再不然便引用祖宗成宪或教训，某事非祖宗时所曾行，某事则曾行于祖宗时，要求君主之改正或奉行。君主的意志在这信条下，多多少少为天与祖宗所束缚，不敢做逆天或破坏祖宗成宪的事。两千年来只有一个王安石，他敢说“天变不足畏，祖宗不足法，人言不足恤”，除他以外，谁都不敢说这话。

就上文所说，国有大事，君主无适无莫，虚心取决于群议。其命令有中书舍人审核于前，有给事中封驳于后，如不经门下副署，便不能行下尚书省。其所施为必须合于法度，如有违失，又有台谏官以近臣之地位，从中救正，或谏止于事前，或追论于事后，人为之机构以外，又有敬天法祖之观念，天与祖宗同时为君权之约束器。在这样的君主政体下，说是专制固然不尽然，说是独裁，尤其不对，说是黑暗或苛暴，以政治史上偶然的畸形状态，加上于全部历史，尤其不应该。就个人所了解，六百年以前的君权是有限制的，至少在君主不肯受限制的时候，还有忠于这个君主的人敢提出指责，提出批评。近六百年来，时代愈进步，限制君权的办法逐渐被取消，驯至以桀纣之行，文以禹汤文武之言，诰训典谟，连篇累牍，"朕即国家"和西史暴君同符。历史的覆辙，是值得读史的人深切注意的。

历史上的政治的向心力和离心力

历史上有若干时代，军权政权法权财权一切大权，始终握于中央政府之手，各级地方政府唯唯听命，中央之于地方，犹躯干之于手足，令出必行。地方之于中央，犹众星之拱北辰，环侍唯谨。例如宋代和明代。

也有若干时代，中叶以后，大权旁落，地方政府自成单位，其强大者更是操纵中枢，形成尾大不掉之势。中枢政令只及于直属的部分，枝强干弱，失去均衡。例如汉末六朝和唐的后期，清的后期。

前者用科学的术语说，我们叫它作政治上的向心力时代，用政治上的术语说，可叫作中央集权时代。后者则是政治上的离心力时代，也可叫作地方分权时代。为避免和现代的政治术语混淆起见，我们还是用向心力和离心力这两个名词较为妥当。

要详细说明上举几个不同时代的各方面情形，简直是一部中国政治史，颇有不知从何处说起之苦，并且篇幅也不容许。我们不妨用简笔画的办法，举几个有趣的例子来说明。办法是看那个时代人愿意在中央做事，还是在地方做事，前者举宋朝作例，后者举唐朝作例。

宋承五代藩镇割据之后，由大分裂而一统。宋太祖采用谋臣赵普的主意，用种种方法收回地方的兵权、政权、法权、财权。中央直属的军队叫禁军，挑选全国最精锐的军人组成，战斗力最强，挑剩的留在地方的叫厢军，全国各地的厢军总数才和禁军的总数相等，以此在质、量两方面禁军都超过了厢军。各地方政府的长官也都直接由中央任免。地方的司法和财政也都由中央派专使，提点刑狱公事和转运使直辖。府县的长官大部分都带有在中央服务的职名，任满后仍须回中央供职，到地方做事只算是出差（差遣）。在这一个系统之下，就造成了政治上的向心力。宋代的各级官吏，都以到地方服务为回到中央供职的过程，内外虽迭用，但最后的归结还是台阁监寺以至两地。如地位已到了台阁侍从，则出任州守，便算谴谪。反之由外面内召，能到曹郎，便是美迁。“故仕人以登台阁，升禁从为显宦，而不以官之迟速为荣滞，以差遣要剧为贵途，而不以阶勋爵邑有无为轻重。”一般士大夫大多顾恋京师，轻易不肯离去阙下，叶梦得《避暑录话》下记有一则范纯仁的故事说：

> 范尧夫每仕京师，早晚二膳，自己至婢妾皆治于家，往往镌削，过为简俭，有不饱者，虽晚登政府亦然。补外则付之外厨，加料几倍，无不厌余。或问其故，曰：人进退虽在己，然亦未有不累于妻孥者。吾欲使居中则劳且不足，在外则逸而有余，故处吾左右者，朝夕所言，必以外为乐，而无顾恋京师之意，于吾亦一佐也。前辈严于出处，每致其意如此。

范尧夫是哲宗时的名臣名相，尚且以克削饮食的手段，来节制出处，可见当时一般重内轻外的情形。南渡后半壁江山，政治重心却仍因制度的关系，维护在朝廷，外官纷纷要求京职。《宋会要稿》九五《职官》六〇之二九：

绍兴九年(1139年)五月二十三日,殿中侍御史周英言:士大夫无安分效职之心,奔走权势,惟恐不及,职事官半年不迁,往往有滞淹之叹。

又一〇六《职官》七九之一二:

庆元二年(1196年)十月十四日,臣僚言,近日监司帅守,到任之后,甫及半考,或几一年,观风问俗,巡历未周,承流宣化,抚字未遍,即致书当路,自述劳绩,干求朝堂,经营召命。

四年八月二十四日,臣僚言,比年以来,州县官吏,奔竞躁进,相师成风,嘱托请求,恬不知耻,贿赂杂沓于往来之市,汗牍旁午于贵要之门,上下玩习,不以为怪。故作县未几,即求荐以图院辖。作倅未几,即求荐以图作州。作州未几,即求荐以图特节。既得节矣,复图职名,得职名矣,复图召命。

以上二例,固然是政治的病态,却也可看出这时代向心力的程度。

再就唐代说,安史之乱是一个路标,乱前内重外轻,乱后内轻外重。乱前的府兵属于国家,乱后节镇兵强,中央衰弱。乱前官吏任免由朝廷,乱后地方多自辟僚属,墨版假授。乱前财政统一,乱后财赋有留州留使,仅上供是朝廷的收入。乱前中央官俸厚,地方官俸薄,乱后恰好相反。至于河北山东割据的藩镇,则索性一切自主,完全和中央无干。乱前士大夫多重内官,轻外职。此种风气,唐初已极显著,贞观十一年(637年)马周上疏即提到这问题,他说:

今朝廷独重内官,刺史县令,颇轻其选。刺史多是武夫勋人,或京官不称职始外出,边远之处,用人更轻,所以百姓未安,殆由于此。[1]

长安四年(704 年)李峤也上疏说:

> 安人之方,须择刺史,窃见朝廷物议,莫不重内官,轻外职,每除牧伯,皆再三披诉。比来所遣外任,多是贬累之人,风俗不澄,实由于此。[2]

神龙元年(705 年)赵冬曦也说:

> 今京职之不称者,乃左为外任,大邑之负累者,乃降为小邑,近官之不能者,乃迁为远官。[3]

直至开元五年(717 年)源乾曜还说:

> 臣窃见势要之家,并求京职,俊乂之士,出任外官,王道均平,不合如此。[4]

这种畸轻畸重的形势,深为当时有识的政治家所忧虑,唐太宗以此自简刺史,令五品以上京官举县令一人。武后时以台阁近臣分典大州,中宗时特敕内外官吏更用,玄宗时源乾曜请出近臣子弟为外官,都想矫正这种弊端。不过全无用处,外官之望京职,有如登仙。《新唐书·倪若水传》:

> 开元初为中书舍人,尚书右丞,出为汴州刺史……时天下久平,朝廷尊荣,人皆重内任,虽自冗官擢方面,皆自谓下迁。班景倩自扬州采访使入为大理少卿,过州,若水饯于郊,顾左右曰:班公是行若登仙,吾恨不得为驺仆!

---

①②③《唐会要》六十八,《刺史》上。
④《唐会要》五十三。

等到“渔阳鼙鼓动地来”，胡笳一声，立刻把这一种向心力转为相反的离心力。《新唐书·李泌传》说：

> 贞元三年(787 年)……时州刺史月俸至千缗，方镇所取无艺，而京官禄寡薄。自方镇入至八座，至谓罢权。薛邕由左丞贬歙州刺史，家人恨降之晚。崔祐甫任吏部员外，求为洪州别驾。使府宾，佐有所忤者，荐为郎官，其迁台阁者，皆以不赴取罪去。泌以为外太重，内太轻，乃请随官闲剧，倍增其俸，时以为宜。而窦参多沮其事，不能悉如所请。

元和时(806—820 年)李鄘为淮南节度使，内召做相，至祖道泣下，固辞不就。《新唐书》本传：

> 吐突承璀数称荐之，召拜门下侍郎同中书门下平章事。鄘不喜由宦幸进，及出，祖乐作，泣下，谓诸将曰：吾老安外镇，宰相岂吾任乎？至京师，不肯视事，引疾固辞。

这情形恰好是乱前乱后绝妙的对照。士大夫都营求外任，不肯赴阙，人才分散在地方，政府无才可用，末期至用朱朴、郑綮做相，“履霜坚冰至”，其由来也渐矣。

明代政治组织较前代进步，内阁决大政，六部主庶务，都督府司兵籍，都察院司弹劾监察，官无虚设，职与事符。并且卫军全属于国家，地方无私兵。地方政府的组织也较前代简单而严密，严格说只有府县两级，均直属中央。原来的三司(布政使司，按察使司，都指挥使司)皆带使名，以中央官外任，后来增设巡抚，也是以中央大员出巡。总督主两省以上的军务，事定即罢。士大夫以内召为宠命。诏书一下，全国上下奉行唯谨。清代因承明制，却有一部分没有学到家，总督军务成为地方常设的经制的疆吏，权限过大过重，前期国势强盛，尚可以一纸命令节制调动。中叶以后，八旗军力衰弱，代以绿营，洪杨乱起，绿营不能用，复代以练勇。事定后，各省疆吏拥兵自重，内中淮军衍变为北洋系，犹自成一系统，潜势力可以影响国政，义和团乱起，南方各省疆吏竟成联省自立的局面。中央政令不行，地方形同割据。革命起后，北洋系的军人相继当国，形成十六年割据混战的局面。在这期间内，政治上的离心力大过向心力，一般智识分子，多服务于地方，人才分散。我们回顾这两千年的专制政治，无论向心或者离心，都是以独夫之心，操纵数万万人之事。而历朝皇帝，都生怕天下把得不稳，于是大量引用戚族，举全国人的血汗，供一家之荣华富贵，荒淫奢侈。自今而后，我们需要向心，我们更需要统一，但我们必须向心于一个民主的政权，我们必须统一于一个民主的政府之下。

说　士

现代词汇中的军人一名词，在古代叫作士，士原来是又文又武的，文士和武士的分立，是唐以后的事。

在春秋时代，金字塔形的统治阶级，王诸侯大夫以下的阶层就是士，士和以上的阶层比较，人数最多，势力也最大。其下是庶民和奴隶，是劳动者，是小人，应该供养和侍候上层的君子。王诸侯大夫都是不亲庶务的，士介在上下层两阶级之间，受特殊的教育，在平时是治民的官吏，在战时是战争的主力。就上层的贵族阶级说，是维持治权的唯一动力，王诸侯大夫如不能得到士的支持，不但政权立刻崩溃，身家也不能保全。就下层的民众说，士又是庶政的推动和执行人，他们当邑宰，管理租赋，审判案件（以此，士这名词又含有司法官的意义，有的时候也叫作士师），维持治安，当司马管理军队，当贾正管理商人，当工正管理工人，和民众的关系最为密切，因之又惯常和民众联在一起。就职业的区分，士为四民之首，其下是农工商。再就教育的程度和地位说，士和大夫最为接近，因之士大夫也就成为代表相同的教育程度和社会地位的一个专门名词。

士在政治上社会上负有特殊任务，在四民中，独享教育的特权。为着适应士所负荷的业务，课程分作六种，称为六艺：礼乐射御书数。内中射御是必修科，其他四种次之。射是射箭和战争技术的训练，御是驾车，在车战时代，这一门功课也是非常重要的。礼是人生生活的轨范，做人的方法，礼不下庶人，在贵族社会中，是最实际的处世之学。乐是音乐，是调剂生活和节制情感的工具，士无故不辍琴瑟，孔子在齐闻韶，三月不知肉味的故事，正可以代表古代士大夫对于音乐的爱好和欣赏的能力，奏乐时所唱的歌词是诗，在外交或私人交际场合，甚至男女求爱时，都可用歌词来表达自己的意思，这些诗被记录下来，保存到现在的叫《诗经》。书是写字，数是算数，要当一个政府或地方官吏，这两门功课也是非学不可的。

士不但受特殊的教育训练，也受特殊的精神训练。过去先民奋战的史迹，临难不屈，见危授命，牺牲小我以保全邦国的可歌可泣的史诗，和食人之禄忠人之事的理论，深深印入脑中。在这两种训练下，养成了他们的道德观念！——忠，忠的意义是应该把责任看得重于生命，荣誉重于安全，在两者发生冲突时，毫不犹豫牺牲生命或安全，去完成责任，保持荣誉。

在封建时代，各国并立，士的生活由他的主人诸侯或大夫所赐的田土维持，由于这种经济关系，士只能效忠于主人。到了秦汉的统一的大帝国成立以后，诸侯大夫这一阶层完全消灭，士便直属于君主与国家，忠的对象自然也转移到对君主对国家了。士分为文武以后，道德观念依然不变，几千年以来的文士和武士，轰轰烈烈，为国家为民族而战争，而流血，而牺牲，不屈不挠，前仆后继，悲壮勇决的事迹，史不绝书。甚至布衣白丁，匹妇老妪，补锅匠，卖菜佣，乞丐妓女，一些未受教育的平民百姓，在国家危急时，也宁愿破家杀身，不肯为敌人所凌辱，这种从上到下，几千年来的一贯信念，是我国的立国精神，是我中华民族始终昂然永存，历经无数次外患而永不屈服，终能独立自主的真精神。

士原来受文事武事两种训练，平时治民，战时治军，都是本分。春秋时代列国的卿大夫，一到战时便统率军队作战，前方后方都归一体（晋名将郤縠以敦诗书礼乐见称，是个著例）。到战国时代，军事渐趋专业化，军事学的著作日益增多，军事学家战术家战略家辈出，文官和军人渐渐开始分别，可是像孟尝君、廉颇、吴起等人，也还是出将入相，既武且文。汉代的大将军、车骑将军、前将军、后将军都是内廷重臣，遇有征伐时，将军固然应该奉命出征，外廷的大臣如御史大夫和九卿也时常以将军号统军征伐，而且文武互用，将军出为外廷文官，外廷文臣改官将军，不分畛域，末年如曹操、孙权都曾举孝廉，曹操横槊赋诗，英武盖世，诸葛亮相蜀，行军时则为元帅，虽然有纯粹的职业军人如吕布、许褚之流，纯粹的文人如华歆、许靖之流，在大体上仍是文武一体。一直到唐代李林甫当国以前，还是边帅入为宰相，宰相出任边帅，内外互用，文武互调。

李林甫做宰相以后，要擅位固宠，边疆将帅多用胡人，胡人不识汉字，虽然立功，也只能从军阶爵邑上升迁，不能入主中枢大政，从此文武就判为两途。安史乱后的郭子仪，奉天功臣李晟，虽然名义上都是宰相，都是汉人，都通文义，却并不与闻政事，和前期李靖、李勣出将入相的情形完全不同了。经过晚唐五代藩镇割据之乱，宋太祖用全力集权中央，罢诸将军权，地方守令都以文士充任，直隶中枢，文士治国，武士作战，成为国家用人的金科玉律，由之文士地位日高，武士地位日低，一味重文轻武的结果，使宋朝成为历史上最不重武的时代。仁宗时名将狄青南北立功，做了枢密使，一些文士便群起攻击，逼使失意而死，南宋初年的岳飞致力恢复失地，也为宰相秦桧所诬杀。文武不但分途，而且成为对立的局面。明代文武的区分更是明显，文士任内阁部院大臣，武士任官都督府卫所，遇着征伐，必以文士督师，武士统军陷阵，武士即使官为将军总兵，到兵部辞见时，对兵部尚书必须长跪。能弯八石弓，不如识一丁字，一般青年除非科举无望，岂肯弃文就武。致武士成为只有技勇膂力而无智识教养的人，在社会上被目为粗人，品质日低，声誉日降，偶尔有一两个武士能通文翰吟咏，便群相惊诧，以为儒将。偶尔有一两个武士发表对当前国事的意见，便群起攻击，以为干政。结果武士自安于军阵，本来无教养学识的，以为军人的职责只是作战，不必求学识。这种心理的普遍化，使上至朝廷，下至闾巷，都以武士不文为当然，为天经地义。武士这一名词省去下一半，武而不士，只好称为武人了。

近百年来的外患，当国的文士应该负责，作战的武士，亦应该负责。七年来的艰苦作战，文士不应独居其功，大功当属于前线流血授命的武士。就史实所昭示，汉唐之盛之强，宋明之衰之弱，士的文武合一和分立，殆可解释其所以然。古代对士的教育和训练，应加以重视，尤其应该着重道德观念——对国家对民族尽责的精神的养成。提高政治水准，为什么而战和有所不为，彻头彻脑明白战争的意义。要提高士的社会地位，必须文事和武事并重，必须政治水准和社会地位提高，这是今后全国所应全力以赴的课题。

宋代两次均产运动

——人民的历史之一章

十世纪末(993—995 年),四川成都平原爆发了伟大的农民均产运动。

十二世纪初(1130—1135 年),湖南洞庭湖一带产米区又爆发了和上次意义相同的运动。

在地主官僚贵族的高压的统治之下,有组织的正规军,犀利的武器,加上全国的财力,这两次均产运动当然是被“肃清”了。失败的鲜血在历史上写下了辉煌的一页。

宋代这两次失败的运动之所以值得现代人特别研究,是因为它们提出了明显的经济的政治的要求,改革的方案,具体的实践,是自觉的人民的呼声,是人民的历史的一章。

第一次的均产运动,宋李攸《宋朝事实》卷十七记:

> 淳化四年(993 年)青城县民王小波聚徒起而为乱。谓其众曰,吾疾贫富不均,今为汝均之。贫民附者益众,先是国家平孟氏(昶)之乱,成都府库之物,悉载归于内府。后来任事者竞功利,于常赋外,更置博买务,禁商贾不得私市布帛。蜀地土狭民

> 稠，耕稼不足以给，由是群众起而为乱。

说明了刺激这运动的两个政治经济的因素，第一是宋军平蜀，把蜀中的财赋都当作战利品运到开封。第二是新治权的统制商业行为，使人民生活陷于绝境。这两个因素造成了蜀人的心理反抗，不甘于被征服者奴役、剥削，起来要求经济上的均等和政治上的解放。

宋王辟之《渑水燕谈录》所记大体相同，他说：

> 本朝王小波李顺王均辈，啸聚西蜀，盖朝廷初平孟氏，蜀之帑藏，尽归京师。其后言利者争述功利，置博易务，禁私市，商贾不行，蜀民不足，故小波得以激怒其人曰，吾疾贫富不均，今为汝均之。贫者附之益众。

均贫富的方案和实践，宋沈括《梦溪笔谈》二十五记（王明清《挥麈后录》五同）：

> 李顺本蜀江王小博之妻弟。始王小博反于蜀中，不能抚其众，众乃推顺为主。顺初起，悉召乡里富人大姓，令具其家所有财粟，据其生齿足用之外，一切调发，大赈贫乏，录用材能，存抚良善，号令严明，所至一无所犯。时两蜀大饥，旬日之间，归之者数万人，所向州县，开门延纳，传檄所至，无复完垒。及败，人尚怀之，故顺得脱去三十余年，乃始就戮。

就是把富豪地主的过剩的，除开生活必需以外的财粟，用公开的手续，让他们自己报告，由人民调发，分配给贫民，这一新的经济措施自然获得广大的贫民阶层的支持。相对的严明的军纪和合理的政治，使这一运动更获得广大的发展，虽然遭遇政府正规军，数和质都占优势的大军所围剿而消灭，然而，在几十年后，这一运动的成果仍然温暖地被保存于蜀中父老子弟的心坎中。

第二次的均产运动的背景，绍兴三年（1133 年）伪齐尚书户部郎中兼权给事中冯长宁、尚书右司员外郎许同伯同修什一税法，报告北宋的税制，给豪富地主以兼并的机会，造成贫富对立的尖锐现象说：

宋之季世，税法为民大蠹，权要豪右之家，交通州县，欺侮愚弱，恃其高赀，择利兼并，势必膏腴，减落税亩，至有入其田宅而不承其税者，贫民下户，急于贸易，俯首听之。间有陈词，官吏附势，不能推割，至有田产已尽，而税籍犹在者，监锢拘囚，至于卖妻鬻子，死徙而后已。官司摊逃户赋，则牵连邑里，岁使代输，无有穷已。折变之法，小估大折，名曰实直，巧诈欺民，十倍榨取，舍其所有，而责其所无。至于检灾之蠲放分数，方田之高下土色，不公不实，皆大姓享其利，而小民被其害。贪虐相资，诛求不辍，朝行宽恤之诏，夕下割剥之令，元元穷蹙，群起为盗。①

洞庭湖沿岸是最饶足的米仓，贫富对立的现象也就特别显著。当宋徽宗正在穷奢极欲，搜敛豪取，建宫室，崇道教，求长生的时候，洞庭西岸武陵的农民钟相，相对的在宣扬等贵贱、均贫富的新教义。《建炎以来系年要录》卷三十一记：

建炎四年（1130 年）正月甲午，鼎州（常德）人钟相作乱，自称楚王。初金人去潭州（长沙），群盗乃大起，东北流移之人，相

① 李心传：《建炎以来系年要录》卷六十五。

> 率渡江……相武陵人,以左道惑众,自号天大圣,言有神灵与天通,能救人疾患。阴语其徒,则曰,法分贵贱贫富,非善法也,我行法,当等贵贱,均贫富。持此语以动小民,故环数百里间,小民无知者翕然从之,备粮谒相,谓之拜父,如此者二十余年。相以故家赀巨万,及湖湘盗起,相与其徒结集为忠义民兵,士大夫避乱者多依之。相所居村曰天子岗,遂即其处筑垒浚壕,以捍贼为名。会孔彦舟入澧州,相乘人情惊扰,因托言拒彦舟以聚众。至是起兵,鼎澧荆南之民响应。相遂称楚王,改元天战,行移称圣旨,补授一用黄牒,一方骚然。遂焚官府城市寺观及豪右之家,凡官吏儒生僧道巫医卜祝之流,皆为所杀。

钟相的作风比李顺又进一步,不但要均贫富,而且要等贵贱,就现在的意义说,不止是彻底消灭地主贵族集团的经济特权,而是更进一步,消除更根本的这一集团人搜括剥削的政治特权。使人人有平等的经济的享受,有过问政治、运用政权的权利。这一运动所消灭的对象,是贪污不法的官吏,武断乡曲的儒生,不劳而食的僧道,和劳苦民众的寄生虫巫医卜祝,四种靠原始迷信生活的废物。所破坏的对象是特权阶级所凭借的官府,和保护官府安全的城市,僧道所在的为民脂民膏所经营的寺观,以及豪右之家,农民所最痛恨的吸血鬼的巢穴。

这一运动经过几次的挫折,最后,于1135年为名将岳飞所荡平。

明代的锦衣卫和东西厂

一

在旧式的政体之下，皇帝只是代表他的家族以及外环的一特殊集团的利益，比较被统治的人民，他的地位，不但孤立，而且永远是在危险的边缘，尊严的神圣宝座之下，酝酿着待爆发的火山。为了家族的威权和利益的持续，他们不得不想尽镇压的法子，公开的律例、刑章，公开的军校和法庭不够用，也不便用，他们还需要造成恐怖空气的特种组织、特种监狱和特种侦探，来监视每一个可疑的人、可疑的官吏，他们用秘密的方法侦伺，搜查，逮捕，审讯，处刑。在军队中，在学校中，在政府机关中，在民间，在茶楼酒馆，在集会场所，甚至在交通孔道，大街小巷，处处都有这类人在活动。执行这些任务的特种组织，历代都有。在汉有“诏狱”和“大谁何”，在唐有“丽景门”和“不良人”，在宋有“诏狱”和“内军巡院”，在明有锦衣卫和东西厂，在袁世凯时代则有“侦缉队”。

锦衣卫和东西厂明人合称为厂卫。从十四世纪后期一直到十七世纪中叶，这两机关始终存在（中间曾经几度短期的废止，但不久即复设）。锦衣卫是内廷的侦查机关，东厂则由宦官提督，最为皇帝所亲信，即锦衣卫也受其侦察。锦衣卫初设于明太祖时，是内廷亲军，皇帝的私人卫队，不隶都督府。其下有南北镇抚司，南镇抚司掌本卫刑名，北镇抚司专治诏狱，可以直接取诏行事，不必经过外廷法司的法律手续，甚至本卫长官亦不得干预。① 锦衣卫的正式职务，据《明史·职官志》说是"掌侍卫缉捕刑狱之事，凡盗贼奸宄街涂沟洫，密缉而时省之"。经过嘉靖初年裁汰后，缩小职权，改为"专察不轨妖言人命强盗重事"②。其实最主要的还是侦察"不轨妖言"，不轨指政治上的反动者或党派，妖言指宗教的集团如弥勒教、白莲教、明教等。明太祖出身于香军，深知"弥勒降生"和"明王出世"等宗教传说，对于渴望改善生活的一般农民，所发生的政治作用，是如何重大。他尤其了解聚众结社对现实政权有如何重大的意义和威胁，他从这两种活动中得到政权，也已为这政权立下基础，唯一使他焦急的问题是如何才能永远子子孙孙都能不费事地继承这政权。他所感觉到的严重危机有两方面：其一是并肩起事的诸将，个个都身经百战，枭悍难制；其二是出身豪室的文臣，他们有地方的历史势力，有政治的声望，又有计谋，不容易对付。这些人在他在位的时候，固然镇压得下，但也还惴惴不安。身后的继承人呢，太子忠厚柔仁，只能守成，不能应变。到太子死后，他已是望七高年，太孙不但幼稚，而且比他儿子更不中用，成天和一批腐儒接近，景慕三王，服膺儒术，更非制驭枭雄的角色。他为着要使自己安心，要替他儿孙斩除荆棘，便不惜用一切可能的残酷手段，大兴胡蓝党案，屠杀功臣，又用整顿吏治，治乱国用重刑的口实，把中外官吏地主豪绅也着实淘汰了一下，锦衣卫的创立和授权，便是发挥这个作用。经过几次的

① 王世贞：《锦衣志》。

②《明史·刑法志》。

大屠杀以后，臣民侧足而立，他觉得自己的地位已经安定了。为了缓和太过紧张的空气，洪武二十年（1387 年）下令焚毁锦衣卫刑具，把锦衣卫所禁闭的囚徒都送刑部。再隔六年，胡党蓝党都已杀完，他不再感觉到政治上的逼胁了，于是又解除锦衣卫的典诏狱权，诏内外狱毋得上锦衣卫，大小案件都由法司治理。天下从此算太平了。①

不到十年，帝位发生争执，靖难兵起，以庶子出藩北平的燕王入居大位，打了几年血仗，虽然到了南京，名义上算做了皇帝，可是地位仍不稳固。因为第一，建文帝有出亡的传说，宫内自焚的遗体中不能决定是否建文帝也在内，假如万一建文帝未死，很有起兵复国的可能。第二，他以庶子僭位，和他地位相同的十几个亲王看着眼红，保不住也重玩一次靖难的把戏（这一点在他生前算是过虑，可是到孙子登位后，果然又闹了一次叔侄交兵）。第三，当时他的兵力所及的只是由北平到南京一条交通线，其他地方只是外表表示服从。第四，建文帝的臣下，在朝的如曹国公李景隆、驸马都尉梅殷等，在地方的如盛庸、平安、何福等都曾和他敌对作战。其他地方官吏文武臣僚也都是建文旧人，不能立地全盘更动。这使他感觉有临深履薄的恐惧。在这样的情况之下，他用得着他父亲传下的衣钵，于是锦衣卫重复活动，一直到亡国，始终做皇帝的耳目，担任猎犬和屠夫的双重任务。

锦衣卫虽然亲近，到底是外官，也许会徇情面，仍是不能放心。明成祖初起时曾利用建文帝左右的宦官探消息，即位以后，以为这些内官忠心可靠，特设一个东厂，职务是“缉访谋逆妖言大逆等”，完

---

①《明史·刑法志》。

全和锦衣卫相同。属官有贴刑，以锦衣卫千百户充任，所不同的是用内臣提督，通常都以司礼监秉笔太监第二人或第三人派充，关系和皇帝最密切，威权也最重。① 以后虽有时废罢，名义也有时更换为西厂或外厂，或东西厂内外厂并设，或在东西厂之上加设内行厂，连东西厂也在伺察之下，但在实际上，厂的使命是没有什么变更的。

厂与卫成为皇帝私人的特种侦探机关，其系统是锦衣卫监察侦伺一切官民，东(西)厂侦察一切官民及锦衣卫，有时或加设一最高机构，侦探一切官民和厂卫，如刘瑾的内行厂和冯保的内厂，皇帝则直接监督一切侦缉机关。如此层层缉伺，层层作恶，人人自疑，人人自危，造成了政治恐怖。

二

厂卫同时也是最高法庭，有任意逮捕官吏平民，加以刑讯判罪和行刑的最高法律以外的权力。

卫的长官是指挥使，其下有官校，专司侦察，名为缇骑。嘉靖时陆炳官缇帅，所选用卫士缇骑皆都中大豪，善把持长短，多布耳目，所睚眦无不立碎。所召募畿辅秦晋鲁卫骈胁超乘迹射之士以千计。卫之人鲜衣怒马而仰度支者凡十五六万人。② 四出迹访："凡缉绅之门，各有数人往来其间，而凡所缉访，止属风闻，多涉暧昧，虽有心口，无可辩白。各类计所获功次，以为升授。凭其可逞之势，而邀其必获之功，捕风捉影，每附会以仇其奸，非法拷讯，时威逼以强其认。"③结果，一般仕宦阶级都吓得提心吊胆，"常晏起早阖，毋敢偶

---

①《明史》，《刑法志》《职官志》。

② 王世贞：《锦衣志》。

③ 傅维麟：《明书》卷七十三。

语，旗校过门，如被大盗”①。抓到了人时先找一个空庙祠宇榜掠了一顿，名为打桩，“有真盗幸免，故令多攀平民以足数者，有括家囊为盗贼，而通棍恶以证其事者，有潜种图书陷人于妖言之律者，有怀挟伪批坐人以假印之科者，有姓名仿佛而荼毒连累以死者”。访拿所及，则“家资一空，甚至并同室之有而席卷以去，轻则匿于档头火长校尉之手，重则官与瓜分”。被访拿的一入狱门，便无生理，“五毒备尝，肢体不全。其最酷者曰琵琶，每上百骨尽脱，汗下如水，死而复生，如是者二三次，荼酷之下，何狱不成”②。

其提人则止凭驾帖，弘治元年(1488年)刑部尚书何乔新奏：“旧制提人，所在官司必验精微批文，与符号相合，然后发遣。近者中外提人，只凭驾帖，既不用符，真伪莫辨，奸人矫命，何以拒之?”当时虽然明令恢复批文提人的制度，可是锦衣旗校却依旧只凭驾帖拘捕。③正德初周玺所说：“迩者皇亲贵幸有所奏陈，陛下据其一面之词，即行差官赍驾帖拿人于数百里之外，惊骇黎庶之心，甚非新政美事。”④便是一个例子。

东厂的体制，在内廷衙门中最为隆重。凡内官奉差关防皆曰某处内官关防，惟东厂篆文为“钦差监督东厂官校力事太监关防”⑤。《明史》记“其隶役皆取给于卫，最轻巧儇佶者乃充之。役长曰档头，帽上锐，衣青素裤褶，系小绦，白皮靴，专主伺察。其下番子数人为干事，京师亡命诓财挟仇视干事者为窟穴，得一阴事，由之以密白于档头，档头视其事大小先予之金，事曰起数，金曰买起数。既得事，

①③《明史·刑法志》。

②《明书》卷七十三。

④《垂光集》一,《论治化疏》。

⑤ 刘若愚:《酌中志》十六。

帅番子至所犯家，左右坐曰打桩，番子即突入执讯之无有左证符牒，赇如数径去，少不如意，榜治之名曰乾酢酒，亦曰搬罾儿，痛楚十倍官刑，且授意使牵有力者，有力者予多金即无事，或靳不予，予不足，立闻上，下镇抚司狱，立死矣”。对于行政官吏所在，也到处派人伺察：“每月旦，厂役数百人掣签庭中，分瞰官府。”有听记坐记之别，“其视中府诸处会审大狱，北镇抚司拷讯重犯者曰听记，他官府及各城门缉访曰坐记”。所得秘密名为打事件，即时由东厂转呈皇帝，甚至深更半夜也可随时呈进，“以故事无大小，天子皆得闻之，家人米盐猥事，宫中或传为笑谑，上下惴惴，无不畏打事件者”①。

锦衣卫到底是比不上东厂亲近，报告要用奏疏，东厂则可以直达。以此，厂权就高于卫。

东厂的淫威，试举一例。当天启时，有四个平民半夜里偷偷在密室喝酒谈心。酒酣耳热，有一人大骂魏忠贤，余三人听了不敢出声。骂犹未了，便有番子突入，把四人都捉去，在魏忠贤面前把发话这人剥了皮，余三人赏一点钱放还，这三人吓得魂不附体，差一点变成疯子。

锦衣卫狱即世所称诏狱，由北镇抚司专领。北镇抚司本来是锦衣卫指挥使的属官，品秩极低，成化十四年（1478 年）增铸北司印信，一切刑狱不必关自本卫，连卫所行下的公事也可直接上请皇帝裁决，卫指挥使不敢干预，因之权势日重。② 外廷的三法司（刑部，大理寺，都察院）不敢与抗。嘉靖二年（1523 年），刑科给事中刘济上言：“国家置三法司以理刑狱，其后乃有锦衣卫镇抚司专理诏狱，缉访于

①《明史·刑法志》。

②《明史》卷九十五。

罗织之门，锻炼于诏狱之手，裁决于内降之旨，而三法司几于虚设矣。”[①]其用刑之惨酷，有非人类所能想象，沈德符记：“凡厂卫所廉谋反杀逆及强盗等重辟，始下锦衣之镇抚司拷问，寻常止曰打着问，重者加好生二字，其最重大者则曰好生着实打着问，必用刑一套，凡十八种，无不试之。”[②]用刑一套为全刑，曰械，曰镣，曰棍，曰拶，曰夹棍，五毒备具，呼号声沸然，血肉溃烂，宛转求死不得。[③] 诏狱“室卑入地，墙厚数仞，即隔壁号呼，悄不闻声，每市一物入内，必经数处检查，饮食之属十不能得一，又不得自举火，虽严寒不过啖冷炙披冷衲而已。家人辈不但不得随入，亦不许相面。惟于拷问之期，得遥于堂下相见”[④]。天启五年（1625 年）遭党祸被害的顾大章所作《狱中杂记》里说：“予入诏狱百日而奉旨暂发（刑）部者十日，有此十日之生，并前之百日皆生矣。何则，与家人相见，前之遥闻者皆亲证也。”拿诏狱和刑部狱相比，竟有天堂地狱之别。瞿式耜在他的《陈时政急著疏》中也说：“往者魏崔之世，凡属凶网，即烦缇骑，一属缇骑，即下镇抚，魂飞汤火，惨毒难言，苟得一送法司，便不啻天堂之乐矣。”[⑤]被提者一入抚狱，便无申诉余地，坐受榜掠。魏大中《自记年谱》：“十三日入都羁锦衣卫东司房，二十八日许显纯崔应元奉旨严鞫，许既迎二魏（忠贤、广微）意，构汪文言招辞而急毙之以灭口。对簿时遂断断如两造之相质，一拶敲一百，穿梭一夹，敲五十板子，打四十棍，惨酷备至，而抗辩之语悉阏不得宣。”“六君子”被坐的罪名是受熊

①《明世宗实录》。
②《野获编》卷二十一。
③《明史·刑法志》。
④《野获编》。
⑤《瞿忠宣公集》卷一。

廷弼的贿赂，有的被刑自忖无生理，不得已承顺，希望能转刑部得生路，不料结果更坏，厂卫勒令追赃，“遂五日一比，惨毒更甚。比时累累跪阶前，诃诟百出，裸体辱之，弛杻则受拶，弛拶则受夹，弛拶与夹则仍戴杻镣以受棍，创痛未复，不再宿复加榜掠。后讯时皆不能跪起荷桎梏，平卧堂下”①。终于由狱卒之手秘密处死，死者家人至不知其死法及死期，苇席裹尸出牢户，虫蛆腐体。六君子是杨涟、左光斗、顾大中、袁化中、周朝瑞、顾大章，都是当时的清流领袖，朝野表率，为魏忠贤所忌，天启五年(1625 年)相继死于诏狱。

除了在狱中的非刑以外，和厂卫互相表里的一件恶政是廷杖，锦衣卫始自明太祖，东厂为明成祖所创设，廷杖却是抄袭元朝的。

在元朝以前，君臣之间的距离还不十分悬绝，三公坐而论道，和皇帝是师友，宋朝虽然臣僚在殿廷无坐处，却也还礼貌大臣，绝不加以非礼的行为，“士可杀不可辱”这一传统的观念，上下都能体会。蒙古人可不同了，他们根本不了解士的地位，也不能用理论来装饰殿廷的庄严。他们起自马上，生活在马上，政府中的臣僚也就是军队中的将校，一有过错，拉下来打一顿，打完照旧办事，不论是中央官，地方官，在平时，或是在战时，臣僚挨打是家常便饭，甚至中书省的长官，也有在殿廷被杖的记载。明太祖继元而起，虽然一力“复汉官之威仪”，摒弃胡俗胡化，对于杖责大臣这一故事，却习惯地继承下来，著名的例子，被杖死的如亲侄大都督朱文正，工部尚书薛祥，永嘉侯朱亮祖父子，部曹被廷杖的如主事茹太素。从此殿陛行杖，习为祖制，正德十四年(1519 年)以南巡廷杖舒芬等百四十六人，死者十一人，嘉靖三年(1524 年)以大礼之争廷杖丰熙等百三十四人，

①《明史纪事本末》卷七十一。

死者十六人。循至方面大臣多毙杖下，幸而不死，犯公过的仍须到官办事，犯私仇者再下诏狱处死。① 至于前期和后期廷杖之不同，是去衣和不去衣，沈德符说："成化以前诸臣被杖者皆带衣裹毡，不损肤膜，然犹内伤困卧，需数旬而后起，若去衣受笞，则始于逆瑾用事，名贤多死，今遂不改。"②廷杖的情形，据艾穆所说，行刑的是锦衣官校，监刑的是司礼监："司礼大珰数十辈捧驾帖来，首喝曰带上犯人来，每一喝则千百人一大喊以应，声震甸服，初喝跪下，宣驾帖杖吾二人，着实打八十棍，五棍一换，总之八十棍换十六人。喝着实打，喝打阁上棍，次第凡四十六声，皆大喊应如前首喝时，喝阁上棍者阁棍在股上也。杖毕喝踩下去，校尉四人以布袱曳之而行。"③天启时万璟被杖死的情形，樊良材撰《万忠贞公传》说："初璟劾魏珰疏上，珰恚甚，矫旨廷杖一百。褫斥为民。彼一时也，缇骑甫出，群聚蜂拥，绕舍骤禽，饱恣拳棒，摘发捉肘，拖沓摧残，曳至午门，已无完肤。迨行杖时逆档领小竖数十辈奋袂而前，执金吾（锦衣卫指挥使）止之曰留人受杖，逆珰瞋目监视，倒杖张威，施辣手而甘心焉。杖已，血肉淋漓，奄奄待尽。"

廷杖之外，还有立枷，创自刘瑾，锦衣卫常用之："其重枷头号者至三百斤，为期至二月，已无一全。而最毒者为立枷，不旬日必绝。偶有稍延者，命放低三数寸，则顷刻殒矣。凡枷未满期而死，则守者掊土掩之，俟期满以请，始奏闻领埋，若值炎暑，则所存仅空骸耳，故谈者谓重于大辟云。"④

诏狱、廷杖、立枷之下，士大夫不但可杀，而且可辱，君臣间的距

①《明史·刑法志》。

②④《野获编》卷十八。

③《熙亭先生文集》四，《恩遣记》。

离愈来愈远，“天皇圣明，臣罪当诛”，打得快死而犹美名之曰恩谴，曰赐杖，礼貌固然谈不到，连主奴间的恩意也因之而荡然无存了。

三

厂卫之弊，是当时人抗议最集中的一个问题，但是毫无效果，并且愈演愈烈。著例如商辂《请革西厂疏》说：“近日伺察太繁，法令太急，刑网太密，官校提拿职官，事皆出于风闻，暮夜搜检家财，初不见有驾帖，人心汹汹各怀疑畏。内外文武重臣，托之为股肱心膂者也，亦皆不安于位。有司庶府之官，资之以建立政事者也，举皆不安于职，商贾不安于市，行旅不安于涂，士卒不安于伍，黎民不安于业。”①在这情形下，任何人都有时时被捕的危险。反之，真是作恶多端的巨奸大憝，只要能得到宫廷的谅解，更可置身法外。《明史·刑法志》说：“英宪以后，钦恤之意微，侦伺之风炽，巨恶大憝，案如山积，而旨从中下，纵不之问。或本无死理，而片纸付诏狱，为祸尤烈。”明代二祖设立厂卫之本意，原在侦察不轨，尤其是注意官吏的行动。隆庆中刑科给事中舒化上疏只凭表面事理立论，恰中君主所忌，他说：“朝廷设立厂卫，所以捕盗防奸细，非以察百官也。驾驭百官乃天子之权，而奏劾诸司责在台谏，朝廷自有公论。今以暗访之权归诸厂卫，万一人非正直，事出冤诬，是非颠倒，殃及善良，陛下何由知之。且朝廷既凭厂卫，厂卫必委之番役，此辈贪残，何所不至！人心忧危，众目睚眦，非盛世所宜有也。”②至于苛扰平民，则更非宫廷所计及，杨涟劾魏忠贤二十四大罪疏中曾特别指出：“东厂原以察奸细，备非常，非扰平民也。自忠贤受事，鸡犬不宁，而且直以快恩怨，

---

①《商文毅公集》卷一。

②《春明梦余录》卷六十三。

行倾陷，片语违，则驾帖立下，造谋告密，日夜未已。”[1]甚至在魏忠贤失败以后，厂卫的权力仍不因之动摇，刘宗周上疏论其侵法司权限，讥为人主私刑，他说：“我国家设立三法司以治庶狱，视前代为独详，盖曰刑部所不能决者，都察院得而决之，部院所不能平者，大理寺得而平之，其寓意至深远。开国之初，高皇帝不废重典以惩巨恶，于是有锦衣之狱。至东厂缉事，亦国初定都时偶一行之于大逆大奸，事出一时权宜，后日遂相沿而不复改，得与锦衣卫比周用事，致人主有私刑。自皇上御极以后，此曹犹肆罗织之威，日以风闻事件上尘睿览，辇毂之下，人人重足。”结果是：“自厂卫司讥访而告奸之风炽，自诏狱及士绅而堂廉之等夷，自人人救过不给而欺罔之习转盛，自事事仰承独断而谄谀之风日长，自三尺法不伸于司寇而犯者日众。”[2]

厂卫威权日盛，使厂卫二字成为凶险恐怖的象征，破胆的霹雳，游民奸棍遂假为恐诈之工具，京师外郡并受荼毒，其祸较真厂卫更甚。崇祯四年(1631 年)给事中许国荣《论厂卫疏》力举例证说：“如绸商刘文斗行货到京，奸棍赵瞎子等口称厂卫，捏指漏税，密擒于崇文门东小桥庙内，诈银二千余两。长子县教官推升县令，忽有数棍拥入其寓内，口称厂卫，指为营干得来，诈银五百两。山西解官买办黑铅照数交足，众棍窥有余剩在潞细铺内，口称厂卫，指克官物，捉拿王铺等四家，各诈银千余两……蓟门孔道，假侦边庭，往来如织……至于散在各衙门者，借口密探，故露踪迹，纪言纪事，笔底可操祸福，书吏畏其播弄风波，不得不醵金阴饵之，遂相沿为例而莫可问。”[3]崇祯十五年(1642 年)御史杨仁愿疏《论假番及东厂之害》说：“臣待罪

---

①《杨忠烈公文集》二。

②《刘子全书》十六《痛陈时艰疏》，十七《敬循职掌疏》。

③《春明梦余录》卷六十三。

南城，所阅词讼多以假番故称冤，夫假称东厂，害犹如此，况其真乎？此由积重之势然也。所谓积重之势者，功令比较事件，番役每悬价以买事件，受买者至诱人为奸盗而卖之，番役不问其从来，诱者分利去矣。挟忿首告，诬以重法，挟者志无不逞矣。伏愿宽东厂事件而后东厂之比较可缓，东厂之比较缓而番役之买事件与卖事件者俱可息，积重之势庶可稍轻。"[①]抗议者的理由纵然充分到极点，也不能消除统治者孤立自危的心理。《明史》说："然帝（思宗）倚厂卫益甚，至国亡乃已。"

民国二十三年十二月旧稿，三十三年五月
为纪念甲申三百周年重写于昆明

① 《明史》，《刑法志》三。

明代的奴隶和奴变

一、奴隶的来源

元末明初的学者陶宗仪，在所著《辍耕录》卷十七奴婢条，说明这时代的奴隶情形，他指出了几点：第一蒙古、色目人的臧获，男曰奴，女曰婢，总称为驱口，这类人是元初平定诸国所俘到的男女匹配为夫妇，所生的子孙，永为奴婢。第二是由于买卖，由元主转卖与人，立券投税，称为红契买到。第三是陪送，富人嫁女，用奴婢标拨随女出嫁。这三类来源不同，性质一样，在法律上和奴隶对称的是良人，买良为驱，就法律说是被禁止的，因为良人是国家的公民，驱口或奴隶则是私人的财产。

其次，奴隶的婚姻限于同一阶级，奴婢止可自相婚嫁，例不许聘娶良家，除非是良家自愿娶奴隶的女儿，至于奴娶良家妇女，则绝对为法律为社会所不容许。

主奴关系的改变，有一种情形。奴隶发了财，成为富人，主子眼红，故意找出一点小过错，打一顿关起来，到他家席卷财物而去，名为抄估。家倾了，产荡了，依然是奴才。除非是自己识相，自动献出家财以求脱免奴籍，主人出了放良凭执，才能取得自由人的地位。

在法律上，私宰牛马杖一百，打死驱口或奴隶呢，比平人减死一等，杖一百七，奴隶的生命和牛马一样！

奴婢所生的子女叫家生孩儿。

买卖奴隶的红契，据姚燧《牧庵集》十二《浙西廉访副使潘公神道碑》说：凡买卖人口，都要被卖人在契上打手指印，用的是食指，男左女右，以指纹的疏密来判断人的短长壮少。这位潘廉访就曾用指纹学，集合同年龄的十个人的指纹，来昭雪一件良人被抑为奴的冤狱。

买奴的实例，最值得我们注意的是1555年杨继盛的遗嘱，他在被杀前写信给儿子处分后事，有一条说：

> 麴钱，他若守分，到日后亦与他地二十亩，村宅一小所。若是生事，心里要回去，你就合你两个丈人商议告着他。——原是四两银子买的他，放债一年，银一两得利六钱，接着年问他要，不可饶他，恐怕小厮们照样行，你就难管。

奴隶作为财产处分的实例，小说《今古奇观》"徐老仆义愤成家"是根据《明史》二百九十卷《阿寄传》写的，淳安徐家兄弟三人分家，大哥分得一匹马，二哥分得一条牛，老三被欺侮，分得五十多岁的老奴阿寄，寡妇成天悲哭，以为马可以骑，牛可以耕田，老奴才光会吃饭，老奴才气急了，发愤经商，发了大财，临死时说："老奴牛马之报尽矣！"

二、《大明律》中的奴隶

驱口这一名词在明代似乎不大用了，奴隶的社会地位和生活情形却并不因为朝代之改变而有所不同。

为了维持阶级的尊严，庶民是不许蓄养奴隶的，《明律》四《户律》一：

庶民之家养奴婢者，杖一百，即放一奴婢从良。

良贱绝对不许通婚，《明律》六《户律》一：

凡家长与奴娶良人女为妻者，杖八十。女家减一等。不知者不坐，其奴自娶者罪亦如之。家长知情者减二等，因而入籍为婢者杖一百。若妄以奴婢为良人而与良人为夫妻者，杖九十，各离异改正。

奸淫的处刑也不问行为，只问所属阶级，《明律》二十五《刑律》八：

凡奴及雇工人奸家长妻女者各斩。妾各减一等，强者亦斩。凡奴奸良人妇女者，加凡奸罪一等。良人奸他人婢者减一等，奴婢相奸者以凡奸论。

殴骂杀伤也是一样，《明律》二十《刑律》三：

凡奴婢殴良人等加凡人一等，至笃疾者绞，死者斩。其良人殴伤他人奴婢者减凡人一等，若死及故杀者绞。若奴婢自相殴伤杀者，各依凡斗伤法，相侵财物者不用此律。

凡奴婢殴家长者皆斩，杀者皆凌迟处死，过失杀者绞，伤者杖一百，流三千里。

若奴婢殴旧家长，家长殴旧奴婢者以凡人论。

凡奴婢骂家长者绞。若雇工人骂家长者，杖八十，徒二年。

大体地说来，私人畜养的奴隶愈多，国家的人民就愈少，租税力役的供给就会感觉到困难。以此政府虽然为代表官僚贵族地主的少数集团利益而存在，但是，这少数集团的过分发展将要动摇政府生存的基础时，政府也会和这少数集团争夺人口，发生内部的斗争。著例如洪武五年(1372 年)五月下诏解放过去因战争流亡，因而为人奴隶的大量奴隶。正统十二年(1447 年)云南鹤庆军民府因为所辖诸州土官，家童庄户，动计千百，不供租赋，放逸为非，要求依照品级，量免教丁，其余悉数编入民籍，俾供徭役。政府议决的方案是四品以上免十六丁，五品六品免十二丁，七品以下递减二丁，其余尽数解放，归入民籍，但是，在实际上，这些法令是不会发生效力的，因为庶民不许畜养奴隶，而畜养奴隶的人正是支持政府的这少数官僚贵族地主集团，法令只是为庶民而设，刑不上大夫，这法令当然是落空的。

三、奴隶的生活

明代统治集团畜养奴婢的数量是值得注意的，单就吴宽《匏翁家藏集》的几篇墓志铭说，卷五十七《先世事略》：

先母张氏，勤劳内助，开拓产业，僮奴千指，衣食必均。

七十四《承事郎王应详墓表》：

家有僮奴千指。

何乔新《何文肃公集》三十一《故承事郎赵孺人董氏墓表》：

无锡赵氏族大资厚，僮使千指。

唐顺之《荆川文集》十一《葛母传》：

葛翁容庵，游于商贾中，殖其家，僮婢三百余指。

嘉靖时名相徐阶家人多至数千。[1] 至于军人贵族，那更不用说了，洪武时代的凉国公蓝玉蓄庄奴假子数千人[2]，武定侯郭英私养家奴百五十余人。[3]

大量奴隶的畜养，除开少数的家庭奴隶，为供奔走服役的以外，大部分是用来作为生产力量的。用于农业的例子如《匏翁家藏集》五十八《徐南溪传》：

徐讷不自安逸，率其僮奴，服劳农事，家用再起。

六十五《封文林郎江西道监察御史王公墓志铭》：

吴江王宗吉置田使僮奴隶以养生，久之，囷有余粟。

《何文肃公文集》三十《先伯父稼轩先生墓志铭》：

买田一区，帅群僮耕之。

用于商业的例子如《匏翁家藏集》六十一《裕庵汤府君墓志铭》：

世勤生殖，有兄弟八人，其仕者曰渭，他皆行货于外，其家出者，率僮奴能协力作居，而收倍蓰之息。

六十二《李君信墓志铭》：

益督僮奴治生业，入则量物货，出则置田亩，家卒赖以不堕。

用于工业的如《穀山笔麈》所记：

吴人以织作为业，即士大夫家多以纺织求利，其俗勤啬好

① 于慎行：《穀山笔麈》五。
②《明太祖实录》卷二二五。
③《明太祖实录》卷一五五。

殖，以故富庶。然而可议者如华亭相（徐阶）在位，多蓄织妇，岁计所织，与市为贾，公仪休之所不为也。

高度的劳动力的剥削，造成这些统治集团大量的财富，奴隶过着牛马一样的生活，在精神上也被当作牛马一样看待。谢肇淛《五杂俎》十四《事部》说，福建长乐奴庶之别极严，为人奴者子孙不许读书应试，违者必群击之。新安之俗，不禁出仕，而禁婚姻。江苏娄县则主仆之分尤严，据《研堂见闻杂记》：

吾娄风俗极重主仆，男子入富家为奴，即立身契，终身不敢雁行立。有役呼之，不敢失尺寸。而子孙累世不得脱籍，间有富厚者，以多金赎之，即名赎而终不得与等肩，此制御人奴之律令也。

四、明末的奴变

奴隶在统治集团的政治和军力控制之下，受尽了虐待，受尽了侮辱。然而，一到这集团腐烂了，政治崩溃了，军队解体了，整个社会组织涣散无力了，他们便一哄而起，要索还身契，解放自己和他的家族了。明代末年的奴隶解放运动，可以说是历史上最光辉的一件大事。这运动从崇祯十六年持续到弘光元年（1643—1645 年），地域从湖北蔓延到江浙。

徐鼒《小腆纪年》卷二：

崇祯十六年四月，张献忠连陷麻城。楚士大夫仆隶之盛甲天下，而麻城尤甲于全楚。梅刘田李诸姓家僮不下三四千人，雄张里闾间。寇之将作也，（奴）思齐以民伍为相蔽，听其纠率同党，坎牲为盟为里仁会。诸家兢饰衣冠以夸耀之，其人遂炮烙衣冠，推刃故主，城中大乱。城外义兵围之，里仁会之人大惧，其渠汤志杀诸生六十人，而推其与己合者曰周文江为主，缒城求救于献忠。献忠自残破后，步卒多降于自成，麾下惟骑士七千人，闻麻城使至，大喜，进兵城下，义兵解围走，献忠逐入麻城，城中降者五万七千人，献忠别立一军名曰新营，改麻城为州，以文江知州事。

次年北都政权覆灭后，嘉定又起奴变，《小腆纪年》卷六：

崇祯十七年五月，嘉定华生家客勾合他家奴及群不逞近万人，突起劫杀，各缚其主而数之，倨坐索身契。苏松巡抚祁彪佳捕斩数人，余尽掩诣狱，令曰，有原主来者得免死，于是诸奴搏颡行匄原主以免。

金堡《偏行堂集》卷六《朱它园传》：

东南故家奴树党叛主，所在横行。翁家豢奴谋乘宗祠长至之祀，围而焚之。翁即从山中，归预祭毕，门外剑戟林立，翁久以恩信孚诸健儿，里无赖闻声辄敛手。

至是出叱之去，群奴尽靡，翁密语当涂，诛其首恶，主仆之分始明。

虽然被地方政府用军力压服，可是这运动还是在继续发展，《研堂见闻杂记》记 1646 年娄县的情形：

乙酉乱，奴中有黠者，倡为索契之说，以鼎革故，奴例何得如初。一呼千应，各至主门，立逼身契。主人捧纸待，稍后时即举火焚屋，间有缚主人者。虽最相得受恩，此时各易面孔为虎狼，老拳恶声相加。凡小奚佃婢在主人所者，立即扶出，不得缓

> 半刻。其大家不习井任事者，不得不自举火。自城及镇及各村，而东村尤甚，鸣锣聚众，每日有数千人，鼓噪而行，群夫至家，主人落魄，焚劫杀掠，反掌间耳，如是数日而势稍定。

到建州政权在各地奠定以后，这些旧地主官僚和资本家又得到新主人的荫蔽了，他们替新主人镇压人民，维持秩序，搜括财富，征发劳役，自然，所得到的报酬是财产的尊重和奴隶的控制。

一部分人民的厄运，又因大清帝国的成立，而延续了将近三百年。

三百年前的历史教训

今年，假如我们不太健忘的话，正好是明代亡于外族的三百周年纪念。

历史是一面镜子，三百年前，有太多的事情，值得我们追念。

三百年前，当明思宗殉国以后。李自成西走，清人借吴三桂的向导，占领北平分兵南下的时候，南京小朝廷领袖弘光帝，正在粉饰升平，兴建宫室，大备百官，征歌选舞，夜以继日。他的父亲死于非命，元配离散不知下落，国君殉国，国土一部分沦于“流寇”，一部分被异族兵威所蹂躏，人民流亡离散，被战争所毁灭，被饥饿瘟疫所威胁，覆巢之中无完卵，即使是禽兽也该明白当前危机的严重。然而这位皇帝还是满不在乎，人生行乐耳，对酒当歌，南京沦陷的前夕，他还在排演当代有名的歌剧《燕子笺》！

三百年前，当南京小朝廷覆亡的前夕，清兵迫近江北，流寇纵横晋陕，民穷财尽，内忧外患交迫的时候。宰相马士英凭了一点拥立的私恩，独擅朝权，排斥异己，摈史可法于江北，斥刘宗周、黄道周于田野，迎合弘光帝的私欲，滥费国帑，搜括金帛，卖官鬻爵，闹得“职方多似狗，都督满街走！”左良玉举兵东下，以清君侧为名，他才着了急，尽撤防江的军队来堵住西兵，给清军以长驱深入的机会，他宁可亡国于外族，不肯屈意于私争。到南京沦陷以后，他却满载金帛，拥兵到浙江，准备再找一个傀儡皇帝，又富又贵，消遣他的余年。

三百年前，当国家民族存亡系在一发的严重关头，过去名列阉党，做魏忠贤干儿子，倒行逆施，为士大夫所不齿的阮大铖勾结了马士英，奉承好了弘光帝，居然做了新朝廷的兵部尚书，综全国军政，负江防全责，在大权在握的当儿，他的作为不是厉兵秣马，激励士气，也不是构筑工事，协和将帅，相反的他提出分别邪正的政策，他是多年来被摈斥的阉党，素来和清流对立的，趁时机把所有在朝的东林党人一一摈斥，代以相反的过去名在逆案的阉党。他造出十八罗汉五十三参的黑名单，把素所不快的士大夫留在北都不能出来的，和已经逃亡南下的，都依次顺列，定以罪名。对付一般读书人，他也不肯放松，咬定他们与东林和左良玉有关，开了名单，依次搜捕。天不如人意，这些计划都因南都倾覆而搁浅。他只好狼狈逃到浙江，清军赶到，叩马乞降，不久又为清军所杀，结束他不光彩的一生。

三百年前，当外族铁蹄纵横河朔，"流寇"主力恣张晋豫，国破民散，民不聊生的时候，拥兵数十万虎踞长江上游的左良玉，却按兵不动，坐观兴亡。他看透了政局的混乱，只要自己能保全实力，舍出一点贿赂当局，自然会加官晋爵，封妻荫子。在这个看法之下，他不肯用全力来消灭"流寇"，却用全力来扩充队伍。政府也仰仗他全力对付"流寇"，不肯调出来对付外敌。驻防在江北的四镇，又是一种看法，一面用全副精神勾结权要，一面用全副力量来争夺防区，扬州是东南最繁荣的都会，也就是这些军阀眼红的目标。敌人发动攻势了，他们自己还发动内战，杀得惊天动地。好容易和解了，指定了任务，北伐的一个被部下暗杀了，全师降敌，其他两个，清兵一到，不战而降，只有一个战死。左良玉的部队东下，中途良玉病死，全军都投降了清朝，做征服两浙闽广的先头部队。

三百年前，当前方战区的民众，在被敌人残杀奴役，焚掠抢劫，辗转于枪刀之下，流离于沟壑之中的时候，后方的都市，后方的乡村，却像另一个世界，和战争无关，依然醉生梦死，歌舞升平，南京的秦淮河畔，盛极一时，豪商富贾，文人墨士，衣香鬓影，一掷千金，画舫笙歌，穷奢极欲。杭州的西湖，苏州的阊门，扬州的平山堂，都是集会的胜地，文人们结文社，谈八股，玩古董，捧戏子，品评妓女，研究食谱，奔走公堂，鱼肉乡里。人民也在欢天喜地，到处迎神赛佛，踏青赏月，过节过年，戏班开演，万人空巷。商人依旧在计较锱铢，拿斤拈两。在战区和围城中的，更会居奇囤积，要取厚利。大家似乎都不知道，也不愿意知道当前是什么日子，更发生什么变局。他们不但是神经麻木，而且患着更严重的痿痹症。敌人一到，财产被占夺了，妻女被糟蹋了，伸颈受戮，似乎是很应该的事情。《扬州十日记》和《嘉定三屠记》所描写的正是这些人物的归宿，糊里糊涂过活的结局。

三百年前，从当局到人民，从将军到文士，都只顾自己的享受，儿女的幸福，看不见国家民族的前途，个人的腐化，社会的腐化，宣告了这个时代的毁灭。虽然有史可法、黄道周、刘宗周、张煌言、瞿式耜、李定国、郑成功，一些代表民族正气的人物，却都无救于国家的沦亡，民族的被奴化！

三百年后，我们想想三百年前的情形，殷鉴不远，在夏后氏之世。

论晚明“流寇”

明末“流寇”的兴起，是一个社会组织崩溃时必有的现象，像瓜熟蒂落一样，即使李自成张献忠这一班暴民领袖不出来，那由贵族太监官吏和地主绅士所组成的统治集团，已经腐烂了，僵化了，肚子吃得太饱了，搜括到的财富已经堆积得使他们窒息了，只要人民能够自觉，团结成为伟大的力量，要求生存的权利，这一个高高地挂在半空中的、恶化的、无能的机构，是可以一蹴即倒的。

朱明政权的被消灭，被消灭于这政权和人民的对立，杀鸡求卵。被消灭于财富分配的不均，穷人和地主的对立。在三百年前，崇祯十七年(1644 年)正月兵科都给事中曾应遴明白地指出这现象，用书面警告政府当局，他说：“臣闻有国家者不患寡而患不均，不患贫而患不安。今天下不安甚矣，察其故原于不均耳。何以言之？今之绅富率皆衣租食税，安坐而吸百姓之髓，平日操奇计赢以役愚民而独拥其利，有事欲其与绅富出气力，同休戚，得乎？故富者极其富而至于剥民，贫者极其贫而甚至于不能聊生，以相极之数，成相恶之刑，不均之甚也。”富者愈富，贫者愈贫，绅富阶级利用他们所有的富力，和因此而得到的特殊政治势力，加速地加重地剥削和压迫农民，吸取最后的一滴血液，农民穷极无路，除自杀，除逃亡以外，唯一的活路是起来反抗，团结起来，用暴力推翻这一集团的吸血鬼，以争得生存的权利。

十七世纪初年的农民反抗运动，日渐开展，得到一切被压迫人民的支持，参加，终于广泛地组织起来，用生命去搏斗，无情地对统治集团进攻，加以打击，消灭。这运动，当时的统治集团和后来的正统派史家称之为“流寇”。

“流寇”的发动，成长，和实力的扩充，自然是当时统治集团所最痛心疾首的。他们有的是过分的充足的财富，舒服，纵佚，淫荡，美满而无耻的生活。他们要维持现状，要照旧加重剥削来维持欲望上更自由的需要，纵然已有的产业足够子子孙孙的社会地位的保证，仍然像饥饿的狼，又馋又贪，永远无法满足。然而，当前的变化明朗化了，眼见得被消灭、被屠杀了，他们不能不联合起来，用一切可能的方法，加强统制，加强武力，侮蔑，中伤对方，做最后的挣扎。同时，集团的利益还是不能消除个人利害的冲突，这一集团的中坚分子，即使在火烧眉睫的时候，彼此间还是充满了嫉妒，猜疑，钩心斗角，互相计算。在整三百年前，北平的形势最紧张的时候，政府请勋贵大臣富贾巨商献金救国，话说得极恳切，希望自己人能自己想办法，可是，结果，最著名的一个富豪出得最少，他是皇帝的亲戚，皇帝皇后都动了气，才添了一点点，其他的人自然不会例外，人民虽然肯尽其所有报效国家，可惜的是他们早已被榨干了。三月十九日北平陷落后，这些悭吝的高贵的人们，被毫无怜悯的几夹棍几十板子，大量的金子银子珠宝被搜出以后，一批一批地斩决，清算了他们对人民所造的孽债。皇宫被占领以后，几十间尘封灰积的库房也打开了，里面堆满了黄的金子，白的银子！皇宫北面的景山，一棵枯树下，一条破席子，躺着崇祯皇帝和他的忠心的仆人的尸身！

站在相反的场合，广大的农民群众，他们是欢迎“流寇”的，因为同样是在饥饿线上挣扎的人们。举几个例子，山西的许多城市，没有经过什么战斗便被占领了，因为饿着肚子的人们到处都是，他们做内应，做先遣部队，打开城门，请敌人进来。山东河南的城市，得到“流寇”的安民牌以后，人民恨透了苛捐，恨透了种种名目的征输，更恨的是在位的地方官吏，他们不约而同，一窝蜂起来赶走了地方官，持香设酒，欢迎占领军的光临，有的地方甚至悬灯结彩，远近若狂。又如宣府是京师门户，北方重镇，被围以后，巡抚朱之冯悬重赏募人守城，没人理会。再三申说，城中的军民反而要求准许开城纳款，朱之冯急了，自己单独上城，指挥炮手发炮，炮手又不理会，毫无办法，急得自己点着火线，要发炮，又被军民抢着拉住手，不许放，他只好叹一口气说：“人心离叛，一至如此！”

由于政治的腐败，政府军队大部分是勇于抢劫、怯于作战的，他们不敢和“流寇”正面相见，却会杀手无寸铁的老百姓报功，“将无纪律，兵无行伍，淫污杀劫，惨不可言，尾贼而往，莫敢奋臂，所报之级，半是良民”。民间有一个譬喻，譬“流寇军”如梳，政府军如栉，到这田地，连剩下些过于老实的良民也不得不加入“流寇军”的集团去了。名将左良玉驻兵襄樊，奸淫掳掠，无所不为，老百姓气苦，半夜里放火烧营房，左良玉站不住脚，劫了一些商船逃避下流，左兵未发，老百姓已在椎牛设酒欢迎“流寇”了。其他一些将领，更是尴尬，马扩奉命援凤阳，凤阳被焚劫了四天以后，敌人走了，他才慢慢赶到。归德已经解围，尤玘才敢带兵到城下，颍、亳、安、庐一带的敌人已经唱得胜歌凯旋了，飞檄赴援的部队，连影子也看不见。将军们一个个脑满肠肥，要留着性命享受用人格换来的财富，士兵都是出身于贫困阶层的农民，穿不暖，吃不饱，脸黄肌瘦，走路尚且艰难，更犯不着替剥削他们的政权卖命，整个军队的纪律破坏了，士气消沉，军心涣散，社会秩序，地方安宁都无法维持，朱明政权也不能不随之解体了。

“流寇”的初起，是各地方陆续发动的，人自为战，目的只在不被饥饿所困死。后来势力渐大，兵力渐强，政府军每战必败，才有推翻统治集团的企图。最后到了李自成在1643年渡汉江陷荆襄后，恍然于统治集团的庸劣无能，才决定建立一新政权，从此便攻城守地，分置官守，作争夺政权的步骤，一反过去流窜的作风，果然不到两年，北京政府便被消灭，长江以北大部分被放在新政权之下。这是在李自成初起时所意料不及的。其实与其说这是李自成的成功，还不如说是社会经济的自然崩溃比较妥当。

分析朱明政权的倾覆，就政府当局说，最好的评论是戴笠的《流寇长篇序》，他说：“主上则好察而不明，好佞而恶直，好小人而疑君子，好速效而无远计，好自大而耻下人，好自用而不能用人。廷臣则善私而不善公，善结党而不善自立，善逢迎而不善执守，善蒙蔽而不善任事，善守资格而不善求才能，善大言虚气而不善小心实事。百年以来，习以为然。有忧念国事者则共诧之如怪物。”君臣都是亡国的负责人，独裁、专制加上无能的结果是自掘坟墓。

就整个社会组织的解体说，文震孟在1635年上疏《论致乱之源》说：“堂陛之地，猜欺愈深，朝野之间，刻削日甚。缙绅蹙靡骋之怀，士子嗟束湿之困。商旅咨叹，百工失业，本犹全盛之海宇，忽见无聊之景色，此致乱之源也。”他又指出政府和人民的对立：“边事既坏，修举无谋，兵不精而日增，饷随兵而日益，饷重则税重，税重则刑繁，复乘之以天灾，加之以饥馑，而守牧惕功令之严，畏参罚之峻，不得不举鸠形鹄面无食无衣之赤子而笞之禁之，下民无知，直谓有司仇我虐我,今而后得反之也,此又致乱之源也。"驱民死地,为丛殴雀,文震孟是政府的一员大官,统治集团的一个清流领袖,委婉地说出致乱之源是由于政府的上下当局所造成,官逼民反。

正面的指斥是李自成的檄文,他指斥统治集团的罪状说:"明朝昏主不仁,宠宦官,重科第,贪税敛,重刑罚,不能救民水火,日罄师旅,掳掠民财,奸人妻女,吸髓剥肤。"完全违反农民的利益,剥夺人民的生存权利,接着他特别提出他是代表农民利益,而且他本身是出身农民阶层的,他说:"本营十世务农良善,急兴仁义之师,拯民涂炭,士民勿得惊惶,各安生理。各营有擅杀良民者,全队皆斩。"他提出鲜明的口号:"吃他娘,着他娘,吃着不尽有闯王,不当差,不纳粮!"以除力役,废赋税,保障生活为号召,以所掠得统治集团的财富散给饥民,百姓喜欢极了,叫这政府所痛恨的军队为"李公子仁义兵"。他标着鲜明的农民革命的旗帜,向统治集团作致命的打击。在这情势下,对方还是执迷不悟,茫然于当前的危机,抱定对外和平、对内高压的政策,几次企图和关外对峙的建州部族,讲求以不失面子为光荣的和平,只用一小部分军力在山海关内外,堵住建州入侵的门户,作消极的防卫,对内却用全力来消灭"流寇"。同时,内部又互相猜嫌排斥,"有忧念国事者则共诧之如怪物",继续过着荒淫无耻的生活。对人民则更加强压迫,搜括出最后的血液,驱其反抗。政府和人民的对立情势达于尖锐化,以一小数的腐烂的统治集团来抵抗全体农民的袭击,自然一触即摧,朱明的政权于此告了终结。

十七世纪前期的政府和人民的对立,政府军包围,追逐"流寇",两个力量互相抵消,给关外的新兴的建州部族以可乘之机,乘虚窜入,建立了大清帝国。这新政权的本质是继承旧传统的,又给铲除未尽的地主绅富以更甦的机会,民族的进展活力又被窒息了三百年！

附带提出两件事实：

其一是距今三百零一年前的七月二十五日，当外寇内乱最严重的时候，江苏枫桥举行空前的赛会，绅衿士庶男女老幼，倾城罢市，通国若狂。

其二是距今三百年前的四月初二，江苏吴江在得到北都倾覆的消息以后，举行郡中从来未有的富丽异常的赛会。

这两次亡国的狂欢之后，接着就是嘉定三屠，扬州十日！

1944年3月重写于昆明①

① 编者注：本文末有作者自注："此文原名《晚明"流寇"之社会背景》，1934年10月，发表于天津《大公报·史地周刊》第五、六期。"经比较，本文精练简洁，1934年文详细周全，故本系列同时保留两文。1934年版文全名《晚明"流寇"之社会背景——"殷鉴不远，在夏后之世"》，放于本系列《明史简述》下编。

论五四

在中国历史上留下辉煌纪录的五四运动，到今天，屈指已二十六年，人民年年此日举行纪念，尤其是学生，青年的学生，更热爱这一天，憧憬这一天，因为这一天是他们自己的日子。

二十六年占一世纪的四分之一，在中国，三十年为一世，不算太短的时期。当年的青年，过了一世的日子，如今都已鬓发苍苍，在岸然的道貌，崇高的地位掩护下，劝告青年应该“明哲保身，勿偏勿枉”了。当年才出生的婴孩，过了一世的日子，如今也都年富力强，在受大学教育，或者已出校门，为社会服务，为人类争正义，争自由，争解放，争民主，正走着一世以前的青年所曾走的道路。累得中年人老年人在颦眉蹙额，不是说世风不古，而是慨叹世风之复古了！

上一代的青年在反抗旧传统，对礼教宣战，这一代的青年又在反抗上一代的青年，要求自由，要求民主。上一代青年要的是民主和科学，这一代青年所要的还是民主和科学。这一世纪的四分之一，可惜，真如我们中国人的口头禅“虚度”了。

不，不止是虚度，更使人痛心，更使人伤心的是这二十六年是血的时代，以万计，以千百万计的青年们的头颅，换得了支持民族命运的廿六年，换得了一块镀银描金的什么什么招牌，换得了……

"天下有道，庶人不议。"就整个的历史说，有东汉末季的宦官专政，卖官鬻爵，才引起太学生的清议，以致闹成党锢之祸。有建炎时代汪伯彦、黄潜善的朋比乱政，主和误国，才引起太学生陈东、欧阳澈的上书言事，汪、黄不除，二生被杀，金人长驱南下，宋朝几乎全部沦亡。有明末的魏忠贤盗政乱国，阉党横行，才引起东林党议。历代的学生运动都在亡国的前夕，都是对当前的腐烂政治，对误国的权奸，加以针砭，加以讨伐，都是知其不可为而为之，都是被传名追捕，望门投止，膏身草野，喋血市朝，这种至死不屈，为正义为人民服务的至大至刚的精神，真可以惊天地而泣鬼神，为百世师，为子孙式！

历史上时代末叶的学生运动，到现在颠倒了过来，在中华民国开国之初，就爆发了史无前例的五四运动，接着是"五卅"，"三一八"，"九一八"，"一二·九"，以至最近各大学的学生对时局的宣言运动，天真热诚的青年在为国家民族的前途担忧着急，食不甘味，寝不安席地在为国事奔走呼号，在为国事而被"自行失足落水"，失踪。长一辈的上一时代的青年呢？却脑满肠肥，温和地劝导着叫"少安勿躁"，国事我们自有办法，青年还是读书第一，不必受人利用。

是的，我们承认老年人中年人站在超然地位，对国家民族的存亡不闻不问，甚而从中渔利，浑水摸鱼，才使得青年人忍无可忍，挺身而负起安危重任，对时代逆流作无情的斗争。青年论政，以至青年问政，都不是正常现象，只有在历史上，在国家民族发生危机时才有过这种情形。但是我们不禁要问，过去和现在，是谁把局面弄糟的？是谁把水弄浑的？是谁葬送了国家民族的利益？

过去的学生运动发生在时代末叶，而当前的学生运动却和国运同符，这是论五四运动所该深切注意的第一点。

其次，我们要究问为什么会有五四运动？

我们明白辛亥革命只是一个狭隘的种族革命，是一个早熟的先天不足的政治革命。结果大清帝国换成中华民国，龙旗改成五色旗，乳臭的溥仪换上老奸巨猾的袁世凯，以至袁世凯的羽翼腹心爪牙冯国璋、段祺瑞、曹锟、徐世昌一伙北洋军阀的余孽，名变貌变而质不变。甚至变本加厉而文以现代化的美名。封建的传统如故，官僚的习气如故，一家一族的利益如故，人民之被剥削被奴役也亦如故！如故的这一套，大清帝国因之以亡国，中华民国反因之以建国！在这腐烂的局面下，自然而然，民主和科学成为不甘腐烂不甘奴役的青年大众的呼声，他们要打倒吃人的礼教，他们要实行思想、学术的自由，人身的解放，从而反对文言，提倡白话，从而接受西洋的新思潮，锻炼组织新的力量。新的坚强的前进的革命主潮，在这运动展开以后，继续不断激起民族解放的思潮，于是而“五卅”，而“三一八”，以至1927年的大革命，都是以五四为其先导。虽然革命的高潮随即带来了反动的逆流，但整个的社会整个的思想界无疑地受到了巨大的影响，激起了空前的变化。

因之，我们可以肯定地说，五四运动是继承辛亥革命，补充辛亥革命的社会的思想的革命。五四运动之所以必然地出现于历史，是因为辛亥革命的早熟和缺陷。这是论五四运动所应该深切认识的第二点。

时至今日——五四运动以后的二十六年，仍然有学生运动，学生仍然不能缄口结舌，要过问国家民族的存亡安危，而且，风起云涌，意义比过去更严重，规模比过去更阔大，在全世界人类为自由、民主、正义与法西斯作伟大壮烈的生死斗争的今天，在中华民族争取独立解放而抗战八年的今天，青年人必然要继承五四光荣的传统精神，从反礼教而转变到反法西斯，反独裁，要求民主，要求自由，要求解放，配合着全世界的民主潮流，努力于奠定人民世纪的伟业。

在这新局面，史所未有的新局面之下，代表人民的青年，起来要求政治的民主。而且更进一步，要求经济的民主。要求思想，言论，出版，通讯，集会，结社，居住，演剧的以至最基本的人身自由，要求团结，要求统一，要求配合盟邦，要求整顿革新内政，用全民的力量，驱逐暴敌，还我河山，这是一个庄严的历史任务，也是今日中华民族的唯一生活。

从反封建而转变为反法西斯，从文化思想的改革转变到政治的经济的改革，从历史走到现实，这是论五四运动所应该深切认识的第三点。

只有用人民的力量才能解决人民本身的问题。只有用人民的力量，才能奠定人民的世纪。

五四以来的血没有白流，五四的精神永远存在，在每一个现代青年的胸膛中，脑袋里！

论图籍之厄

抗战的建国大业，纲举目张，时贤已多论列，有一事似轻而实重，似可缓而实急，上关几千年来先民精神神智所寄托，下为后世子子孙孙所必守的，是旧藏的图籍的复原的问题。

从有记载以来，因内乱外患而引起的图籍的厄运著例有十几次，第一次是秦始皇的焚书，始皇三十四年（前 213 年）李斯请史官非秦纪者烧之，非博士官所职，天下有藏诗书百家语者皆诣守尉杂烧之，所不去者医药、卜筮、种树之书。制曰可。第二次是王莽之乱，刘歆总群书，著《七略》，大凡三万三千九十卷，莽败（前 23 年）焚烧无遗。第三次是汉末的丧乱，献帝初平元年（190 年）董卓移都之际，吏民扰乱，自辟雍东观兰台石室宣明鸿都诸藏典策文章，竞共剖散，其缣帛图书，大则连为帷盖，小乃制为縢囊，及王允所收而西者载七十余乘，道路艰远，又弃其半，长安之乱，焚荡泯尽。第四次是惠怀之乱（300—312 年）京华荡覆，石渠阁文籍，靡有孑遗。第五次是魏师入郢（554 年），江陵城陷，梁元帝焚古今图书十四万卷，又以宝剑砍柱令折，叹为文武道尽。第六次是大业之乱（618 年）隋西京嘉则殿有书三十七万卷，东都修文殿有正御本三万七千余卷，兵起后焚失殆尽，唐平王世充，得隋旧书八千余卷，浮舟西运，又尽没于水。第七次是安史之乱，唐自武德以来，极意搜书，至开元天宝而极盛，两都各聚书四部，以甲乙丙丁为次，列经史子集四库，渔阳兵起，两都倾覆(755 年)，尺简不存。第八次是广明之乱(880 年)，肃代二帝相继搜访，文宗又诏秘阁采书，四库文书重复完备，黄巢乱起，复致荡然。第九次是靖康之变，宋代图史，一盛于庆历，再盛于宣和，汴都陷落(1127 年)，尽为金人辇载以去。第十次是临安陷落，南宋图书，一盛于淳熙，再盛于嘉定，中兴馆阁书目有书四万五千卷，嘉定又增一万五千卷。伯颜灭宋(1279 年)，尽数捆载以去。第十一次是英法联军(1860 年)，第十二次是八国联军(1900 年)，这两次外患，北京俱曾被占领，公私藏书因之而流出海外者不可数计，著名世界的《永乐大典》，即因之而散失殆尽。到现在是第十三次的图籍遭厄了！

这一次的图籍损失的详细情形，目前虽然无法精确说明，但就大概而论，国内人文最盛、藏书最多的五个城市北平、上海、南京、苏州、杭州已沦陷，国立图书馆如北平图书馆、故宫博物院图书馆的藏书，除掉小部分珍本图书先期南运以外，其余中西图书档案写本全部损失。国立大学图书馆如北京大学、清华大学，私立大学如南开大学，每校都经数十年的经营购置，各有藏书数十万册，变起仓卒，都全部沦陷。上海的藏书，以商务印书馆的涵芬楼为最多，所收地方志之多，全国无出其右，“一・二八”之役涵芬楼被毁，上海沦陷后所有书籍自然也被敌人捆载而走。南京龙蟠里国学图书馆所藏大部多为杭州丁氏八千卷楼善本，苏杭二地的故家和杭州省立图书馆也拥有数量极大的典籍，据说在陷落前，敌人即已精密调查，事后按图索骥，尽数运去。至于其他城市，公家和私人的藏书损失的如山东杨氏的海源阁，南浔刘氏的嘉业堂等等更不可计数。例外幸而保全的，据现在所知只有中央研究院历史语言研究所和国立中央大学的藏书安全运到后方，算是替国家替民族保存了一点产业。

除开因战争而损失的图籍以外，在平时珍贵的普通的书籍正如漏卮一样，逐年流到海外，例如日本的静嘉堂文库所藏书大部是归安陆氏十万卷楼和皕宋楼的旧藏，陆家子孙没落了，要卖书，国内找不到买主，只好卖给外国。美国的哈佛燕京社委托燕京大学，每年在北平以巨款收购旧书，运往美国。此外美国的国会图书馆、英国的伦敦博物院、法国的巴黎图书馆都收藏有数量极大的中国图籍，这些书都是逐年流出的。

这一次的图籍的损失，数量之多，范围之广，意义的重要，综合起来，也许超过以前十二次的总和。因为第九次以前的书都是写本，卷轴虽多，和后来的刻本书比，一本书要抵十几卷，隋炀帝有书三十七万卷，合起刻本书来，也不过几万册而已。第二在内乱时所损失的书籍，除非是孤本，除非是焚毁，否则楚弓楚得，将来还有办法可以寻访，可以重刻。第三在外患侵入时所损失的，例如汴都的书籍入金，金亡入元，元亡归明，临安的图籍运到大都，元亡后也是为明所继承，始终未曾流亡国外。和现在相比，不但损失的数量无法计算，而且有一部分是古刻本、古写本，一部分是孤本，而且都流出国外，其余的数量最多的普通刻本，有的刊印时代较早，有的校刊特精，有的经学者批注，有的纸墨图版特别考究，就版本学的领域说，都是无法补偿的至宝。即使用现代印刷技术，用摄影用珂罗版覆印，也到底是赝品，和原来的价值不可同日而语。次之刻本书和现代的印书术各有短长，近代刻本的版片，经过这次战争，恐怕都已散失，无法重印。刻本书怕要绝迹，流出海外的普通书的重刻，工费太浩大了，也是一件不可能的梦想。就现在的情势看，我们这一代已经感觉到读书的困难，旧的买不到，新的书出不来，下一代人势将无旧书可读，我们的历史将割成两截，战前和战后，上代和下代无法取得联系，先民精神神智所寄托的著作不复为后人所钻研，所景仰，这是一个意义极严重的问题。

要解救这厄运，我们提议几个具体的方法：

第一，在敌寇无条件投降以后，应该把敌国的公私藏书，凡是中国文字的一律运回，内中一部分是这次被抢去的，照法理应该收回，一部分是过去被收买去的，我们以战胜国的地位，得点战利品也是极应该的。

第二，在盟国的公私图书馆馆中的中文书籍，凡是有重本的，应该商请将重本赠送，如无重本，可以商洽派专家逐种摄影或晒印，运回后精抄数本，分藏各地国立图书馆。

第三，国内藏书家应该将藏书种目呈报政府，政府得就需要出款收买或派人誊录副本。

第四，聘请专家学者组织访书机构，就过去公私书目探求现存图籍种目，编成现存书目，然后再就此目录校查国内所有公私藏书，标明现有者某种共有几部，分藏地点，然后就所无者尽力搜访，务使十年之内，恢复原有现存图籍。

至于外国文字的图书杂志的复原，英美两大盟国俱未遭战祸，将来商请他们的政府和私人捐助，一定不会十分困难。苏联出版事业极发达，虽然被侵损失极大，在复兴文化的立场上，也一定会给我们以慷慨的援助的。

附录一：史话

一、元末的军政

元李士瞻《经济文集》一《上中书丞相书》，指出当时的军政情形说：

> 承平以来，百年于兹，礼乐教纪，日益不明，纪纲法度，日益废弛，上下之间，玩岁愒日，率以为常，恬不为怪，一旦盗贼猝起，甚若无睹。总兵者唯事虚声，秉钧者务存姑息，其失律丧师者未闻显戮一人，玩兵养寇者未闻明诛一将，是以不数年间，使中原震扰，海内鼎沸，山东河北，莽为丘墟，千里王畿，举皆骚动，而终未见尺寸之效。此无他，赏罚不明而是非不公故也。

这是胡元亡国前夕的实况。也可以说是每一个朝代覆亡的前夕的共有的实况，也可以说是因为这样，才闹到国亡家破。六百年前的李士瞻很懂得军政之腐化由于政治之不修，社会风气之恶化，无纪纲，无法度，大官大贪，小官小贪。上下交征利，只顾个人生活的享受，家族姻戚以至乡党的提携引用，残民以逞，竭泽而渔，把国家民族的利益置之不顾，一旦外寇内患交起，还是以不了了之，还是个人利益第一，自己这集团利益第一，带兵的将帅尽是政府当局的私人，自家人说得上什么军法军纪！而且所谓将帅还不是银样镴枪头，说起来有一套，只凭一点门生故旧的因缘，弄得杀人民找大钱的机会，怎么谈得上战略战术？又怎么能谈得上军民一致，军民合作？“失律丧师者未闻显戮一人，玩兵养寇者未闻明诛一将。”又怎么不应该？

只是可惜，照规矩胡元的中书丞相必定是蒙古或者色目人，蒙古、色目人不懂得汉文，这意见白糟蹋了。

二、撒花

彭大雅《黑鞑事略》记蒙古军队抢劫情形说：“其见物则欲，谓之撒花，予之则曰捺杀因，鞑语好也，不予则曰冒乌，鞑语不好也，撒花者汉语觅也。”跟着宋谢太后和小皇帝被俘到北边的词人汪元量，在他的名著《水云集》里，有一首醉歌：“北军要讨撒花银，官府行移逼市民。”

撒花这一名词，可以作为今典。

三、两道檄文

元至正二十六年（1366 年）八月，朱元璋传檄姑苏，在数张士诚罪状以前，先指斥当时的胡元政府说：“皇帝圣旨，吴王令旨：近睹有元之末，王居深宫，臣操威福，官以贿成，罪以情免，宪台举亲而劾仇，有司差贫而优富，庙堂不以为忧，方添冗官，又改钞法。”举出：一、政出权臣，二、政治腐败，三、贿赂公行，四、刑赏颠倒，五、剞贫优富，六、组织扩大，七、通货膨胀。

明崇祯十六年（1643 年），李自成数檄明廷罪状说：“君非甚暗，孤立而炀灶恒多，臣尽行私，比党而公忠绝少。”又说：“明朝昏主不仁，宠宦官，重科第，贪税敛，重刑罚，不能救民水火，日罄师旅，掳掠民财，奸人妻女，吸髓剥肤。”

四、黄菜叶

《明太祖实录》二十五：“初张士诚用事者黄参军、蔡参军、叶参军辈迂阔书生，不知大计，吴中童谣云：黄菜叶，作齿颊，一夜西风来，干鳖。”按《明史·五行志》载此谣作：“吴王作事业，专凭黄菜叶，一夜西风来，干鳖。”

这两个记载把一世枭雄张士诚的灭亡，归罪于三个迂阔书生，初看似乎不很合理，迂阔何能亡国！检《明史·张士诚传》，原来这三人并不迂阔，相反的倒是搜括聚敛、贪污的能手。《士诚传》说：

> 士诚以弟士信及女夫潘元绍为腹心，参军黄敬夫、蔡彦文、叶德新主谋议。既掳有吴中，吴中承平久，户口殷盛。士诚渐奢纵，怠于政事，士信、元绍尤好聚敛金玉珍宝及古书法名画，无不充牣，日夜歌舞自娱。将帅亦偃蹇不用命，每有攻战，辄称疾邀官爵田宅，然后起。甫至军，所载婢妾乐器，踵相接不绝。或大会游谈之士，樗蒲蹴鞠，皆不以军务为意。及丧师失地还，士诚概置不问，已复用为将，上下嬉娱，以至于亡。

在六百年前，没有对外交通，虽然不怕封锁，可是外汇走私和囤积器材以至粮食这类办法也无从发明，金玉珍宝书法名画等，便成为达官名将所注意聚敛的对象了，贪污聚敛不问，丧师失地不问，终至地丧尽到无可丧，民剥尽而无可贪，跼蹐姑苏城中，被朱元璋所困死。如此政治，如此军官，不亡才是奇迹！

迂阔只是不合现实,贪污才是当前的现实的问题。

五、人生五计

陶奭龄《小柴桑喃喃录》上说:“朱平涵(国桢)有五计之说亦可喜。十岁为儿童,依依父母,嬉嬉饱暖,无虑无营,忘得忘失,其名曰仙计。二十以还,坚强自用,舞蹈欲前,视青紫如拾芥,骛声名若逐膻,其名曰贾计。三十至四十,利欲熏心,趋避著念,官欲高,名欲大,子孙欲多,奴婢欲众,其名曰丐计。五十之年,嗜好渐减,经变已多,仆趋于斗争之场,享塞于险巇之境,得意尚有强阳,失意遂成枯木,其名曰囚计。过此以往,聪明既衰,齿发非故,子弟为卿,方有后手,阅颐未艾,愿为婴儿,其名曰尸计。大概世人一生,尽此五计,非学道人,鲜自脱者。”

过了三百多年,时代变了,人的脑子也变了,当今士大夫的五计,十岁以前,被训被塞,识了之无,头脑没得,其名曰填鸭子计。十至二十,中学大学,奖金贷金,利诱威吓,其名曰塑猢狲计。廿至三十,留学情殷,护照奥援,是经是营,其名曰良心病计。(参看××日报蔡×女士谈话)三十以还,学成名遂,博士头衔,摸鱼心肺,狗啃骨头,留心虾米,文化班头,为人狂吠,其名摸虾米计。五十左右,儿女镀金,岸然道貌,青年所矜,官方讲演,道统留心,发为文章,值钱半文,其名曰冷猪肉计。(准备进新孔庙也。)过此以往,后台无人,名为利累,生为世轻,死灰枯木,焚香诵经,老而不死,急急如律令,其名曰活死人计。大概士大夫一生,尽此五计,非学道人,鲜自脱者。

六、特权阶级与礼

为了维持统治权的尊严,历代以来,都会费心思规定了一大套生活服用的限制，某些人可以如何，某些人不可以如何如何。可以不可以，全凭人的身份来决定。这些决定，美其名曰礼，正史里每一套都有极其啰唆、乏味的礼志，或者舆服志、仪卫志之类，看了叫人头痛。其实说穿了，正有大道理在。原来上帝造人，极其平等，虽然有高短肥瘦白黑美丑之不同，原则上，作为具备“人”的条件却是相同的，不管你是地主或农奴，皇帝或小兵，都有鼻子眼睛，都有牙齿耳朵，也都有两条腿，以及其他的一切。脱了衣服，大家都光着身子，一切的阶级区别便会荡然无存，没有穿衣服的光身皇帝，在大街上捡一块破蒲包，遮着身子，立刻变成叫化子。因之，一些特殊的人物为了矫正这天然的平等，便不能不用人为的方式来造成不平等，用衣服冠履，用宫室仪卫，来造成一种尊严显赫以至神秘的景象，使另外一些人感觉不同，感觉异样，以至感觉羡慕，景仰。以为统治者果然是另一种人，不敢生非分之想，一辈子，而且子子孙孙做奴才下去，如此，天下便太平了。

平心而论，做一个皇帝，戴十二旒的冕，累累赘赘地拖着许多珠宝，压得头昏脑涨，穿的又是五颜六色，多少种名目。上朝时规规矩矩坐在大殿正中死硬正方或长方的蟠龙椅上，实在不舒服。不能随便出门，见人也得板着脸孔，不能随便说笑。作为一个自由人的可爱可享乐处，他都被剥夺了。然而，他还是要要这一套，为的是，他除开这一套，脱了衣服，他只是一个普普通通上帝所造的人。

礼乎礼乎，衣服云乎哉，礼乎礼乎，宫室云乎哉！

明白了这一点，也就可以明白如今不管什么机关，即使是什么部的，什么局的第几军需处的第几服装厂的第几针织部，门口都有一个荷枪的卫兵在守卫着的缘故了。

明白了这一点，也就可以明白古代许多陵，埋死人的坟，为什么花这么多钱的理由，也可以明白在北平在上海，阔人们的大出丧，以至公务人员每七天都要做的那一套，以至看电影前那一些不谐和的情调的由来了。

七、刑与礼

刑不上大夫，礼不下庶人。

大夫与庶人是两个阶级，一个是劳心者，是君子，也就是贵族。一个是劳力者，是小人，是野人，也就是老百姓，有义务而无权利的老百姓。天生着贵族是为治理小民的，该老百姓养他，天生着老百姓是做粗活的，种田锄地，饲蚕喂猪，养活贵族。

刑是法律，法律只是为着管制老百姓而设，至于贵族，那是自己人，自己人怎么可以用法律对待，“本是同根生”，共存共荣，自己人只能谈礼，除非是谋叛，那又作为别论。

贵族也会做错事，万不能照对付老百姓的办法，于是乎有八议，议什么呢？第一是议亲，第二是议故，第三是议贤，第四是议能，第五是议功，第六是议贵，第七是议宾，第八是议勋。一句话，和统治者有亲，有故，有功，都不受普通法律的制裁，亲故功都说不上，还有贵，官做大了就不会犯罪，再不，还有贤啊，能啊，勋啊，总可以说上一个，反正贤能无角无形，只要说是，谁又能反驳呢？于是乎贵人不死了。

继承尧舜禹汤文武周公孔子以及什么什么以来的道统，允执厥中的我中华民国，忝列为世界五强之一，凭的是，就是这个“道”。

而且，过去的议宾，只是很少数的例外，前朝的统治者家族早已杀光，无宾可议（只有宋朝，优待柴世宗子孙，《水浒传》上的小旋风柴进家藏免死铁券，是个例外，还有民国初年的溥仪）。而现在呢，把它解释为外国使节的驻外法权，不更是为有经有据吗？

就刑不上大夫这一古代的历史事实，来了解当前的许多问题，也许不是白费精力的吧！

八、庶民服饰

在过去，虽然有贵贱尊卑的等差，虽然有贵族庶民的分别，生存的机会倒还算平等，皇帝得活，老百姓也得活。而且，统治者们纵然昏庸腐烂到了极点，至少还剩一点小聪明，他们的生活是建筑在对老百姓的剥削上，“留得青山在，不怕没柴烧”，慢慢地一滴滴地享用，打个长远算盘，竭泽而渔，杀鸡求卵，取快一时，遗臭百世的短命办法，他们是不愿而且也不敢采取的。因此，历代以来的重农政策，历代以来的救荒赈灾政策，以及士大夫不许与民争利的法令，小恩小惠，以及治河渠、修水利、贷种子、抚流民种种治国鸿猷，多多少少为老百姓保障一点生存的权利。

剥削老百姓有个分寸，是汉唐宋明所以历年数百的主因。末叶的不肖子孙，剥溜了手，分寸也忘了。官逼民反，是汉唐宋明以及其他朝代之所以崩溃覆灭的原因。

因为有个分寸，老百姓还剩得点饭吃，他们以无比的勤劳刻苦，披星戴月，胼手胝足，少有点积蓄，也就不免润屋润身，装点一下。然而，这一来，又不免使统治者头痛了，他们以为章服居室舆从是所以别贵贱，限尊卑的，一切中看中吃中用的东西都应该为贵者尊者所专利，老百姓发了迹，居然也要闹排场，“唯名与器，不可以假人”，孔子尚在惜繁缨，自命为尊奉孔子道统的君王巨卿，又岂敢不诚惶诚恐地遵守，自绝于名教！以此，历代史乘上不许老百姓这样，不许老百姓那样的法令也就层出不穷了，试举一例，《明太祖实录》卷五十五：

洪武三年(1370 年)八月庚申,省部定议,职官自一品至九品,房舍车舆器用衣服各有等差。庶民房舍不过三间,不得用斗拱彩色。其男女衣服并不得用金绣锦绮丝绫罗,止用绸绢素纱。首饰钏镯不得用金玉珠翠,止用银,靴不得裁制花样,金线装饰,违者罪之。

卷七十三:

洪武五年三月乙卯,诏庶民妇女袍衫,止以紫绿桃红及诸浅淡颜色,其大红鸦青黄色,悉禁勿用,带以蓝绢布为之。

六百年后的今天,贵贱尊卑的等差固然被革命革除,可是,附带的最低的一点老百姓生存的权利也跟着革掉了,跟着买办资本官僚资本地主和军阀资本的发展,社会上显然只剩两个集团,一个有钱有势的,一个无钱无势的。靠着战争的赐予,有的愈有,无的愈无;一面是朱门酒肉臭,一面是路有冻死骨;一面逃囤资金于国外,一面是肘穿踵露,儿女啼饥号寒;一面是荒淫无耻,一面是流徙四方。不但金绣锦绮丝绫罗,被有的集团所专利,就连绸绢素纱也被囤积了;不但金玉珠翠,被有的集团所专利,连银子也运到外国去了,老百姓所剩下的唯一财产是一条不值半文钱的命。

钱的有无和多少决定了新的社会阶层,造成对立的两个阶级,也决定了道德名誉人品以至一切的一切。

"法令滋彰,盗贼多有",在当前的新趋势新社会风气之下,像明太祖所颁发的这一类法令,看来真是多事。

政简刑清,国以大治!

九、阮圆海

提起了明末的词人,风流文采、照耀一时的阮圆海,立刻会联想到他的名著《春灯谜》《燕子笺》。云亭山人的《桃花扇》，逼真活现，三百年后，此公形象如在目前。

阮圆海的一生，可以分为若干时期。第一时期，声华未著，依附同乡清流东林重望左光斗，以为自重之计。第二时期，急于做官，为东林所挤。立刻投奔魏忠贤，拜在门下为干儿，成为东林死敌。第三时期，东林党人为魏阉所一网打尽，圆海的官也大了，和干爹相处得很好，可是他绝顶聪明，看出场面要散，就预留地步，每次见干爹，总花钱给门房买回名片。第四时期，忠贤被杀，阉党失势，他立刻反咬一口，清算总账，东林阉党混同攻击，可是结果还是挂名逆案，削官为民。崇祯一朝十七年，再也爬不起来。第五时期，南方诸名士缔盟结社，正在热闹，圆海也不甘寂寞，自托东林人物，谈兵说剑，想借此翻身，不料惹了复社名士的公愤。出了留部防乱揭，指出他是魏珰干儿，一棍打下去。第六时期，北都倾覆，马士英拥立弘光帝，圆海又勾上马士英，重翻旧案，排斥东林，屠死端士，重新引起党案，招引逆案人物，组织特务，准备把正人君子一网打尽。朝政浊乱，贿赂公行，闹到“职方贱如狗，都督满街走”。（职方有点像现在的军政部军政司长，都督相当于总司令。）把南京政权断送了。第七时期，清兵南下，圆海叩马乞降，终为清军所杀。

总算圆海一生，前后七变，变来变去，都是从左到右，从右到左，明末三十年是东林党和阉党对立，一起一伏，互相倾轧排陷，变幻莫测，陆离光怪的时代，圆海算是经过所有的风波，用左制右，附右排左，有时不左不右，自命中立，有时不管左右，一味乱咬，有时以东林孽子的道貌求哀于正人，有时又以魏珰干儿的色相求援于阉寺，“有奶便是娘，无官不可做”。于是扶之摇之，魏珰时代他做到太常少卿，马士英时代他做到兵部尚书兼右副都御史。最后是做了降敌的国贼，原形毕露。

明末三十年党争黑暗面的代表是阮圆海，和阮圆海形迹相类的还有几千百人。这一类人可名之曰阮圆海型。

三百年后的历史和三百年前当然不同。最大的不同是如今是人民的世纪，黑白不但分明，而且有人民在裁判。然而，阮圆海型的正人君子们还是车载斗量，朝秦暮楚，南辕北辙，以清流之面目，作市侩之营生：一变两变三变都已记在历史上了，最后的一变将由人民来判决。

阮圆海名大铖，安徽怀宁人，《明史》卷三百八《奸臣传》有传。

十、债帅

债帅这一古典名辞，始见《旧唐书》卷一六二《高瑀传》：

> 自大历（唐代宗年号，766—779年）以来，节制之除拜，多出禁军中尉。凡命一帅，必广行赇赂。禁军将校当为帅者，虽无家财，必取资于人，得镇之后，则膏血疲民以偿之，及高瑀之拜（忠武节度使，治河南许州）以内外公议，缙绅相庆，韦公（处厚）作相，债帅鲜矣。

到地方做掌军权的节度使，事先必须用钱报效禁军统帅由宦官充当的神策中尉，即使你资历才能都合格，即使你清廉到儿女啼饥号寒，你没有钱，还是不济事，反之，只要有钱行贿，力可通神，资格才能都可不问，中尉一笑，旌节上门。因之，贪污的军官，由此道而升官统兵，可以大展搜括之鸿猷。不贪污的军官难甘寂寞，也只好向人借债，到任之后，再括军士括地皮还债。使贪者更贪，不贪者也非贪不可。闹得军士饿病，逃亡，闹得军纪扫地，军气消沉，闹得军队和人民对立，闹得民穷财尽，国亡家破。

唐代后期之国威不振，纪纲荡然，以至亡国，由于债帅，债帅之所以造成，决不是军事的，而是基本的政治的原因。

抚今怀古，不免对“债帅”一词低徊婉怅，想望韦处厚风采。

十一、小民和巨室

明代中叶，一位很懂得政治道理的学者谢肇淛，在所著《五杂俎》十三《事部》论小民和巨室说：

> 今为仕者，宁得罪于朝廷，无得罪于官长，宁得罪于小民，无得罪于巨室，得罪朝廷者竟盗批鳞之名，得罪小民者可施弥缝之术，惟官长巨室，朝忤旨而夕报罢矣。欲使吏治之善，安可得哉。

晚近得一精抄本，文字和刻本多有不同，这一段抄本作：

> 今之士大夫，应结欢于朝廷，无得罪于官长，宁得罪于人民，无得罪于巨室。结欢朝廷者可得召见之荣，得罪人民者可膺茅士之赏。惟官长巨室，朝忤旨而夕入营矣。欲使吏治之善，安可得哉！

十二、□员论

家藏顾炎武《亭林文集》。虫蛀破损，卷一有三篇《□员论》分上中下，□字都蛀损了，不能找得善本补正。《□员论》中有一段妙文，足以发人深省，迻录如下：

> 天下之病民者有三：曰乡宦，曰□员，曰吏胥。是三者法皆

> 得复其户而无杂泛之差，于是杂泛之差乃尽归于小民，今之大县至有□员千人以上者比比也。且如一县之地有十万顷，而□员之地五万，则民以五万而当十万之差矣。一县之地有十万顷，而□员之地九万，则民以一万而当十万之差矣。民地愈少，则诡寄愈多，诡寄愈多则民地愈少，而□员愈重。富者行关节以求为□员，而贫者相率而逃且死，故□员之于其邑人，无秋毫之益，而有丘山之累，然而一切□□□□之费，犹皆取派于民。故病民之尤者一□员也。

文中有几个地方需要注释。“复户”是享有特权免除公民义务，例如工役军役以至完粮纳赋等义务。“杂泛之差”指人民的额外负担，例如运输买办，迎接以及款待官府，供应军队之类。“诡寄”的现代术语是“转嫁”，地主把自己应输的粮，应服的工役或兵役，用特殊方法派给小民负担，自己则置身事外，叫作诡寄，诡是用不正当的方法，寄是叫别人负担。“关节”是贿赂以及人情的雅称。□□□□之费，似乎可以解释为运动选举之费。

十三、衍圣公和张天师

明王世贞《弇山堂别集》记明宪宗成化二年(1466年)，中国两个最有历史最受朝野尊敬的家族族长的故事。第一个是孔子的嫡系子孙衍圣公孔弘绪：

> 三月癸卯，衍圣公孔弘绪坐奸淫乐妇四十余人，勒杀无辜四人，法当斩。以宣圣故，削爵为民，以弟弘泰代官。

第二个是张道陵的嫡系子孙正一嗣教大真人张元吉：

> 四月戊午，正一嗣教大真人张元吉坐僭用器物，擅易制书，

强奸子女，先后杀平人四十余人，至有一家三人者。坐法当凌迟处死。下狱禁锢。寻杖一百，戍铁岭。而子玄庆得袭。元吉竟以母老放归。

一个在山东，一个在江西，生在同一时代，同一罪名，奸淫杀人，而且判决书上还写着杀的是无辜平民。都因为有好祖宗，不但不受法律处分，连官也不丢，一个给兄弟，一个给儿子。这叫做法治？这叫作中国式的民主？

没有好祖宗，得硬攀一个。再不然，也得结一门好亲戚，此之谓最民主的国家之国情有别。

这两个故事也被记载在《明史》，不重引。

十四、班禄惩贪

《通鉴》一三六：

太和八年(484年)九月，魏诏班禄，以十月为始，季别受之。旧律枉法十匹，义赃二十匹罪死。至是义赃一匹，枉法无多少皆死(枉法谓受赇枉法而出入人罪者，义赃谓人私情相馈遗，虽非乞取，亦计所受论赃，仍分命使者按守宰之贪者)，秦益二州刺史恒农李洪之以外戚贵显(魏显祖高祖皆李氏出)，为治贪暴。班禄之后，洪之首以赃败。魏主命锁赴平城，集百官亲临数之，犹以其大臣，听在家自裁。自余守宰坐赃死者四十余人，受禄者无不跼蹐，赇赂殆绝。……久之淮南王佗奏请依旧断禄，文明太后召群臣议之，中书监高闾以为饥寒切身，慈母不能保其子，今给禄则廉者足以无滥，贪者足以劝慕，不给则贪者得肆其奸，廉者不能自保，淮南之议，不亦谬乎，诏从闾议。

……

十三年六月……魏怀朔镇将汝阴灵王天赐长安镇都大将雍州刺史南安惠王桢皆坐赃当死。冯太后及魏主临皇信堂引见王公,太后令曰,卿等以为当存亲以毁令耶?当灭亲以明法耶?群臣皆言二王景穆皇帝之子,宜蒙矜恕。太后不应。魏主乃下诏称二王所犯难恕,而太皇太后追惟高宗孔怀之恩,且南安王事母孝谨,闻于中外,并特免死,削夺官爵,禁锢终身。

太和是北魏的盛世,细究上引两条史料,便可明白太和之所以治,是因为有一个法度,在这个法度之下,外戚犯法,处死刑,皇族犯法,则夺官爵,禁锢终身。虽然限于时代,限于议亲议贵的八议,毕竟亲也罢,贵也罢,还得照治亲治贵的法来办!存亲呢?毁法。明法呢?只得灭亲。一般阿谀无耻的小人虽然一味巴结,劝人主毁法,结果还是法度第一。此北魏太和之所以治,也是历代末叶之所以不治的主因。

次之,两件案子的主角都是贪污,而且主角都是皇亲皇族。在枉法无多少皆死的大法之下,主角都受明刑处分。而且,法从上始,先从顶尖顶上的红人大员开刀,风行草偃,自然可以办到赇赂皆绝的地步!

次之,北魏在严刑惩贪之先,先有一个预备步骤,调整公务人员的薪给,使每一等级的官吏都可得到生活的保障。规定以前的旧账不算,以后,一发现贪污,立刻以大法从事,令出法随,毫不姑息。

假如历史也有点用处,一千五百年前的两件旧案子,不妨让人民多多研究。要办贪污,不必挑出科长科员顶缸,而且和一千五百年前有点不同,现在的法律一律平等,八议谈不上。只要能行法从上始,杀一两打高高在上的主角,没收他们的家产作全国公务人员的生活补助费用，我们相信，今人不一定不如古人，也一定可以办到纲纪修饬，赇赂殆绝！

十五、言官与舆论

清同治四年(1865年)，方宗诚在《光禄大夫吏部右侍郎王公(茂荫)神道碑》中曾指出咸丰朝的政治情形说：

> 时天下承平久，吏治习为粉饰因循，言官习为唯阿缄默，即有言多琐屑，无关事务之要。其非言官，则自以为吾循分尽职，苟可以寡过，进秩而已，视天下事若无与于己而不敢进一辞，酿为风气，军国大事，日即于颓坏而莫之省。

言官是过去历史上一种特殊制度，代表着士大夫——统治集团的舆论，专门照顾主子和这一集团的共同利益，从旧制度崩溃以后，代替皇帝做主子的是人民，代替言官的任务的是报纸，对象改变了。自然，报纸所发扬的舆论应该是照顾人民的利益。然而，今天的情形依然和咸丰朝一样，方宗诚的记载依然适合，试转为今典：

> 时天下乱离久，吏治习为粉饰因循，官与民争利，军需民为卫，幅壤日窄，而衙署日多，诛求之术，日精月进，梏桎之法，如环无端，钞币日增，民生日困，而报章习为唯阿缄默，巧为圆融传衍之说，即有言多琐屑，无关事务之要，其甚者则移于赇赂，惕于刑诛，不惜自绝于民，以逢迎弥缝谄媚摇尾应声之态，为妻子儿女稻粱衣食之谋，敷粉弄姿，恬不知廉耻之为何物。其非任言责者，则自以为吾循分安命，明哲保身，俯仰随人，沉浮自适，视国家民族几若无与于己，拔一毛而不为，不愿进一言，不敢进一辞，酿为风气，军国大事，日即颓坏而不之省。呜呼！

十六、家天下

过去国家的主人是皇帝，如今国家的主人是人民。

过去皇帝拥有大量的财富，人民挨饿。而今，人民中的少数特殊分子，拥有大量的财富，最大多数的人民挨饿。

过去是皇帝家天下，而今是少数特殊分子家天下。

家天下的解释是："我的不是你的，你的都是我的。"因为不论皇帝，不论少数特殊分子，所有财富的来源都是取之于民，然而，都不肯用之于民。皇帝的故事，试举一例。

1618年，建州族努尔哈赤起兵，政府无钱增兵，《明史》说：

> 时内帑充积，帝靳不肯发。

户部只好取之于民，普加全国田赋，亩加三厘五毫，第二年又加三厘五毫，第三年又加二厘，通前后增加九厘，增赋银五百二十万两。

1619年军事局面危急，政府负责人杨嗣昌向皇帝呼吁：

> 今日见钱，户部无有，工部无有，太仆寺无有，各处直省地方无有。自有辽事以来，户部一议挪借，而挪借尽矣，一议加派，而加派尽矣，一议搜括，而搜括尽矣。有法不寻，有路不寻，则是户部之罪也。至于法已尽，路已寻，再无银两，则是户部无可奈何，千辛万苦，臣等只得相率恳请皇上将内帑多年蓄积银两，即日发出亿万，存贮太仓（国库），听户部差官星夜赍赴辽东，急救辽阳，如辽阳已失，急救广宁，广宁已失，急救山海关等

处。除此见着急着，再无别法。[1]

话说得恳切到家，声泪俱尽，可是结果还是“我的不是你的”，辽阳、广宁等军略据点相继失守。

三百三十年后的中华民族的主人，百分之九十以上最穷最苦的人民都已尽了最大的财力的人力的贡献，公务人员的收入，照比例已经贡献给国家百分之九十六了。然而，富人地主，以及资本家呢？三万万美金以及更多的南美洲的存款和产业呢？

取之于民而不肯用之于民的历史教训，1644 年的朱明政权倾覆，和当时朝官显宦勋戚富人的被夹棍板子挤出几千万匹驮马的金银，终于不免一死，得罪子孙，贻羞青史，是值得穿针孔的人们多想想的。

十七、主奴之间(一)

奴才有许多等级，有一等奴才，有二等奴才，也有奴才的奴才，甚至有奴才的奴才的奴才。

我们的人民，自来是被看作最纯良的奴才的，“不可使知之”，是一贯的对付奴才的办法，就是“民为邦本，本固邦宁”，和“民为贵，社稷次之，君为轻”一套话，虽然曾被主张中国式的民主的学者们，解释为民主，民权，以至民本等等，其实拆穿了，正是一等或二等奴才替主人效忠，要吃蛋当心不要饿瘦，或者杀死了母鸡，高抬贵手，留得青山在，不怕没柴烧，图一个长久享用的毒辣主意。证据是“有劳心，有劳力，劳心者食于人，劳力者食人”。老百姓应该养贵族，没有

---

① 《杨文弱集》卷一，《请帑稿》。

老百姓，贵族哪得饭吃！

老百姓是该贡献一切，喂饱主人的，其他的一切，根本无权过问，要不然，就是大逆不道。六百年前一位爽直的典型的主子，流氓头儿朱元璋曾毫不粉饰地说出这样的话，《明太祖实录》卷一百五十：

> 洪武十五年（1382 年）十一月丁卯，上命户部榜论两浙江西之民曰：为吾民者当知其分。田赋力役出以供上者，乃其分也。能安其分，则保父母妻子，家昌身裕，为仁义忠孝之民，刑罚何由及哉！近来两浙江西之民多好争讼，不遵法度，有田而不输租，有丁而不应役，累其身以及有司，其愚亦甚矣！曷不观中原之民，奉法守分，不妄兴词讼，不代人陈诉，惟知应役输租，无烦官府，是以上下相安，风俗淳美，共享太平之福，以此较彼，善恶昭然。今特谕尔等，宜速改过从善，为吾良民，苟或不悛，则不但国法不容，天道亦不容矣！

“分”译成现代话，就是义务，纳税力役是人民的义务，能尽义务的是忠孝仁义之民。要不，刑罚一大套，你试试看，再不，你不怕国法总得怕天，连天地也不容，可见义务之不可不尽。至于义务以外的什么，现代人所常提的什么民权，政治上的平等，经济上的平等，等等，不但主子没有提，连想也没有想到。朱元璋这一副嘴脸，被这番话活灵活现地画出来了。

朱元璋为什么单指两浙江西的人民说，明白得很，这是全国的谷仓，人口也最稠密。拿这个比那个，也还是指桑骂槐的老办法。其实，中原之民也不见得比东南更奴化，不过为了对称，这么说说而已。

十八、主奴之间(二)

在古代,主子和奴才的等级很多,举例说,周王是主子,诸侯是奴才。就诸侯说,诸侯是主子,卿大夫又是他的奴才。就卿大夫说,卿大夫是主子,他的家臣是奴才。就家臣说,家臣是主子,家臣的家臣又是奴才。就整个上层的统治者说,对庶民全是主人,庶民是奴才,庶民之下,也还有大量的连形式上都是奴才的奴隶。

主奴之间的体系是剥削关系,一层吃一层,也就是一层养一层,等到奴才有了自觉,我凭什么要白养他,一层不肯养一层,愈下层的人愈多,正如金字塔一样,下面的础石不肯替上层驮起,"哗啦"一下,上层组织整个垮下来,历史也就走进一个新阶段了。

这时期主奴关系的特征,除了有该尽义务的庶民和奴隶以外,上层的主子(除王以外,同时又是奴才),全有土地的基础,大小虽不等,却都有世世继承的权利。跟着土地继承下来的是政治,社会上法律上的特殊的固定的地位。因之,所谓主奴只有相对的区分,都是土地领主,主子是大领主,奴才是小领主。也就是世仆。一层层互为君臣,构成一个剥削系统。

维护这个剥削系统的理论,叫作忠。一层服从一层,奴才应该养主子。在这系统将要垮的时候,又提出正名,君君臣臣父父子子,主子永远是主子,奴才永远是奴才。又提出尊王,最上层的主子被尊重了,下几层的主子自然也会同样被尊重,他们的利益就全得到保障。用现代话说,也就是维持阶级制度,维持旧时的剥削系统。

在这系统下,互为主奴的领主,在利害上是一致的,因之,主奴的形式的对立就不十分显明。而且,这金字塔式的系统,愈下层基础就愈宽,人数愈多,力量愈大,因之,在政治上,很容易走上君不君臣不臣，诸侯和王对立，卿大夫和诸侯对立，家臣和卿大夫对立的局面。

假如我们抛开后代所形成的君臣的观念，纯粹从经济基础来看上古时代的剥削系统，可以下这样一个结论，就是那时代的主奴关系，是若干小领主和大领主的关系，大小虽然不同，在领主的地位上说是一样的。而且，因为分割的缘故，名义上最大的领主，事实上反而占有土地最少。因之，他所继承的最高地位是一个权力的象征，徒拥武器。实权完全在他的奴才，分取他的土地的卿大夫手上，家臣手上。因之，主奴又易位了，奴才当家，挟天子以令诸侯，陪臣执国政，名义上的奴才是实质上的主人。

出主入奴，亦主亦奴，是主而奴，是奴而主，奴主之间，怕连他们自己也闹不十分清楚。

附录二：旧史新谈

一、糊涂和卑鄙

这个有趣的谈话，谈的人是子思和卫侯，地点在卫国的都城，时间是纪元前377年。

有一天，卫侯出了一个不合式的主意，话犹未了，左右群臣齐声称颂，说了一大堆恭维话。

子思说："看样子，卫国真合着老话：'做主子的不像主子，做臣下的不像臣下！'满不是那回事！"

有人听了就反驳："你说得太过火了！"

子思说："你不明白这个道理，大凡一个做主子的自以为了不得，人家就不敢替他出好主意。即使做对了，自吹自擂一阵，也要不得，何况做错了，还受人乱恭维！看不清事情的是非，一味喜欢恭维附和是糊涂，认不明道理的所在，只是阿谀巴结是卑鄙。在上的糊涂，在下的卑鄙，这样的政府是不会得民心的，长此不改，必然亡国。"

子思想了又想，忍不住，直对卫侯说："你的国家有危险了！"卫侯问："为什么？"

子思老实不客气，说出一番话："道理很明白，你说出话自以为是，群臣左右没有人敢说错，文武大臣也自以为是，老百姓没人敢说错，你们都自以为是不错，底下人又恭维你们不错，说好捧场，顺而有福，喝倒彩，逆而有祸，如此这般，怎样能做出好事？做不出好事的政府，怎么不危险！"卫侯听了大不高兴。过了几天，子思只好栖栖惶惶，卷起铺盖，离开了卫国。

二、桓灵和晋武帝

公元二八二年正月，晋武帝亲自举行了祭天大典，好容易把一切礼节都合合式式表演完了，满腔得意，叹一口气，问在左右的大官司隶校尉刘毅说："我可以比汉朝的哪个皇帝？"刘毅答："桓帝和灵帝。"晋武帝脸都白了："何至于此？"刘毅答："桓灵二帝卖官钱入官库，你的呢？填私房。这样比来，你还不如呢。"

晋武帝碰了钉子，只好大笑："桓灵的时候，听不到这话。我有你这样的直臣，还比他二位强一点。"

三、拍卖行

六世纪初年，北魏有两个大官，一个是侍中卢昶，一个是侍中领左卫将军元晖，都得北魏主的宠任，都贪污放纵，人民给这两个人外号，卢昶叫饥鹰侍中，元晖叫饿虎将军。饿虎将军后来升了官，做吏部尚书，定下市价，大地方郡守绢二千匹，中下等依次对折，其余的官也各有定价。人民又给这机关一个外号——拍卖行。

——《资治通鉴》卷一四六

四、墨敕斜封

李唐的制度，人主的命令必须经中书省的审议，门下省的副署，然后交由尚书省执行，“不经凤阁鸾台，何名为敕?”敕令用黄纸书写，经过一定的法律程序，才发生效力。反之，只是用人主的名义发令写敕，直接交当事机关执行的，叫作墨敕斜封，虽然生效，舆论却抗议以为违法，由斜封得官的人称为斜封官，虽然得势，却无人看重，不得与于士大夫之列。

《唐会要》六十七:“景龙二年(708 年)，长宁宜城定安新都金城等公主及皇后陆氏妹郕国夫人、冯氏妹崇国夫人，并昭容上官氏与其母沛国夫人郑氏，尚宫柴氏，贺娄氏女夫第五英儿，陇西夫人赵氏，咸共树朋党，降墨敕斜封以授官。”

《旧唐书》卷五一《韦庶人传》:“时上官昭容与其母郑氏及尚宫柴氏贺娄氏，树用亲党，广纳货赂，别降墨敕斜封授官，或出臧获屠贩之类，累居荣秩。”

《新唐书》卷八十三《安乐公主传》:“安乐与太平等七公主皆开府，而主府官属尤滥，皆出屠贩，纳赀售官，降墨敕斜封授之，故号斜封官。”

不到五年工夫，开元皇帝即位，刷新政治，这些斜封官依旧回去做酒店掌柜、屠肆掌刀，只是死后的铭旌上落得多添一道官衔，历史上留下一点污渍。

五、官商合一

纪元前 140 年，大儒董仲舒提出一个严重的社会问题，给政府以警告，他指出一般官僚和贵族，平时盘踞政府高位，钱够多了，生活够舒适了，却凭借他们的势位，做买卖，做生意，和小民争利，小民怎能相比，成天成年被剥削，刮得精穷。一边荒淫无耻，一边呢，穷急愁苦。小百姓反正活着无趣，又怎能不闹事！刑罚因之日多，危机也因之日重了。

由此看来，官商合一，由来久矣！

——《资治通鉴》卷十七

六、报功文书

建安十七年(212 年)，一个中级军官向他的统帅曹操上报功文书，照规矩纸上数目应该比实数增加十倍，以一报十，为的是夸大武功，吓住老百姓。这军官居然反常，只照实数报告，惹得曹操惊异，大大夸奖了一顿。

这是一个秘密，一个尺度，历史上所有记载战功的数字，都可以用这个尺度去衡量。

——《资治通鉴》卷六十六

七、空谈和实践

靖康之变(1127 年)，金人长驱深入，开封的大臣们，正在雍容商讨，有的主张抗战，有的主张讲和，有的主张迁都，意见纷纷，莫衷一是。大家抢着说话，谁也不能做事，弄得战的准备没有，和的准备没有，连逃的准备也没有，却又一面在敷衍作战，一面在遮遮掩掩地讲和。议论未定，金人已经渡河，开封已经被包围了

宋人张端义《贵耳集》里有一段很沉痛的话："一时代有一时代的风度，唐虞尚德，夏尚功，商尚老，周尚亲，秦尚刑罚，汉尚才谋，东汉尚节义，魏尚辞章，晋尚清谈，周隋尚族望，唐尚制度文华，本朝尚

法令议论!”

光从文字上形式上讲究,满意于纸面的空谈,靖康之变是最现实的一例。

八、冗兵冗吏

北宋这一个时代,就内政说,算是比较像样子的,有见识的政治家都能有充分的言论自由批评政府,指摘的题目之一是冗兵冗吏。

至道三年(997年),有一个在政治上失势,被赶到外郡去的地方官,知扬州王禹偁写信给皇帝,指出冗兵冗吏的弊端说:“过去三十年间的一切,就我所亲见的说,国初疆域,东未得江浙福建,南未得两湖两广,国家财赋收入不多,可是北伐山西,御契丹,财政不困难,兵威也强。道理在哪里?明白得很,第一,常备兵精而不多,第二,所用的大将专而不疑。其后,尽取东南诸国,山西也收复了,土地增加,收入增加,可是财政反而困难,兵威反而不振,道理在哪里?也明白得很,第一,常备兵多而不精,第二,所用的大将也多而不专。如今的办法,要国富兵强,只有学以前的办法,采用精兵主义,委任好将官,用全国的财力,培养数目不大的精兵,国富兵强自然不成问题。”

接着他举出冗官的实例,他说:“我是山东济上人,记得未中进士时,地方只有刺史一人,司户一人,十年以来,政府不曾添过人,地方上也没有什么事办不了。以后又添了一个团练推官。到我中进士回乡时,除了刺史,又有通判,有副使,有判官,有监库,有司理,管卖酒收税的又有四个官,衙门天天增加,官的数目自然也多,可是算算地方收入,比过去反而减少,逃亡的人民呢,反而比过去增多。一州如此,全国可知,冗吏在上消耗,冗兵在下消耗,两头吃国家,国家如何能不穷！”

五十年后，户部副使包拯也告诉皇帝说：“五十年前文武官的总数九千七百八十五员，现在是一万七千三百余员，这数目不包括未管差遣京官使臣和候补官在内。比五十年前增加了一倍。全国州郡三百二十，县一千二百五十，平均算来，照定额不过五六千个官就够办事，如今的数目恰好多了三倍。而且三年一开贡举，每次考取二千多人，再加上中央机关的小吏，加上大官的儿孙荫序，再加上出钱买官的，总共算来，逐年增加的新官又不止三倍！做官的一天天增多，种田的一天天减少，国家如何能不穷，民力如何能不竭！”

在承平时代，有如此公开的指摘，过了九百年，到了我们的时代，有史以来国难最严重的时代，我们读了这两个文件，有点惘然！

——《资治通鉴长编》卷四十二、卷一六七

九、书帕

明代后期贿赂之风盛行，官官相送，讲究用新刻书，面子上送书，底子里送黄的金子，白的银子，落得好看。一时东也刻书，西也刻书，赶刻得快，便顾不得校对，错字脱简，一塌糊涂。大凡那时地方官府所刻书，序文上写着“捐奉绣梓，用广厥传”的，例如弘治时温州知府邓淮重刻陈埴《木钟集》，和州知州黄桓所刻都穆《南濠诗话》一类杂书，都是为着送大官的人情的点缀品。

明代后期书刻得不好，这是一个原因，我们现在还有许多明版书可读，这也是一个原因。

饮水思源，我们还得谢谢三百年前的那些贪官污吏。

——蒋超伯《南漘楛语》

十、贪污史例之一

元朝末年，官贪吏污，因为蒙古、色目人浑浑噩噩，根本不懂“廉耻”是什么意思。这一阶级向人讨钱都有名目，到任下属参见要“拜见钱”，无事白要叫“撒花钱”，逢节有“追节钱”，做生日要“生日钱”，管事而要叫“常例钱”，送往迎来有“人情钱”，差役提人要“赍发钱”，上衙门打官司要“公事钱”。做官的赚得钱多叫“得手”，钻得肥缺叫“好地”，补得要缺叫“好窠”。至于忠于国家，忠于人民，则一概“晓勿得”！

刘继庄说：“这情形，明朝初年我知道得不清楚，至于明末，我所耳闻目见的，又有哪一个官不如此！”

——刘献廷《广阳杂记》卷三

十一、贪污史例之二

明代中期，离现在四百多年前，一个退休的显官何良俊，住在南京，告诉我们一个故事：

南京也照北京的样子，设有六部五府等机关，原来各有职掌，和百姓并不相干。这些官家里需用的货色，随时由家奴到铺子买用，名为和买。我初住南京的头几年，还是如此，不过五六年光景，情形渐渐不妙，各衙门里并无事权的闲官，也用官府的印票，叫皂隶去和买了，只给一半价钱，例如值银两钱的扇子只给一钱，其他可以类推。闹得一些铺户叫苦连天。至于有权有势的御史，气焰熏天，更是可怕。例如某御史叫买一斤糖食，照价和买只要五六分银子，承买的皂吏却乘机敲诈了五六两银子，他在票面上写明本官应用，要铺户到本衙交纳，第一个来交纳的，故意嫌其不好，押下打了十板，再照顾第二家,第二家一算,反正来差要钱,门上大爷又要钱,书办老爷还是要钱,稍有不到,还得挨十下板子,不如干脆拼上两三钱银子,消灾免祸,皂隶顺次到第三、四家一样对付,谁敢不应承,于是心满意足,发了一笔小财,够一年半载花销了。

南京某家买到一段作正梁的木料叫柏桐,很是名贵,巡城御史正想制一个书桌,听说有好材料,动了心,派人去要,这家舍不得,连夜竖了柱,把梁安上,以为没有事了。不料巡城御史更强,一得消息,立刻派皂隶夫役,一句话不说,推翻柱子,抬起大梁,扬长而去。

——何良俊《四友斋丛说》

十二、贪污史例之三

明末的理学家刘宗周先生指出这时代的吏治情形说:

如今吏治贪污,例如催钱粮要火耗(零星缴纳的几分几钱银子,熔铸成锭才解京,熔铸的亏蚀叫火耗,地方不肯担负这损失,照例由纳粮的人民吃亏,额外多交一两成,积少成多,地方官就用这款子来肥家),打官司要罚款,都算本分的常例,不算外水了。新办法是政府行一政策,这政策就成敲诈的借口,地方出一新事,这一新事又成剥削的机会,大体上是官得一成,办事的胥吏得九成,人民出十成,政府实得一成,政府愈穷,人民愈苦,官吏愈富,以此人民恨官史如强寇,如仇敌,突然有变,能造反便造反,当机立断,毫不踌躇。

举县官作例吧,上官有知府,有巡道,有布政使,有巡抚,有巡按,还有过客,有乡绅,更有京中的权要,一层层须得应付,敷衍,面面都到。此外钻肥缺,钻升官,更得格外使钱,当然也得养家,也得置产业,他们不吃人民吃什么?又如巡按御史吧,饶是正直自好的,你还未到任,地方大小官员早已凑好一份足够你吃几代的财宝,安安稳稳替你送到家里了。多一官百姓多受一番罪，多派一次巡按，百姓又多受一番罪，层层敲诈，层层剥削，人民怎能不造反？怎能不拼命？

——刘宗周《刘子文编》卷四《敬修职掌故》

下编

灯下集

前　言

——灯下杂谈

过了举国同庆的国庆十周年节日，一转眼就是年底了。活了五十岁，有十年是在欢欣鼓舞的情绪中度过的。有人说我老了，头发又白又秃，我说不，才十岁呢，还不到成熟的年龄，更好的日子还在后头呢！情绪很高，劲头很足，要多学习，多工作，愈干愈有劲，活得有意思，老这个字连想也没想过。

说劲头很足，不是空话，今年已经出了一本《投枪集》，是解放以前白色恐怖很厉害那几年写的一部分杂文。现在，这一本集子，主要是今年，国庆十周年写的，有几十篇短短长长的文字，曾经在《人民日报》《光明日报》《北京日报》《新建设》《前线》《历史教学》《戏剧报》等报刊上发表过。其中，有三篇文章，《宋代两次均产运动》《明代的奴隶和奴变》和《明代的锦衣卫和东西厂》，是解放以前写的，也都曾发表过，因为性质相同，也编在一起了。

此外，这十年来，也还写过一些杂七杂八的杂文，和这些文章性质不同，打算过些日子，再出一本集子。

其实，这本集子也就够杂了，就文章长短说，短的有几百字的，长的有超过万字的。就内容说，谈商业，谈农业，谈打仗，谈服装、称呼，谈学习，谈统治阶级内部矛盾，谈三国戏，谈曹操、武则天、海瑞、谈迁，也杂得很。但是，尽管杂，也有一致的地方，那就是谈的都是历史。其次，就谈历史而论，也清楚地画出一条界线，那就是解放以前这一批文章，都有点恨气，有根刺，总想朝什么地方戳它一下。今年写的一些，性质根本不同了，目的是想通过明白易晓的文字，提供一些历史知识，丰富人们的文化生活。主观意图确是如此，至于客观效果如何，那又是另一回事了。

花了一点时间，把这些文章校改了一遍。到末了，要起书名，难题又来了，想不出合适的书名，实在没办法，只好题名为《灯下集》，因为这些文章大部分是在灯下写的，有的是在菜油灯下，那是解放前在昆明住在乡下的时候，回想当年，在豆点般的灯光下往往写到深夜。现在呢，大大不同了，不但有明亮的电灯，还有台灯呢，单从灯光这一件事情说，也不胜今昔之感。我看，假如还有人一定要说菜油灯光比电灯光要好，今不如昔的话，那也可以解决，把他家里的电线切断，让他仍旧去过点菜油灯的日子如何？

说是《灯下集》，也不可以以词害意。有一部分文章确是在灯下写的。但今年写的有一些却不是，这里面也有一个思想斗争在。原来多年来的习惯，白天总是上课，开会，办事，晚上比较清闲些，时间也完整些，这样，就逐渐养成了一种惰性，还把它美化，说只有晚上才能写东西，白天是不行的。自己这样想，也这样原谅自己。结果呢，过去这些年，白天也并不总是忙，有些间断的空闲的时间，在这种借口之下，就莫名其妙地混过去了。今年，想通了，什么时候有时间就写，不管白天黑夜，这样，白天也写出来了，而且，写得还不少。这一条经验，充分证明习惯是可以改的，只要下决心便行。

今年写的一些东西，有一些是用笔名的，一个叫刘勉之，一个叫赵彦。刘勉之是解放前的笔名，《人民日报》编者要我写读书札记，随便选了这一个，并没有什么深意。不料问题出来了，其一是这个名字也有人在用，有抄袭之嫌；其二是有一次和朋友谈话，鼓励大家多写作，有人批评是好事，不是坏事。当时有人就说，那么，你为什么用笔名呢？不是怕批评吗？糟了，当场被将军，下不了台。只好承认取消笔名，以便接受批评。从此以后，我就不再用笔名了，趁此交代一笔，顺便也向那位同名的朋友表示歉意。

话说回来，谈谈对写文章的看法。

一年来，因为多写了一些，碰见人时有时候也谈到写文章。有人说，你读的书真多呀，真博呀，记性真好呀，等等。这个问题倒得弄清楚，要不然，会害人上当。

坦白地说，我喜欢读书是真的，读的却并不够多。自己明白知识很贫乏，要同愚昧作斗争，办法之一是多读书。不管怎样，多读一些书，总会增长一些知识。特别是理论书，读得还很少。这个大缺点今后必须克服。

说博，一点也不。我的知识领域很窄，除了历史、文学的书稍为多读一点以外，其他方面的知识是贫乏得惊人的。至于文章中引用了一些书，一些材料，那也没有什么了不起。我的办法说穿了很平常，除了多读之外，便是多抄，平时读书把自己认为有用的材料抄下来，记上书名、作者和卷数、篇名，把性质相同的放在一起。年月久了，积累的材料多了，再以此为起点，有意识地有系统地读一些有关的书，搜集一些未见的材料。再经过组织、综合、分析、研究，写成一篇文章。如此而已，并没有什么奥妙，更说不上博学。

说我记性好，那更是诚惶诚恐了。相反，我的记性很坏，最近还闹了笑话，写给田汉同志的家里地名错了两个字，写给他别一条街名，害他找了好半天。正因为记性不好，才下决心勤抄、多抄呢。

也有人问我写文章的窍门，我说没有。我自己的经验是越不写，越不会写。这八九年来，原谅自己多了一些，写得就很少。结果，真要写的时候，举笔有千钧之重，用字遣词，非常吃力。这一年，大家都鼓足干劲，力争上游，我想，除了岗位工作以外，这支笔也得使上啊，不会开机器，不会耪地，难道写点文章也不行，那么不成器？甘居下游？一下决心，越写得多，也就越好写了。要说有窍门，也行，两个字，多写。

当然，还要多改。一篇文章多改几次，可说可不说的话不说，可用可不用的字不用，就会简练一些，有力量一些。

也有人问，你那么忙，还写得这么多，有什么办法。这个问题上面已经答复了，那就是一有空闲就写，今天写一点，明天写一点，这会儿写一段，那会儿写一段，只要抓紧时间，总可以写出东西来。过去，那么些年，我就吃了主观想法的苦头，那些年总想找个比较长的完整的时间写东西，例如一整天，一整星期，一整个月之类，在这期间，什么事也不做，光写文章，这个不现实的主观想法，害苦了自己，老是在等，总等不来，可以利用的时间也就轻易地滑溜过去了。如今，不这样想了，一有时间就写，化零为整，许多零碎时间妥善地利用起来，不就是一个大整数？这笔账过去不会算，自己想想，真是蠢得可以！

要问我的经验吗？不做清谈家，爱惜时间，老老实实读点好书，写点东西，努力学习，努力工作，当然，首先得做好岗位工作。

还有，一年来也有不少出版社和刊物、报纸的青年同志来要稿子，除此以外，总还要问有什么意见。

意见每次都谈，但是，谈了，也就忘了。现在回想，大概谈过这么些问题。

我有两个孩子，大的五岁多了，她两三岁时就爱听故事，而且记性很好，有时候会把听过的许多故事编在一起，反过来讲给我听。每天每晚都吵着要讲。先是我自己编，后来买儿童读物给她看、讲，事先自己先看一下，发现有许多东西是不大合适的，个别的甚至不很好。画的图有些是好的，但有好一些并不好。随着小孩年龄的增长，知识领域的扩大，她对故事的要求越来越强烈，标准也越来越高了。有了孩子的督促，我深切感到我们需要大量的政治要求和艺术要求都高的图文并茂的儿童读物，通过这些课外读物，培养下一代成为有社会主义觉悟有文化的劳动者，这是一件极为重要刻不容缓的事情。但是，很可惜，第一，这样的读物并不多，第二，编写这样读物的作家也似乎并不多。一两年来，我为这个当爸爸的任务很着急，也曾多次和朋友们，特别是作家们谈起过，虽然出了些书，也还不够多，满足不了当父母的和小孩的要求。

同样，青少年的读物也是很缺乏的。他（她）们的求知欲很强，对好的读物要求也很迫切。因为这样的读物不很多，便只好挑大本书，一厚本一厚本啃，其中有一些书的内容，和他（她）们的年龄是不适合的。也因为书厚，课余的时间看不完，但又要赶着看完，弄到在光线不好的地方看，在床上看，在电车上、公共汽车上看，把目力损害了。这两年来，许多学校都出现了一批近视眼的青少年！这是一个很严重的问题。

还有，数量极大的机关干部，都迫切要求提高，要学点理论，学点历史，学点科学，学点文学，要多读点书，继承古代的优良文化遗产，读些什么呢？

这些问题都必须很好很快地解决。

他们诉苦说,有困难,写的人少。

我说,有办法,写的人很多。

第一,是不是可以提出要求,理论家们,文学家们,科学家们,艺术家们,各种各样的专家们,除了你们的岗位工作、专门著作以外,是不是都可以抽一点时间,为你们的儿童们、你们的青少年们、你们的干部们,写一点通俗普及的东西呢?我看不必另起炉灶,只就你们所掌握的专业知识、所写的专门著作,用明白易晓的文字,扼要讲清楚就行了。这样做,一年可以出几千种、几万种,可以把理论、文化、科学、艺术、历史知识普及到儿童、青少年、干部、工人、农民中去。大家动手,我看,这样做,才叫作普及,才叫作百花齐放,也才能掀起文化高潮,行不行呢?我想,一定可以。我以两个小孩的父亲的名义提出这个庄严的请求。

第二,组稿的范围是不是可以扩大一些,作家们当然要多写一些,我想,非作家也可以写。作家不是天生的,任何人只要肯写,多写,多改,写得不好再写,总归可以写得较好一些。像我这样的有二十年教龄的老教师,从来不是什么作家,不是也在经常写点什么吗?不但从来没有人说过你这号人不该写,相反,还经常受到鼓励,组稿的同志们经常来电话,来信,当面催。发表出来的东西也还有人看,有人谈论呢。

我看,机关干部、教授、教师、研究工作者、工人、农民,都可以写,都是组稿的对象。这个队伍你看有多大!

这样做,用不了多少时间,一定可以出来无量数的真正作家,这样做是发现、培养作家的最有效的手段。

人是可以变的,可以改造的,同样,非作家是可以成为作家的。

问题是在善于组织，善于帮助，通过实践，逐步提高。

这点粗浅的意见，口头上说过多少次了，重新写出来的目的，是希望能够得到注意，空话不算数，要做了才算。

这点意见也不是凭空想出来的。从去年起，我们搞了个中国历史小丛书，到现在已经出了几十本了，还要继续出下去。写这些为青少年服务的书的人们，都不是作家（其中也许有，恕我就大体而论），是北京市的中学教师，教历史的、语文的、政治的、地理的、艺术的教师，也有的是外地的来稿。有的是个人写，大家讨论，有的是教研组写，有的是几个教研组写，有的是整个学校的教师写，总之，有个人的努力，更多的是集体的努力。各个学校的党组织都很重视，积极领导和给以支持。编委分工审稿，提出意见，有的稿子，编委和作者谈了多少次，改了五六次才定稿。最后，还经过编委会讨论通过才发稿。这样做，书出来了，当然，质量还不够高，需要继续努力改进，但是，毕竟有了书了。其次，作者通过史实的钻研，写作的实践，理论和业务水平也相应提高了。尽管花了不少时间，因为是和岗位工作结合的，不但没有妨碍工作，反而提高了教学水平。更重要的是通过写作实践，还养成了集体劳动的良好风气，好处是说不完的。

我想，北京可以这样做，其他省、市也可以这样做。为青少年而写的历史小丛书可以这样做，理论的、文艺的、科学的、古典文献的等等也可以这样做。

古人说："敝帚自珍"，这个话不对。我要说这是条好经验呀，请大家参考。

当然，目的是普及，要做到明白易晓，通俗，可读，还要做到使读者喜欢读。

一篇文章、一本书的出版，不光是为自己看的，主要是为了给别人看，要让人看懂。这个道理谁都懂。但是，可惜，并没有都这样做。上面说过，我是爱读书的，也经常吃苦头，有些书、有些文章实在不容易读，读了也不容易懂，好容易读懂了，也不知道懂得对不对。慢慢读得多了，摸清了门路，找到一条小线索，那就是碰到这样的熟人，这样的书，第一是不理，第二是不买，第三是即使送来了，也不看，坚决不看。

想一想，好容易写了文章，出了书，人家都不理、不买、不看，糟蹋了纸张、印刷力量，岂不是浪费！万一人家真看了，而又看不懂，糟蹋数不清的时间，岂不造成更大的浪费！

以此，要做普及的工作，还必须深入浅出，道理要讲透，文字要让人尽可能地读懂。要化艰深的道理为日常说话，谁都听得进去，不要把简单的事物说得使人莫测高深。还要照顾到读者的年龄特征，对儿童，对青少年，对干部，对刚摘了文盲帽子的工人、农民，都要区别对待，动笔的时候首先要考虑是给谁读的，怎样写才能使读者更容易接受。在写作中要贯彻党的群众路线，我看，必须这样做。要多快好省，也必须这样做。

马克思列宁主义必须学习，毛泽东思想必须学习，在写作时也必须以马克思列宁主义毛泽东思想的立场、观点、方法来写，这是不可动摇的原则。但是，也不是说文章里引用了马克思列宁的话，这篇文章就真的具有马克思列宁主义的精神了。也不是说文章里有很多马克思列宁主义的词句就算立场端正了。要郑重声明，我并不是反对引经据典，当然，在必要的场合必须引经据典。但是，问题在这里，引了经据了典之后，是不是说明了解决了问题。更重要的是不是正确地引经据典。最近知道有一篇尚钺同志写的文章，也是满纸马恩列斯的，没有注意，因为作者思想混乱，经常歪曲经典著作，胡乱引用历史材料，文章既长而又难懂，看了半天还是莫名其妙，是我一向所害怕的。后来看了有关这篇文章的批判，才知道文章的实质是违反马克思列宁主义、违反毛泽东思想的。于此，我又得了一个严重的教训，好文章好书要读，坏文章坏书也得读，对好文章好书要宣传、推荐，对坏文章坏书呢，切不可以和平共处，要面对面地驳斥、批判，要进行斗争，要有效地帮助作者，也要经过努力，使读者不要中他的毒。

杂谈谈得没个边了，就此打住。

还要附带说几句，一年来多写了一些东西，也常出错。例如《宋明间统治阶级的内部矛盾》和《海瑞的故事》《论海瑞》等篇都有错误的地方。北京的几个朋友和上海、福建的朋友们，都在百忙中来信指教，除了改正错误和道谢以外，也在这里再一次重申谢意。

1959 年 11 月 14 日

从商品生产想到中国商人的起源

最近，人们在学习政治经济学的时候，对商品生产问题很发生兴趣。从商品生产，就会想到“商”字，就会想到“商人”这一名词。“商人”这一名词是怎么来的呢？从历史文献看，商人在中国，却是历史很悠久的了。

《史记·郑世家》说郑桓公友为周幽王司徒，和集周民，周民很喜欢他，河洛之间的人民，都想念他。后来郑桓公带领一部分周民东迁到洛水以东，立国于新郑，这一部分周民就定居下来了。

周民中一部分会做买卖的商人，即殷遗民。

殷遗民即商人，被集中在成周即今洛阳的经过是这样的：

武王伐纣，取得胜利以后，周虽然取得了统治权，但东方殷人的实力并未被完全摧毁。控制的办法是分而治之，派兵镇压。把殷的中心河内地区分为三国，邶封给纣子武庚，鄘以武王弟管叔为尹，卫以武王弟蔡叔为尹，叫作三监。管蔡二叔是统帅周的军事力量，镇压殷民，监视武庚的。到武王死，成王幼小，周公执政，管蔡二叔和武庚联兵反叛，周公东征平定，建立洛阳为镇压东方的军事中心，叫作成周。把殷民迁到洛阳。《尚书·多士》：“成周既成，迁殷顽民。”《毕命》：“毖殷顽民，迁于洛邑。”又把部分殷遗民分散到各地去，如以原来商、奄之民封周公子伯禽，建鲁国；又赐以殷民六族。于原来殷墟封武王少弟康叔，又赐以殷民七族。[①] 或编入军队，如伯懋父敦盖："王命伯懋父以殷八自征东夷。"等等。

殷遗民被强迫集中在洛阳，周人叫他们作顽民，经常被召集训话，不许乱说乱动，过着被监视的生活。殷遗民是周民的一部分，但却被另眼相看。他们既无政治权利，又失去了土地，怎么过日子呢？只好东跑西跑做买卖。这一行业周的贵族不屑做，庶民要种地不能做，而又为社会所需要，日子久了，商业成为殷遗民的主要行业了。

殷遗民怎么会叫作商人呢？这是因为殷是盘庚迁都以后的称呼，在盘庚以前几百年原来是叫商的。契封于商，商是地名，商人之名是从商这个地名转为朝代名而来的。盘庚以后，虽然改称殷了，但习惯上还保存着商的称呼。殷、商兼称，殷人即商人。直到《尚书·多士》，周王朝对"殷顽民"的训词中还称殷的首都为"天邑商"呢。

据文献、甲骨文和殷墟遗物的情况看来，商朝已经有了货币，用贝以朋[②]计算，有来自各地的许多商品，商业是相当发达的。

所以商人这一名词出于商朝的人，从周人说来，商人是"顽民"，是被另眼相看的人，但也是被社会所需要的人。商人（做生意的人）出于商人（殷遗民）。到了共处日子久了，郑国内商人保证不造反了，民族的界限逐渐泯灭了，这样，周人中也有人参加商业活动，甚至某些贵族也来做买卖了，商人就失去了原来"顽民"的意义，成为从事商业活动的职业的专称，成为古代封建社会士、农、工、商四民之一了。

---

① 《左传》定公四年。

② 编者注："朋"为计算单位。

郑国的商人

春秋时代郑国的商人最活跃。《左传》里曾有记载。最有名的是弦高犒师的故事。秦兵偷袭郑国，经过滑国的时候，郑商人弦高到周去做生意，路上碰到敌兵，弦高急中生智，用十二条牛劳军。秦军以为郑国有备，只好灭滑而还（僖公三十三年）。其次是晋国荀罃被楚国俘虏，郑国的贾人打算把他夹带在贩运的棉衣中偷运出境。准备好了，楚国却释放荀罃回国。后来郑贾人到晋国做买卖，荀罃很感激他，十分款待。郑贾人过意不去，转到齐国做买卖去了（成公三年）。从这两个故事看来，郑国商人北到周，南到楚，西到晋，东到齐，不但到处做生意，看来气派还很大，一个假冒他的国家慰劳敌军，一个帮助晋国将领逃亡，都不是做小买卖的人所能干的。

还有，商人这一行业似乎还被社会所尊重，有人取作名字，齐国一个贵族就名叫商人（文公三年）。至少地位在皂隶之上，排列的顺序是庶人、工、商、皂隶、牧、圉（襄公十四年）。当然，排列的地位在庶人、工之下，看来贵族是不屑于干这一行的。他们在社会上起互通有无的作用，所以有“同恶相求，如市贾焉”的话（昭公十三年韩宣子语）。

为什么郑国的商人最活跃呢？第一是郑国的地理位置适中，郑国位于济、洛、河、颍四水之间，以今河南新郑为首邑，水陆交通便利，为南北必经的要道。郑的商人如前所说，足迹遍及齐、周、楚、晋。虽然在军事、政治上郑介于齐、秦、晋、楚几大国之间，齐楚、晋楚争霸，都要先打郑国，长期间两面挨打，是霸国必争之地，但在经济上却大占便宜；郑的商人转运各国商品，在当时国际上很吃得开，郑国也得到好处。第二是人的因素，这就牵涉商人这一名词的由来了。《左传》昭公十六年记载了一段极有意义的故事：

晋国韩起（宣子）到郑国聘问。他有一个玉环，另外相同的一个在郑国商人手上。他想凑齐一对，就和郑的国君商量。郑国执政子产不答应，说："这不是官府的东西，情况不了解。"

韩起只好向商人去买，已经快成交了，商人说："还得告诉一下政府。"

韩起再和子产商量。子产说："从前我先君桓公和商人都是从周来的。肩并肩地劳作，斩除蓬蒿藜藿，共同开发这个地方，建立城市，共处得很好。还立了盟誓，世代相守，一直到今天。誓约说：'你不要造反，我也不强买，也不取讨和抢劫你的东西。你发了财，有利市宝贿，我也不干预。'现在你是为友好来访问的，可是却要敝邑强夺商人的货物，这不是明教我们破坏盟誓吗？怕不大好。我想你要是得了环，却失了诸侯，也一定不干。"

第三是商品生产的发达，看来当时的社会生产状况，已经突破了地区性的自足自给的经济情况了。只有在商品生产超过自给自足的基础上，才会有大规模的地区间的广泛交换的可能。从《左传》的记载看，虽然只提到郑、晋、齐、周、楚之间的商品交换，但是，事实上决不只这些地区，是可以想见的。虽然只提到郑国商人的多地区的商品交换，但是，也可以肯定，别国的商人，也是在同样情况下，在进行多地区间的商品交换的。

这几个故事说明:第一,郑的商人是和郑的开国国君一起从周来的,共同开发了郑国。第二,郑国国君和商人订了盟誓,内容是商人保证不造反,支持郑君,郑国呢,保护商业,一条条规定了明确保护办法。由此可见,除了农业以外,郑国从开国以来,就一直依靠商人,发展商业,取得国内和国际商品交换的利益的,也可以看出,在春秋时代,虽然郑国所受战争的祸害最多最大最久,却终能勉强站住,一直到三家分晋以后才为韩所灭的道理。第三是春秋时代的商品生产和商品交换的情况。虽然,在长期间各国之间不断发生战争,但是,并没有完全妨碍各国间商人的商品交换活动。从这些情况中,也可看出当时社会生产力的发展情况。

元代的民间海外贸易

元末南京有名的大财主沈万三秀，民间故事相传他家有聚宝盆，要什么宝贝就有什么。据《吴江县志》，原来沈万三是做海外贸易的，这一行当时叫作通番。县志说：

> 沈万三秀有宅在吴江二十九都周庄，富甲天下，相传由通番而得。张士诚据吴时，沈万三已死，二子茂、旺密由海道运米至燕京。

张士诚被朱元璋所灭，朱元璋深恨当地的地主富豪支持张吴抵抗，把他们都强迫搬到南京。黄暐《蓬窗类记》说：沈万三原来叫沈富，排行第三，吴人都称他作沈万三秀，是元末江南第一富家。明太祖定都南京以后，要沈家每年献白金千锭（锭五十两），黄金百斤。用兵时的甲马钱粮，也要他家供给。抄家时有田几千顷，每亩定赋九斗三升，江苏田赋之重是由他家开始的。另外一些记载还记有明太祖强迫沈家修南京城墙的故事。

十四世纪时，东南沿海的民间海外贸易很发达，除沈万三家以外，陶宗仪《辍耕录》卷二三里提到杭州人张存，公元1336年到泉州，做海舶买卖发财，1342年回到杭州，说曾在海外得到一块圣铁。卷二七中，嘉定州大场沈家，因下番做买卖成巨富。宋濂《翰苑续集》四记福州海贾林家驾着大舶，往来海外诸国，舶上张列旗帜和金鼓，经常戒备着，以防海盗抢劫。南海麦全等十一人以私卖外国货坐牢。再前些时候，《元史·卢世荣传》记公元1285年决定在泉州、杭州市舶都转运司，由官家造船给本，招商人出海贩运，得利官有其七，商有其三，严禁私自泛海。1314年铁木迭儿建议，过去富民到外国商贩，大赚其钱，出国的人越来越多。中国商品价格低，外国货越来越贵。应该由国家统一管理，责成江浙右丞专管，发船十纲，招商给予证明文件，由官收税，私贩的货物充公。

《元文类》卷四有《舶上谣》三首：

> 朱（清）张（瑄）死去十年过，海寇雕零海贾多，
> 南风六月到岸酒，花股篙丁奈乐何。
> 琉球真腊接阇婆，日本辰韩涉貊倭，
> 番船去时遗矴石，年年到处海无波。
> 熏陆胡椒膃肭齐，明珠象齿骇鸡犀，
> 世间莫作珍奇看，解使英雄价尽低。

所到的地方有琉球、柬埔寨、印度尼西亚、日本、朝鲜等等，贩运的商品有香料药材和珍珠象牙犀角等等。

由此看来，苏州沈万三这一家之所以发财，是由于做海外贸易，所以得罪被迁到南京和后来的抄家，是因为支持张士诚和元朝，大体上是可信的。

正因为十四世纪已经有了频繁的民间对外贸易，沿海人民具备了航海的知识技能和通商的经验的积累，这样，就为十五世纪上半期的郑和七下西洋那样规模巨大的商船队打下了基础。

古代的农书

——《齐民要术》

《齐民要术》是我国现存的最古的最完整的农书。

作者是后魏高阳太守贾思勰。这人的家世行事,《四库全书总目》说是“不详其人始末”。据吴承仕先生《经籍旧闻叙录》说,排比《齐民要术》书里面所提到的有关史实,作者是东魏北齐间人,著书于武定、天保之际(543—559 年)。假定这书最晚完成于公元 559 年的话,到今年恰好是一千四百年。

书分十卷,共九十二篇。从《耕田》第一到《胡麻》第十三,都是讲五谷的。从《种瓜》第十四到《种苜蓿》第二十九,都是讲种菜蔬的。《杂说》第三十讲农业经营。从《园篱》第三十一到《种茱萸》第四十四,是讲种果蓏的。从《种桑柘》第四十五到《伐木》第五十五,是讲蚕织树蓺和染料作物的。从《养牛马驴骡》第五十六到《养鱼》第六十一,是讲渔牧的。《货殖》第六十二是讲利用农产品经营商业的。《涂瓮》第六十三,是讲容器的。从《造神曲并酒》第六十四到《作豉法》第七十二是讲酿造的,包括酒、酱、醋、豉。从《八和齑》第七十三到《作菹藏生菜》第八十八,是讲食品的加工保存和烹调方法的。《饧餔》第八十九讲淀粉加工的食品。《煮胶》第九十讲制胶，《笔墨》第九十一。最后一部分九十二《五谷果蓏菜茹非中国物产者》，是讲南方的物产的。

作者从农业、林业、畜牧、养鱼、造酒等生产技术和加工利用、食品的烹调作料和方法、主食做法等各个方面，都作了总结性的叙述。当时南北分裂，作者是北方人，从以洛阳为中心的黄河流域地区的农业生产情况出发，总结了这一地区的劳动人民的优良经验，和参照过去历史上的许多有关农业生产的著作如《氾胜之书》、崔寔《四民月令》、《杂五行占候》、《食经》等已经失传的，或者少见书写成这部书。方面很广，涉及的问题很多，从农民的生产实践中总结出发展和提高生产的技术和理论，在农业科学上有极大的贡献。从印刷术发明以后，公元 1020 年宋朝政府刊印了这部书，发给各地方主管农业生产的劝农使者。但是数量很少，一般人看不到，老百姓只好抄录其中主要部分，摹印流传。南宋初"《齐民要术》多行于东州，东州士夫有以要术中种植畜养之法，为一时美谈"。1144 年在安徽舒城重刻。1524 年在湖南重刻。明清两代所刻的许多丛书，都把这书收入，《四部备要》和《万有文库》也收了这部书，流传就更广了。

历代的农学家也很重视这部书，如元朝政府编的《农桑辑要》，王祯的《农书》，明徐光启的《农政全书》和清朝的《授时通考》都引用了这书的主要部分。

作者自序说："今采捃经传，爰及歌谣，询之老成，验之行事，起自耕农，终于醯醢，资生之业，靡不毕书。"他继承了古代文献所载的优良经验，采集了群众口头保存的经验，访问了有经验的老农，还在实际生产中作了考核，从书本知识到调查研究，从理论到实践，两者并举。这书之所以被后人所重视，不是没有道理的。

因为作者是北方人，了解北方的农业生产情况。但在南北分裂对峙的情况下，他没有机会观察南方农业生产的情形，因此，书中有关南方的某些记录，只是得之文献记录和传闻，不完全切合实际。相反，适用于黄河流域的农业生产经验，对南方地区来说，却是具有极重要的参考价值的，但其中有些经验由于土壤、气候、肥料、习惯的不同，是不能够照样采用的。

也正因为作者科学地记录了总结了黄河流域的农业生产经验，从我国整个生产发展的历史来说，从这部书中可以看出六世纪时北方地区农业生产的面貌，各种农作物的栽培方法，如保墒、冬灌、深耕、选种、肥料、防虫、收获、贮藏，和蔬菜的套作、鲜藏、酱藏、干藏、作菹等方法，果树的培育和果品的储藏和加工，伐木后的防腐防虫方法，特别是蚕桑，对桑、柘的栽培经营，到养蚕收茧的一切技术，都有专门的记载。此外，从书中所记的当时人民的主食品和副食品的类别，也可以比较地了解当时上层社会的生活情况。

这部书因为文字比较古奥，有些当时常用的字，现在已经不用了，有些带有地方性的生产工具的名词，现在已经改变了，很不容易读。比较容易读通的方法是参看后来的农学著作，如上面所说，有许多农学著作曾经引用了《齐民要术》的一部分，并和当时生产情况作了对比，或者加以注解，这样，从后人的相同著作的钻研了解，再回过头来读贾思勰的书，困难便可以少一些了。关于名词的部分，元王祯《农书》卷七到十四的农器图谱，有说明，有图。用来和《齐民要术》对照，绝大部分六世纪时的农具就都可以识别清楚了。

《农桑辑要》

《农桑辑要》七卷，元司农司撰。有元至元癸酉(1273年)翰林学士王磐序。这一年是宋度宗咸淳九年，这年二月，宋将吕文焕以襄阳叛降于元。到至元十三年(1276年)元兵入临安，十六年(1279年)陆秀夫、张世杰死，宋亡。这书的编成在元统一南宋之前七年，但是书里所讲的农作物，已经包括了过去北方的农学家所讲不清楚的南方作物了。

元世祖于至元七年(1270年)设司农司，这个机关专管农桑水利，分别派遣劝农官，巡行郡邑，察举农事成否，把情况通知户部，据以考核地方官的治绩。据王磐序说，从司农司成立以后，专门劝课农桑，行之五六年，功效大著，民间垦辟种蓺之业，增前数倍，成绩很大。司农司的官员看到农民虽然有实际生产经验，但是"播殖之宜，蚕缫之节"也许不很得法，"力劳而功寡，获约而不丰"，就遍求古今所有农家的书，披阅参考，删其繁重，摭其切要，编为《农桑辑要》。这是一部总结十三世纪以前农业经验的书，也是传播南北各地农业经验的书。

这书在当时很被重视。在至元时代刊行以后，仁宗延祐元年(1314年)又特命刊板于江浙行省，以后英宗、明宗、文宗都一再申命颁布。至顺三年(1332年)还印行了一万部。现在的通行本是清乾隆三十八年(1773年)四库馆臣从《永乐大典》辑出来的。纪昀的案语:“观其博采经史及诸子杂家,益以试验方法,考核详赡。而一一切于实用,当时绝贵重之,不虚也。”评价也很高。

七卷的内容是典训、耕垦、播种、栽桑、养蚕、瓜菜、果实、竹木、药草、孳畜。其中栽桑、养蚕,各占一卷,所以书名就叫作《农桑辑要》。

引用的书主要的是《齐民要术》,以及《氾胜之书》、崔寔《四民月令》等。除掉《齐民要术》已经引用过的书以外,新加的主要有《士农必用》《务本新书》《岁时广记》《四时类要》《图经》《韩氏直说》《博闻录》《种莳直说》《蚕桑直说》《蚕经》等书。

内容和《齐民要术》相比,除桑、蚕增加了大量材料以外,新添的有栽种苎麻法、栽木棉法、论苎麻木棉、西瓜、种萝卜、菠薐、莴苣、茼蒿、人苋、莙荙、银杏、橙、橘、楂子、漆、皂荚、楝、椿、苇、蒲、栀子、茶、薯蓣、枸杞、菊花、苍术、黄精、百合、牛蒡子、决明、甘蔗、薏苡、藤花、薄荷、罂粟、养蜂等等。其中如木棉、茶、甘蔗,《齐民要术》虽然有了记载,但是很简略,因为贾思勰不了解南方情况,这些作物没有看到过,更谈不上种植经验,只能凭传闻和记载,当然不可能说得很具体。《农桑辑要》便不同了,具体地谈到棉花的下种、浇水、打心、摘棉、去子、拈棉;茶的收种子、肥料、下种、收茶时节;甘蔗的下种、浇水和收割、窖藏以及煎熬之法等等。把这两部书比较细读,很可以看出我国农业作物的品种发展,技术提高的历史过程。

《农桑辑要》是一部切于实用的书,不止在当时和以后的时代起了有益的作用,连邻近的国家也受到影响,朝鲜就是一个例子。

朝鲜养蚕的方法是从中国传去的,《李朝太宗实录》记公元1417

年京畿采访判官权案进黄真丝与茧。以前艺文馆大提学李行于《农桑辑要》内抽出养蚕方，自为经验，所收倍常，把方子刊板行世。后来朝鲜政府怕民间不懂华语，又命议政府舍人郭存中将本国俚语逐节夹注，刻板广布。

如收谷种法，《李朝世宗实录》记公元1422年，“八月，右议政李原、参赞许稠等启，《农桑辑要》收谷种法，有陈大小二麦”。又老农云，尝种陈三年麦，结实与新麦种无异。民未必晓此，今年二麦种乏，令各官廪有陈麦者悉给为种。种荞麦法，同年五月，令户曹行移各道，荞麦耕种，考《农桑辑要》《四时纂要》及本国经验方，趁时劝种。如种水稻，公元1438年令诸道监司，依《农桑辑要》所示，劝民早种，毋致失时。

又如种植红花，《李朝世祖实录》记，公元1462年下令各道观察使说：“红花春夏皆可种。我国人但知春种而不知夏种。今抄《农桑辑要》种红花法送之，宜晓谕民间，使知两种之利。”

木棉的广泛种植和传入朝鲜

封建社会里的平民百姓叫布衣，或者白衣。因为平民百姓只许穿布衣服、白衣服的缘故。有的时代，商人也只能穿白色的衣服。例如三国时吕蒙袭击关羽，把兵士乔装穿白衣服为商人偷渡，关羽没有觉察，以致突然被袭，全军崩溃。

在明代以前，布衣指的是麻布的衣服。所以有一种看相的书就叫作《麻衣相法》。在此以后，棉布逐渐推广了，布衣指的是棉布了。

棉布传入中国很早，南北朝时从南洋等地输入，叫作吉贝，也叫白叠。国内西北高昌（今新疆吐鲁番）也产棉花，出的氎布，就是白叠。宋元间已有许多地区种棉，如福建、广东、浙东、江东、江西、湖广等地，其中著名的种棉地区是广东的琼州。十三世纪中期，诗人描写长江流域纺绩情况说："车转轻雷秋纺雪，弓弯半月夜弹云。"末期松江乌泥泾人黄道婆从琼州带回黎族人民的先进纺绩工具和技术，教会家乡妇女。当地人民生活提高，靠纺绩生活的有一千多家。诗人歌咏："乌泾妇女攻纺绩，木棉布经三百尺。"松江从此成为明代出产棉布的中心。明太祖起事以后，就大力推广植棉，要每户农民必须种木棉半亩，田多的加倍。棉花的普遍种植和纺织技术的不断提高，使棉布产量日益增加，成为人民普遍穿用的服装原料了。

在同一时期，木棉又从中国传到朝鲜。朝鲜《李朝太祖康献大王实录》有这样的记载：

公元1363年(元顺帝至正二十三年)，高丽使臣的书状官文益渐奉使元朝，回来的时候，看见路边有木棉，就摘了十几颗棉桃，装在口袋里。第二年回到家乡晋州，送一半给同乡郑天益试种，结果只有一颗成活，到秋天收得一百多颗棉桃。以后年年加种，到1367年郑天益把棉种分给乡里农民，劝他们种植。至于文益渐自己种的倒都不大结棉桃了。

有一天，胡僧弘愿到郑天益家，看到木棉，高兴得哭了，说："想不到今天，又看到本土的东西。"郑天益留他住下，请教缫织的方法，弘愿详细说明，还替做了工具。郑天益立刻叫家里人织成一匹，邻里都学会了，教会了一乡。不到十年工夫，又教会了一国。

文益渐死于1398年，年七十岁。由于他带进棉种有功，1375年做了典仪注簿的官，一直做到左司议大夫。死后还追赠为江城君。1401年朝鲜参赞权近又向国王说："故谏议大夫文益渐，初入江南，带回木棉种子，送于晋阳村舍，开始织木棉布，以此木棉是由晋阳开头的，从晋阳又传到全国，使得人民上下都能穿到棉衣，都是益渐的功劳。现在他死了，有个儿子还在晋阳，应该照顾，由政府叙用。"①

由此可见，木棉是由文益渐于1363年传入朝鲜的，1364年在晋州试种，1377年左右推广到全国。至于纺绩技术和工具则是胡僧弘愿的传授。这个人相当于我国松江的黄道婆。

至于棉桃的取得地点，权近说是江南，《太祖实录》则说是在元朝取得的，当时元朝的首都大都，即现在的北京。从那时大都附近

① 朝鲜《李朝太宗恭定大王实录》。

取得棉桃，和历史实际情况是不符合的。据1363年的局面，朱元璋在南京，张士诚在苏州，方国珍在浙江。张士诚和方国珍都受元朝官号。郑麟趾的《高丽史》记高丽恭愍王时，朱元璋、张士诚和方国珍都曾多次和高丽通使。两书互证，可以肯定，文益渐取得棉桃的地点是在江南，也就是苏松一带。朝鲜《李朝太祖实录》所说的元朝，应是受元朝的官号的张士诚，两者的说法是并不矛盾的。《高丽史·恭愍王世家》：

> 癸卯十二年（1363年）夏四月壬子，张士诚遣使贺平“红贼”，献彩缎及羊、孔雀。

很可能，文益渐是这次张士诚遣使的报聘使节。

至于《明实录》和《李朝实录》记载的木棉，事实上应该是草棉。因为木棉传入较早，草棉较后，习惯上还是把草棉叫作木棉，这种例子历史上是很多的。

谈烟草

几个月前，和夏衍同志在一起闲谈，谈到烟草的传布历史，他把我的说法写在《花木瓜果之类》文章中，发表在《新观察》上。这几天我又查了过去所写的文章，看了一些书，恰好相反，那天我记错了，把话说倒了，烟草不是从广州传到朝鲜、日本，而是由日本传到朝鲜，又传入我国东北的；另一路则从菲律宾传到福建、广东，又从闽广传到北方；第三条是由南洋输入广东。

看来，对烟草传入历史有兴趣的人并不少。而且，那次说拧了，也应该更正。写《谈烟草》。

几十年前，美国有一个人叫洛弗，写了一本关于烟草的小册子，讲烟草输入亚洲各地的情形。据他的研究，日本在公元 1615 年（明万历四十三年）曾经下令禁止吸烟，焚毁烟叶，拔去未获的烟草。至于烟草的输入日本，开始种植，是公元 1605 年左右的事。第一次带烟叶到日本来的是葡萄牙人，葡萄牙人在日本记载上叫作南蛮，时间在十六世纪末年。不过几年，长崎便有人经营烟草种植，吸烟的习惯很快地就传播到各处，尽管有禁令，人们还是爱吸。日本人所用淡芭菰这个字，就是从葡萄牙文 Tobaco 来的。

在中国方面，最初传入烟草的是十七世纪初年的福建水手，他们从吕宋带回来烟草的种子，再从福建南传到广东，北传到江浙。明末名医张介宾(景岳)在他的著作中，第一次提到烟草的历史和故事。他说："烟草自古未闻。近自我明万历(1573—1620年)时，出于闽广之间，自后吴、楚地土皆种植之，总不若闽中者色微黄质细，名为金丝烟者，力强气胜为优。求其服食之始，则闻以征滇之役，师旅深入瘴地，无不染病，独一营安然无恙，问其故，则众皆服烟。由是遍传，今则西南一方，无分老幼，朝夕不能间矣。"公元1638年(明思宗崇祯十一年)和1641年都曾有诏谕禁止吸烟和种烟，但是不管事。到崇祯末年已经弄到"三尺之童，无不吸烟"的地步了。

在朝鲜，据荷兰水手汉末尔1668年的报告，远在五六十年前，朝鲜已经从日本输入烟草和种植的方法了。他们以为这种种子来自南蛮国，名之为南蛮草。在汉末尔被俘居留在朝鲜的时候，朝鲜人已经有了吸烟的嗜好。朝鲜烟草最为中国人所爱好，两年一次的朝鲜使臣到北京来，在礼物中就有烟草一项。

烟草传到东方的路线有三条：第一条由墨西哥到菲律宾、到中国台湾，再到内地，第二条由葡萄牙人传到印度、印度尼西亚和日本，第三条俄国人到了西伯利亚，学会了吸烟和种烟的方法。

洛弗的著作是泛论亚洲的烟草传布的。至于烟草在我国国内传布情况，材料也很多。

明人著作中除张介宾的《景岳全书》外，提到烟草的历史的有方以智的《物理小识》卷九记："万历末，有携淡把姑至漳泉者，马氏造之曰淡肉果，渐传至九边，皆衔长管而火点吞吐之，有醉仆者。崇祯时严禁之不止。其本似春不老而叶大于菜，曝干以火酒炒曰金丝烟，北人呼为淡把姑，或呼担不归。其性可以祛湿发散，然服久则肺焦，诸药多不效，其症为吐黄水而死。"说得很怕人。漳泉的烟草来自台湾,《台湾府志·土产门》:“淡芭菰冬种春收,晒而切之,以筒烧吸,能醉人。原产湾地,明季漳人取种回栽,今名为烟,达天下矣。”台湾的烟草又来自菲律宾,姚旅《露书》:“吕宋国有草名淡芭菰,一名金丝烟,烟气从管中入喉,能令人醉,亦辟瘴气,可治头虱。”也可以杀农业害虫,朱仕琇《海东剩语》说:“台田苗生虫,每卜种以烟梗附其下,虫患乃息。”赵翼《陔余丛考》卷三十三烟草条:“王阮亭引姚旅《露书》……初漳州人自海外携来,莆田亦种之,反多于吕宋矣。然唐诗云相思若烟草,似唐时已有服之者。据王肱《枕蚓庵琐语》,谓烟叶出闽中,边上人寒疾,非此不治,关外至以一马易一斤。崇祯中下令禁之,民间私种者问徒①,利重法轻,民冒禁如故。寻下令犯者皆斩,然不久因军中病寒不治,遂弛其禁。予儿时尚不识烟为何物,崇祯末三尺童子莫不吃烟矣。据此则烟草自崇祯末乃盛行也。”杨士聪《玉堂荟记》说崇祯十二年(1639 年)定例,吃烟者死。洪承畴请开其禁,初以吃烟声似吃燕,故恶之。原来还有忌讳在里头呢。《寒夜丛谈》也说:“烟草产自闽中……崇祯初重法禁之不止,末年遂遍地种矣。余儿时见食此者尚少,迨二十年后,男女老少,无不手一管,腰一囊。”董含大概是不抽烟的,他在《三冈识略》里讲到抽烟:“明季服烟有禁,惟闽人幼而习之,他处百无一二也。近日宾主相见,以此鸣敬,俯仰涕唾,恶态毕具。始则城市服之,已而沿及乡村矣。始犹男子服之,既则遍闺阁矣。习俗易人,真有不知其然而然者。”连烟管也有讲究,张向安《亥白集》竹枝词:“淡芭菰好解愁能,幽怨传来吕宋曾,一种湘筠和泪色,土花斑驳上洋藤。”原注:“烟草始于吕宋国,近洋中有藤,花纹斑驳,以制烟筒极精。”这是清朝嘉庆

① 编者注:徒为明代刑罚,指剥夺犯人人身自由,监禁于一定场所强制劳动。

时期的事情了。这样，从菲律宾到我国台湾，到漳、泉，再传到北方九边，这是烟草传入我国的第一条路线。

第二条路线是由南洋输入广东，据《粤志》："粤中有仁草，一曰八角草，一曰金丝烟，治验亦多。其性辛散，食其气，令人醉。一曰烟酒，其种得之大西洋。一名淡巴菰，相思草，闽产者佳。"一说由越南传入，广东《高要县志》："烟叶出自交趾，今所在有之，茎高三四尺，叶多细毛，采叶晒干如金丝色，性最酷烈，取一二厘于竹管内以口吸之，口鼻出烟，服之以御风湿，独取一时爽快，然久服面目俱黄，肺枯声干，未有不殒身者，愚民相率服习，如蛾赴火，诚不可不严戢之也。"杨士聪《玉堂荟记》说："烟自天启末(1620—1627 年)调广兵，乃渐有之。"可见也是由部队带到北方去的。

第三条路线是由辽东传入，从日本到朝鲜到辽东。朝鲜人称烟草为南蛮草，又名南草。万历四十四、五年间(1616—1617 年)由日本输入朝鲜。天启辛酉、壬戌(1621—1622 年)以后，朝鲜吸烟的人很多。由商人输入沈阳，清太宗以其非土产，下令禁止。朝鲜《李朝仁祖实录》记，公元 1637 年(明崇祯十年，清崇德二年)，朝鲜政府以南草作礼物赠予建州官员云："丁丑七月辛巳，户曹启曰，世子蒙尘于异域，彼人来往馆所者不绝，而行中无可赠之物，请送南草三百余斤。从之。"世子即昭显世子溰，因三田渡之盟作质于建州，彼人指建州官员。可是第二年即被建州禁止，《仁祖实录》："戊寅(1638 年)八月甲午，我国人潜以南灵草入送沈阳，为清将所觉，大肆诘责。南灵草，日本国所产之草也，其叶大者可七八寸许，细截之而盛之竹筒，或以银锡作筒，火以吸之，味辛烈，谓之治痰消食，而久服往往伤肝气，令人目翳。此草自丙辰、丁巳间(1616—1617 年)越海来，人有服之者而不至于盛行。辛酉、壬戌(1621—1622 年)以来，无人不服，对客辄代茶饮,或谓之烟茶,或谓之烟酒。至种采相交易。久服者知其有害无利,欲罢而终不能焉。世称妖草。转入沈阳,沈人亦甚嗜之。而虏汗(指清太宗)以为非土产,耗财货,下令大禁云。”次年,朝鲜派往沈阳的使节即以夹带南草被凤凰城人所发觉,为宪司所劾罢职。同书又记:“庚辰(1640 年)四月庚午,宾客李行远驰启曰:清国南草之禁,近来尤重,朝廷事目,亦极严峻。而见利忘生,百计潜藏,以致辱国。请今后犯禁者一斤以上先斩后闻,未满一斤者,囚禁义州,从轻重科罪。从之。”两国都用重刑禁止输入和走私,甚至处走私的以死刑,可是,吸烟已成建州贵族的迫切需要,无论如何也禁止不了。同书记:“丙戌(1646 年)五月辛巳,冬至使李基祚至北京,驰启曰:龙将(英俄尔岱)密言于李彷叱石曰:今番减米乃九王之力,九王喜吸南草,又欲得良鹰,南草良鹰,并可入送,以致谢意云。”九王即当时的摄政王多尔衮。把以上的史料和荷兰水手汉末尔的报告对比,是完全符合的。而且南草也确是日本名词,《言泉》“南草,淡芭菰之异称也”,可证。上引《李朝实录》中的南灵草,大概就是南蛮草,灵蛮字形相近,抄本是很容易抄错的。

在中国方面,和朝鲜接壤的是辽河以东新兴的后金(1636 年后改称清,本文称未入关前为建州,未改国号前为后金,入关后为清)。明人禁烟上文已经讲过了,后金的禁烟则见于《东华录》:“天聪八年(1634 年),上谓贝勒萨哈廉曰:闻有不遵烟禁,犹自擅用者。对曰:臣父大贝勒曾言,所以禁众人,不禁诸贝勒者,或以我用烟故耳。若欲禁止用烟,当自臣等始。上曰:不然,诸贝勒虽用,小民岂可效之,民间食用诸物,朕何尝加禁耶!又谓固山额真那木泰曰:尔等诸臣在衙门禁止人用烟,至家又私用之,以此推之,凡事俱不可信矣。朕所以禁用烟者,或有穷乏之家,其仆从皆穷乏无衣,犹买烟自用,故禁之耳。不当禁而禁，汝等自当直谏，若以为当禁，汝等何不痛革！不然，外廷私议禁约之非，是以臣谤君，子谤父也。”《皇朝通考·刑考》也记，崇德三年（1638 年）严出境货买烟草之禁。从这一段记载，我们知道：第一，后金之禁烟，在 1634 年之前，比朝鲜的记载早四年。第二，当时的贵族，王公贝勒大臣中有不少人都抽烟，除九王以外，大贝勒代善也有烟瘾。第三，后金禁烟的对象是老百姓，不禁贵族。由于禁下不禁上，禁令没有什么效果，贵族大臣们有意见。第四，后金之禁烟目的是为了非土产，耗财货。这一点除了已见上引的朝鲜记载以外，还在 1641 年的烟草解禁令中明白指出，据《东华录》：“崇德六年（1641 年）二月戊申，谕户部曰：前定禁烟之令，其种者用者，屡行申饬。近见大臣等犹然用之，以致小民效尤不止。故行开禁，凡欲用烟者，惟许人自种而用之，若出边货买者处死。”烟禁的开放，只限于自种自用，至于从国外走私输入的，仍然要杀头，和上引朝鲜记载可以互证。从这件事情看来，清太宗对烟草采用民间自种、严禁走私进口的政策是正确的，在那个时代能够有这样的措施是件很了不起的事。

由于开放了禁令，东北有很多地方种了烟，《盛京通志·物产》《皇朝通志·昆虫草木略》都说：“陇旁隙地多种之，叶肥大至径尺，食之御寒。”《热河志》说：“陇旁隙地，多种烟草，肥大至径尺，其近顶处数尺曰盖露。”这就是有名的关东烟叶，当时人以为味胜建烟。西北如陕北，《延绥镇志》：“烟草其苗掀生如葵，叶光泽，形如红蓼，不相对，高数尺，三伏中开花，色黄，八月采，阴干，用酒洗切成丝。而各省之有名者：崇德烟、黄县烟、曲沃烟、美原烟，惟日本之倭丝为佳。”《百草镜说》：“烟一名相思草，烟品之多，至今极盛。在内地则福建漳州有石马烟，浙常山有面烟，江西有射洪烟，山东有济宁烟，近日粤东有潮烟。”俞正燮《癸巳存稿·吃烟事述》提到兰州有水烟。并说当时有些人见人不吃烟，笑话他是明朝人，其实根据史料，明末人是吃烟的。

清朝康熙帝也是反对抽烟的。俞正燮引：“康熙到德州，传旨：朕生平不好酒，亦能饮一斤，止是不用。最可恶是用烟，诸臣在围场中终日侍，朕曾用烟否？每见诸臣私在巡抚帐房中吃烟，真可厌恶。况烟为最耗气之物，不惟朕不用，列圣俱不用也。”清宫制度，不禁烟，也不把烟列入茶酒一类，作为待客的物品，由此可见康熙帝之反对吃烟，是从卫生观点出发，和清太宗的禁烟从经济观点出发，是有所不同的。

烟草作为药用材料，朝鲜很注意，张璐《本经逢原》说：“烟草之火，方书不录，惟朝鲜志见之。始自闽人吸以祛瘴，而后北方借以避寒，今则遍行寰宇。”有人卷烟叶塞笔管中，可使笔不蛀。《醒世奇观》以为烟油杀蛇，以注蚂蟥，立僵。

清人入关后，如上所说，多尔衮酷嗜烟草，其他贵族大臣也有吃烟的习惯，渐渐地吃烟成为社会风气了，甚至妇女也抽上了。董潮《东皋杂钞》卷二：“烟草本夷种，嗜之者始于明季。近日士大夫习以为常，大庭广众中以此为待客之具，至闺阁亦然。”

以上说的都指的是抽旱烟水烟。至于纸烟，那是较后的事了，也希望有人能把纸烟的历史谈一谈。

我想，谈一点对我们日常生活有关的一些事情，了解它的发生和发展，以至对人民生活、国家经济的影响，也不是不值得的。

1959年10月20日

古代的战争

苏联国防部长马利诺夫斯基在苏共二十一次代表大会上，讽刺美英战争狂人的核战争方案说，“先生们，你们的手太短了！”

现代战争广泛运用科学技术成就，苏联的洲际火箭、导弹可以击中地球上任何一个角落，百发百中；苏联的科学技术成就有力地保障了世界和平，使得手太短的战争狂人不敢轻易发动毁灭自己的战争。

手的长短说明今天两大阵营的军事力量。

古代也是如此。在远距离的杀伤武器发明以前，战争是人与人的搏斗，枪、刀、箭、槊等都是手的延长。战将和士兵的体力，运用武器的熟练程度，武器的重量和勇敢、机智的结合，在战争中发生作用。

在战争进行中，士兵和士兵、战将和战将搏斗，面对面地厮杀，往往以伤亡较多的一方无力继续进行战斗而结束战局。

将军和将军的厮杀，大战几百个回合。甲杀了乙或乙杀了丙，虽然不一定决定战争的胜负，但是，在有些场合，却也起着关键性的作用，特别是敌方的主将或骁将阵亡，失去指挥，影响士气，就非打败仗不可了。

小说和戏文上常常描写、演出战争，戏台上除了战争双方的队伍用几个战士作为大军的象征以外，战争展开的重点通常放在两方主将的搏斗上面，这种表现手法是有历史事实根据的。

在斗将的场合，有大战几百个回合之说，一个回合的意思是交手一次。战将无论骑将或步将，都得手执武器。两军相对，中间有一段距离，双方同时前进，到了面对面接触的程度，互用武器杀伤对方，一击不中，就得退回来，准备第二次的接触，这样一进一退，就叫一个回合。在生和死的搏斗中，手的长短也就是武器的长短、重量，是有极重要意义的。长枪、大刀、马槊等长武器要比用剑、短刀这类短武器更为优越。而更重要的则是使用武器的熟练程度、人的机智，这就要讲武艺了。同样的体力和武器，决定胜负的是武艺。战将为了保护自己，就得戴盔披甲，一副盔甲分量是很重的，骑将的马也得披甲，再加上武器本身的重量，没有极健壮的体力是支持不了的。在有些场合，斗到相持不下的时候，还得换马。也有这样一种情况，战将本人并未打败，只因马力乏了，或者马受伤了，进退不得，被敌方杀伤，吃了败仗。“射人先射马”，就是这个道理。

战争时用旗、金、鼓指挥，叫作三官。

旗是管节度的，大将有大纛，指挥全军；有方面旗，东方碧，南方赤，西白，北黑，中央黄，指挥各方。因为人多距离远，讲话听不见，走马传令费时间，就用旗来指挥：中央旗挥动，全军集合，旗俯即跪，旗举即起，卷旗衔枚，卧旗俯伏，见敌旗三挥，布阵旗左右挥。方面旗举，方面兵急须装束，旗俯即进，旗竖即住，旗卧即回。召将用皂旗，一点皂旗队头集，二点皂旗百人将集，三点皂旗五百人将集，一点一招千人将集。

金、鼓管进退，击鼓进军，鸣金退军。

击鼓三通共千槌，一通三百三十三槌（一说是三百六十五槌）。行军平时挝鼓吹角戒严，吹角一十二变为一叠，鼓音止，角音动，一昼夜三角三鼓。大将以下都按级别备金鼓，遇有紧急事故，先头部队击鼓报警，全军就进入战争准备状态了。①

杀败敌人以首级论功，是沿袭秦的制度，杀一个敌人赐爵一级来的。

报功和发表战绩时也照例要夸大一番，以一为十，例如杀敌百人，露布上必定要写千人之类。②

帅旗是中军所在的标识，也是全军指挥的中心，帅旗一倒，全军就失去指挥，陷于混乱。以此，夺取敌方的帅旗也就成为古代战将的主要目标了。

---

① 曾公亮：《武经总要》卷二；《通典》卷一五七。

② 《资治通鉴》卷六六。

古代的斗将

两军对垒，将和将斗，叫作斗将。我国的武打戏有悠久的传统，武打戏中的斗将，突出地集中地表现了勇士们的英勇气概，更是受人欢迎。其实，不止是今天的人们喜欢看斗将的戏，古代人也是喜欢的。例如司马光编《资治通鉴》，态度很严肃，取材极谨慎，但写晋将陈安的战斗牺牲，却十分寄予同情。

太宁元年(323 年)七月，晋将陈安被赵主刘曜打败，帅精骑突围，出奔陕中。

刘曜遣将军平先等追击陈安。

陈安左手挥七尺大刀，右手运丈八蛇矛，近则刀矛俱发，一杀就是五六个人，远则左右驰射，边打边逃。平先也勇捷如飞，和陈安搏斗，打了三个回合，夺掉陈安的蛇矛。

到天黑了，下着大雨，陈安和几个亲兵只好丢掉马，躲在山里。第二天天晴了，赵军追踪搜索，陈安被擒牺牲。

陈安待将士极好，和将士共甘苦。死后，陇上人民很想念他，为他作壮士之歌，歌词道：

陇上壮士有陈安，躯干虽小腹中宽，爱养将士同心肝，骣骢交马铁瑕鞍。七尺大刀奋如湍，丈八蛇矛左右盘，十荡十决无当前。战始三交失蛇矛，弃我騕骢窜岩幽，为我外援而悬头；西流之水东流河，一去不还奈子何！

为我外援而悬头，这是陈安被陇上人民长久思念的道理。司马光在北宋对辽和两夏的战争中，怀念古代孤军抗敌的民族英雄，闻鼙鼓而思将帅，怕也是有所寄托吧。

宋曾公亮《武经总要》也记了几件斗将的故事。一是史万岁。隋将窦荣定将兵击突厥，史万岁到辕门要求参军，窦荣定早听说史万岁勇敢的声名，一见大喜。派人告诉突厥，各选一壮士决胜负。突厥同意，派一骑将挑战，荣定就派史万岁应战。万岁驰出，斩敌骑而回。突厥大惊，立刻退军。

一件是白孝德的故事。史思明攻河阳，使骁将刘龙仙率铁骑五千临城挑战。龙仙健勇，骄傲轻敌，把右脚放在马鬣上，破口谩骂。

唐军元帅李光弼登城，看敌人情况，对诸将说："谁能去干掉他？"大将仆固怀恩报了名，光弼说："这不是大将干的事，看还有谁去？"大家都推白孝德。

光弼问白孝德要多少兵，孝德说，我一个人就行了。光弼很称赞他的勇气，还问需要什么，孝德只要五十个骑兵，大军鼓噪助威。

孝德手挟两个蛇矛，骑马过水，刘龙仙见他只一个人，不以为意，还是把脚放在马鬣上。稍近，龙仙刚要动弹，孝德摇摇手，好像叫他别动，龙仙不知其意，也就不动了。孝德对他说："侍中（光弼官称）叫我来讲话，没有别的。"龙仙退却几步，还是破口大骂。孝德勒住马，瞪着眼说："狗贼，你认得我吗？"龙仙说："谁啊？"孝德说："我是大将白孝德。"龙仙骂："是什么猪狗！"孝德大叫一声，持矛跃马便刺，城上一齐鼓噪，五十骑也跟着冲锋，龙仙来不及射箭，只好沿堤乱转，孝德追上，斩首而回。

一是王敬荛，说他多力善战，所用的枪、箭都用纯铁制成。枪重三十多斤，摧锋破敌，都以此取胜。

斗将的武艺

战将和战将面对面的搏斗中，武艺起决定作用。

小说戏文里记着许多回马枪、夺槊、绢索的故事。

唐玄宗时名将哥舒翰善用回马枪。他有家奴名左车，十五六岁，很有力气。哥舒翰每追敌人靠近了，用枪搭敌人的背，大喝一声，敌人失惊回头，趁势刺中喉头，挑起三五尺掼下，没有不死的。这时左车便下马割取首级，每次如此。

唐太宗的大将尉迟敬德善于避矟，每战，单骑冲入敌阵，敌人的矟四面攒刺，终不能伤。又会夺敌矟，反刺敌人，出入重围，往还无碍。

太宗的兄弟齐王元吉也会使矟，看不起敬德，要和他比赛。太宗叫两人把矟的刃去掉了，光用矟竿相刺。敬德说："带刃也不能伤我，不必去。但我的可以去掉。"比的结果，元吉竟不能中。

太宗问他："夺矟避矟，哪个难些？"敬德说："夺矟难。"太宗就叫夺元吉的矟。元吉执矟跃马，一心打算刺杀敬德，不料一会儿功夫，他的矟三次被敬德所夺。元吉以骁勇著名，虽然口头上十分称赞，心里却非常恼恨，以为丢人。

王世充领步骑数万来战，骁将单雄信领骑直追太宗，敬德跃马大呼，横刺雄信坠马，敌军稍退，敬德护卫着太宗突出敌围。①

长武器毕竟只能在近距离面对面厮杀，远一些就不济事了。这时，弓箭就起了作用。另外，有一种抛掷式的武器叫绢索。武则天时契丹将李楷固善使绢索和骑射、舞槊，每次冲锋，都如“鹘入乌群，所向披靡。黄麞（地名）之战，（唐将）张玄遇、麻仁节皆为所绢”②。

长武器也讲究重量，《新唐书》卷一九三《张兴传》：“为饶阳裨将，安禄山反，攻饶阳，兴擐甲持陌刀，重十五斤。”敌人登城，兴一举刀就杀几个人，敌人很害怕。《宋史·兵志》十一记公元1000年时神骑副兵马使焦偓献盘铁槊，重十五斤，在马上挥舞如飞。还有相国寺和尚法山，还俗参军，用铁轮拨，浑重三十三斤，头尾有刃，是马上格战的武器。

唐代中期流行用陌刀作战，最著名的陌刀将是李嗣业，每为队头，所向必陷。公元748年高仙芝攻勃律（国名，在今新疆边外苏联境内。本为东西布鲁特人所居。布鲁特即勃律），嗣业和郎将田珍为左右陌刀将，吐蕃十万众据守娑勒城，据山因水，嗣业领步军持长刀上山头，大破敌军。756年和安禄山香积寺之战，嗣业脱衣徒搏，执长刀立于阵前大呼，当嗣业刀的人马都碎。③ 阚棱善用两刃刀，长一丈，名曰陌刀，一挥杀数人，前无坚对。④《裴行俭传》和《崔光远传》也都记有用陌刀作战的故事。《通鉴》卷二〇二注：陌刀，是大刀，一举刀可杀数人。《唐六典》说，陌刀是长刀，步兵所用，就是古代的斩马剑。

---

① 曾公亮：《武经总要》后集九。

②《资治通鉴》卷二〇六。

③《旧唐书》卷一〇九。

④《新唐书》卷九二，《阚棱传》。

阵图和宋辽战争

在古代，打仗要排阵，要讲究、演习阵法。所谓阵法就是野战的战斗队形和宿营的防御部署；把队形、部署用符号标识，制成作战方案，叫作阵图。

根据阵图在前线指挥作战或防御的带兵官，叫作排阵使。

从历史文献看，如郑庄公用鱼丽阵和周王作战，到清代的太平军的百鸟阵，无论对外对内，无论是野战，或防御，都要有阵法。没有一定的组织形式，几千人几万人一哄而上，是打不了仗的，要打也非败不可。其中最为人所熟知的是诸葛亮的八阵图，“功盖三分国，名成八阵图”的诗句，一直为后人所传诵。正因为如此，小说戏剧把阵图神秘化了，如宋辽战争中辽方的天门阵，杨六郎父子虽然勇敢，但还得穆柯寨的降龙木才能破得了

《穆柯寨》这出戏虽然是虚构的，但是就打仗要排阵说，也反映了一点历史的真实性。从公元 976 年到 1085 年左右，这一百一十年中，北宋历朝的统治者特别重视阵图。（无论是在这时期以前或以后，关于阵图的讨论、研究、演习、运用，对前线指挥官的控制，和阵图在战争中的作用，都比不上这个时期。）从这一时期的史料分析，北宋的统治者是用阵图直接指挥前线部队作战的，用主观决定的战

斗队形和防御部署，指挥远在几百里以至千里外的前线部队。敌人的兵力部署、遭遇的地点、战场的地形、气候等等，都凭主观的假设决定作战方案，即使作战方案不符合实际情况，前线指挥官也无权改变。照阵图排阵打了败仗，主帅责任不大；反之，不按阵图排阵而打了败仗，那责任就完全在主帅了；败军辱国，罪名极大。甚至在个别场合，机智一点而又有担当的将领，看出客观情况不利，不按阵图排阵，临机改变队形，打了胜仗，还得向皇帝请罪。

宋辽战争的形势，两方的优势和劣势，989 年熟悉北方情况的宋琪曾做具体分析，并提出建议。他说："每蕃部南侵，其众不啻十万。契丹入界之时，步骑车帐，不从阡陌，东西一概而行。大帐前及东西面差大首领三人各率万骑，支散游奕，百十里外，亦交相侦逻，谓之栏子马。……未逢大敌，不乘战马，俟近我师，即竞乘之，所以新羁战蹄，有余力也。且用军之术，成列而不战，俟退而乘之。多伏兵断粮道，冒夜举火，土风曳柴，馈饷自资。退败无耻，散而复聚，寒而益坚，此其所长也。中原所长，秋夏霖霪，天时也。山林河津，地利也。枪突剑弩，兵胜也。败丰士众，力张也。"契丹以骑兵冲锋为主，宋方则只能凭气候地利取守势。以此，他建议"秋冬时河朔州军，缘边砦栅，但专守境"。到戎马肥时，也"守陴坐甲，以逸待劳……坚壁固守，勿令出战"。到春天新草未生，陈草已朽时，"蕃马无力，疲寇思归，逼而逐之，必自奔北"。最后，还提出前军行阵之法，特别指出，要"临事分布，所贵有权"①。宋太宗采纳了他一部分意见，沿边取守势，做好防御守备，但要集中优势兵力，大举进攻。至于授权诸将，临事分布，则坚决拒绝了。

①《宋史》卷二六四，《宋琪传》。

由于宋辽的军事形势不同，采取防御战术，阻遏骑兵冲击的阵法便成为宋代统治者所特别关心的问题了。在平时，和大臣研究、讨论阵图，如 987 年并州都部署潘美、定州都部署田重进入朝，宋太宗出御制平戎万全阵图，召美、重进及崔翰等，亲授以进退攻击之略。① 997 年，又告诉马步军都虞候傅潜说："布阵乃兵家大法，小人有轻议者，甚非所宜。我自作阵图给王超，叫他不要给别人看。王超回来时，你可以看看。"②1000 年，宋真宗拿出阵图三十二部给宰相研究，第二年又和宰相讨论，并说："北戎寇边，常遣精悍为前锋，若捍御不及，即有侵轶之患。今盛选骁将，别为一队，遏其奔冲。又好遣骑兵出阵后断粮道，可别选将领数万骑殿后以备之。"③由此可见，这些阵图也是以防御敌骑奔冲和保卫后方给养线为中心思想的。1003 年契丹入侵，又和宰相研究阵图，指出："今敌势未辑，尤须阻遏，屯兵虽多，必择精锐，先据要害以制之。凡镇、定、高阳三路兵，悉会定州，夹唐河为大阵。量寇远近，出军树栅，寇来坚守勿逐，俟信宿寇疲，则鸣鼓挑战，勿离队伍，令先锋、策先锋诱逼大阵，则以骑卒居中，步卒环之，短兵接战，亦勿令离队伍，贵持重而敌骑无以驰突也"④。连远在河北前线部队和敌人会战的地点以及步外骑内的战斗部署都给早日规定了。景德元年（1004 年）八月出阵图示辅臣，十一月又出阵图，一行一止，付殿前都指挥使高琼等。⑤ 1045 年，宋仁宗读《三朝经武圣略》，出阵图数本以示讲读官。⑥ 又赐辅臣

---

① 李焘：《续资治通鉴长编》卷二八。
② 李焘：《续资治通鉴长编》卷四〇。
③ 李焘：《续资治通鉴长编》卷四七、四九。
④ 李焘：《续资治通鉴长编》卷五四。
⑤ 李焘：《续资治通鉴长编》卷五七、五八。
⑥ 李焘：《续资治通鉴长编》卷一五四。

及管军臣僚临机抵胜图。[1] 1054 年，赐近臣御制攻守图。[2] 1072 年，宋神宗赐王韶御制攻守图、行军环株、战守约束各一部，仍令秦凤路经略司钞录。[3] 1074 年，又和大臣讨论结队法，并令五路安抚使各具可用阵队法，及访求知阵队法者，陈所见以闻[4]，出攻守图二十五部赐河北。[5] 1075 年，讨论营阵法，郭固、沈括都提出意见，宋神宗批评当时臣僚所献阵图，以为皆妄相惑，无一可取，并说："果如此辈之说，则两敌相遇，须遣使预约战日，择一宽平之地，仍夷阜塞壑，诛草伐木，如射圃教场，方可尽其法耳。以理推之，知其不可用也决矣。"否定当时人所信从的唐李筌《太白阴经》中所载阵图，以为李筌的阵图止是营法，是防御部署，不是阵法。而采用唐李靖的六花阵法，营阵结合，止则为营，行则为阵，以奇正言之，则营为正，阵为奇，定下新的营阵法。沈括以为"若依古法，人占地二步，马四步，军中容军，队中容队，则十万人之队，占地方十余里，天下岂有方十里之地，无丘阜沟涧林木之碍者！兼九军共以一驻队为篱落，则兵不可复分，如九人共一皮，分之则死，此正孙武所谓縻军也"[6]。可见宋神宗的论断，是采取了沈括的意见的。宋代统治者并以阵法令诸军演习，如宋仁宗即位后，便留心武备，令捧日、天武、神卫、虎翼四军肄习战阵法。[7] 1044 年，韩琦、范仲淹请于鄜延、环庆、泾原路各选三军，训以新定阵法；于陕西四路抽取曾押战队使臣十数人，更授以新

---

① 李焘：《续资治通鉴长编》卷一五六。
② 李焘：《续资治通鉴长编》卷一七六。
③ 李焘：《续资治通鉴长编》卷二四一。
④ 李焘：《续资治通鉴长编》卷二五四。
⑤ 李焘：《续资治通鉴长编》卷二五六。
⑥ 李焘：《续资治通鉴长编》卷二六〇；沈括：《梦溪笔谈》。
⑦《宋史》卷二八七，《兵志》一。

议八阵之法，遣往河北阅习诸军。这个建议被采纳了，1045年，遣内侍押班任守信往河北路教习阵法。[①] 到命将出征，就以阵图约束诸将，如979年，契丹入侵，命李继隆、崔翰、赵延进等将兵八万防御，宋太宗亲授阵图，分为八阵，要不是诸将临时改变阵法，几乎打大败仗。[②] 1070年，李复圭守庆州，以阵图授诸将，遇敌战败，复圭急收回阵图，推卸责任，诸将以战败被诛。[③]

在宋代统治者讲求阵法的鼓励下，诸将纷纷创制阵图，如1001年，王超援灵州，上二图，其一遇敌即变而为防阵，其一置资粮在军营之外，分列游兵持劲弩，敌至则易聚而并力。[④] 1036年，洛苑使赵振献阵图。1041年，知并州杨偕献龙虎八阵图。青州人赵宇献大衍阵图。1045年，右领军卫大将军高志宁上阵图。1051年，泾原经略使夏安期上弓箭手阵图，1055年，并代钤辖苏安静上八阵图，1074年，定州路副都总管、马步军都虞候杨文广献阵图及取幽燕之策。这个杨文广就是宋代名将杨六郎的儿子，也就是为人所熟知的穆柯寨里被俘的青年将领杨宗保。[⑤]

在作战时，选拔骁将做排阵使。如976年，攻幽州，命田钦祚与郭守文为排阵使，钦祚正生病，得到命令，喜极而死。1002年，周莹领高阳关都部署，为三路排阵使。1004年，澶渊之役，石保吉、李继隆分为驾前东西都排阵使等等。[⑥]

由于皇帝事先所制阵图不可能符合客观实际情况，统军将帅又

---

① 《长编》卷一四九、一五五。
② 《长编》卷二〇；曾公亮：《武经总要》后集三。
③ 《长编》卷二一四。
④ 《长编》卷五〇。
⑤ 《宋史》本传，卷一一八、一三二、一三三、一五七、一七〇、一七九、二五四、二五七。
⑥ 《长编》卷二五九，注引陈师道：《谈丛》。

不敢违背节制，只好机械执行，结果是非打败仗不可。1075年，宋神宗和朝廷大臣研究对辽的和战问题，张方平问宋神宗，宋和契丹打了多少次仗，其中打了多少次胜仗，多少次败仗，宋神宗和其他大臣都答不出来。神宗反问张方平，张说，“宋与契丹大小八十一战，惟张齐贤太原之战，才一胜耳”。八十一仗败了八十次，虽然失于夸大，但是，大体上败多胜少是没有疑问的。打败仗的原因很多，其中之一是主观主义的皇帝所制阵图的罪过。

相反，不凭阵图，违背皇帝命令的倒可以不打败仗。道理是临机应变，适应客观实际情况。著例如979年满城之战，李继隆、赵延进、崔翰等奉命按阵图分为八阵。军行到满城，和辽军骑兵遭遇，赵延进登高瞭望，敌骑东西两路挺进，连成一片，不见边际。情况已经危急了，崔翰等还在按图布阵，每阵相去百步，把兵力分散了，士卒疑惧，略无斗志。赵延进、李继隆便主张改变阵势，把原来“星布”的兵力，集中为两阵，前后呼应。崔翰还怕违背节制，万一打败仗，责任更大。赵延进、李继隆拍胸膛保证，如打败仗，由他两人负责。才改变阵势，兵力集中了，士卒忻喜，三战大破敌军。这里应该特别指出，赵延进的老婆是宋太宗尹皇后的妹子，李继隆则是宋太宗李皇后的兄弟，两人都是皇帝亲戚，所以敢于改变阵图，转败为胜。[①] 另一例子是1001年威虏军之战。镇、定、高阳关三路都部署王显奉诏于近边布阵和应援北平控扼之路。但辽军并没有根据宋真宗的“作战部署”行事，这年十月入侵，前锋挺进，突过威虏军，王显只好就地迎击。刚好连日大雨，辽军的弓以皮为弦，雨久潮湿，不堪使用，王显乘之大破敌军。虽然打了胜仗，还是忧悸不堪，以违背诏令，自请

① 《宋史》卷二七一《赵延进传》，卷二五七《李处耘传附李继隆传》；《长编》卷二〇；《武经总要》后集三。

处分。宋真宗亲自回信慰问，事情才算结束。①

前方将帅只有机械地执行皇帝所发阵图的责任，在不符合实际客观情况下，也无权临机应变，以致造成屡战屡败、丧师辱国的局面，当时的文臣武将是很深切了解这一点的，多次提出反对意见，要求不要再发阵图，给前方统帅以机动作战的权力。例如989年知制诰田锡上疏说："今之御戎，无先于选将帅，既得将帅，请委任责成，不必降以阵图，不须授之方略，自然因机设变，观衅制宜，无不成功，无不破敌矣。……况今委任将帅，而每事欲从中降诏，授以方略，或赐以阵图，依从则有未合宜，专断则是违上旨，以此制胜，未见其长。"②999年，京西转运副使朱台符上疏说："夫将帅者王之爪牙，登坛授钺，出门推毂，阃外之事，将军裁之，所以克敌而制胜也。近代动相牵制，不许便宜。兵以奇胜，而节制以阵图，事惟变适，而指踪以宣命，勇敢无所奋，知谋无所施，是以动而奔北也。"③1040年，三司使晏殊力请罢内臣监军，不以阵图授诸将，使得应敌为攻守。④同时王德用守定州，也向宋仁宗指出真宗时的失策："咸平景德(时)边兵二十余万，皆屯定武，不能分扼要害，故敌得轶境，径犯澶渊。且当时以阵图赐诸将，人皆谨守，不敢自为方略，缓急不相援，多至于败。今愿无赐阵图，第择诸将，使应变出奇，自立异功，则无不济。"⑤话都说得很透彻，但是，都被置之不理，像耳边风一样。其道理也很简单，一句话就是统治者对爪牙的不信任。最好的证据是以下一个

---

①《宋史》卷二六八，《王显传》。
②《长编》卷三〇。
③《长编》卷四四。
④《长编》，卷一二六；《欧阳修文集》三，《晏公神道碑铭》。
⑤ 叶梦得：《石林燕语》九。

例子。922年,盐铁使李惟清建议慎擢将帅,以有威名者俾安边塞,庶节费用。宋太宗对他说私话:“选用将帅,亦须深体今之几宜。……今纵得人,未可便如古委之。此乃机事,卿所未知也。”①由此看来,即使将帅得人,也不能像古代那样授权给他们,而必须由皇帝亲自节制,阵图是节制诸将的主要手段,是非要不可的。

王安石和宋神宗曾经几次讨论宋太宗以来的阵图问题,并且比较了宋太祖、太宗兄弟两人的御将之道,说得十分清楚。一次是在熙宁五年(1072年)八月:

神宗论太宗时用兵,多作大小卷(阵图)付将帅,御其进退,不如太祖。

王安石曰:太祖知将帅情状,故能得其心力。如言郭进反,乃以其人送郭进,此知郭进非反也,故如此。所以如进者皆得自竭也。其后郭进乃为奸人所摧,至自杀。杨业亦为奸人所陷,不得其死。将帅尽力者乃如此,则谁肯为朝廷尽力?此王师所以不复振,非特中御之失而已。

神宗曰:祖宗时从中御将,盖以五代时士卒或外附,故惩其事而从中御。

王安石曰:太祖能使人不敢侮,故人为用,人为用,故虽不中御,而将帅奉令承教无违者,此所以征则强,守则固也。②

指出从中御将,颁赐阵图是惩五代之事,是怕士卒叛变,怕将帅割据,指出宋太祖虽不中御,而将帅奉令惟谨。反面的话也就是宋太宗和他以下的统治者,不能使人不敢侮,因之也就越发不放心,只

①《宋史》卷二六七,《李惟清传》。

②《长编》卷二三七。

好从中御将，自负胜败之责了。

另一次讨论在第二年十一月：

> 宋神宗问先朝何以有澶渊之事。
>
> 安石曰：太宗为傅潜奏防秋在近，亦未知兵将所在，诏付两卷文字云，兵数尽在其中，候贼如此，即开某卷，如彼，即开某卷。若御将如此，即惟傅潜王超乃肯为将。稍有才略，必不肯于此时为将，坐待败衄也。但任将一事如此，便无以胜敌。①

连兵将所在、兵数多少也不知道的前方统帅，只凭皇帝所发阵图作战。这样的统帅，这样的御将之道，要打胜仗是绝对不可能的。这是宋辽战争中宋所以屡战屡败，不能收复幽燕的原因之一。这也是宋代著名将帅如广大人民所熟知的杨业，所以遭忌战死，狄青做了枢密使以后，被人散布谣言去职忧死的原因。因为这些人都不像傅潜、王超那样，而是有才略、有决断、有经验、有担当的。同时，这一事实也反映了宋代统治阶级内部的深刻矛盾。

① 《长编》卷二四八。

明代的火器

火药从中国传到欧洲、东南亚、日本和世界各地。到十五世纪，中国又从安南（今越南）、葡萄牙、日本等国输入各种使用火药的火器。

明代最早的火器是从安南传来的，叫作神机枪、炮。

神机枪、炮用熟铜或生、熟赤铜相间铸造。也有用铁的，最好的是建铁，其次是西铁。大小不等，大的用车发，次和小的用架用桩用托，是当时行军的要器。明成祖非常重视这个新武器，特别组织了一支特种部队，叫神机营，并设监枪太监，是京军三大营之一。

永乐十年（1412 年），下令从开平到怀来、宣府、万全、兴和等山顶，都安放五个炮架，十一年又增设了山西大同、天城、阳和、朔州等地以御敌。① 缺点是临时装火药，一发之后，装第二发要花很多时间。虽然威力大，敌人摸透了情况，临阵就趴在地下，到神机枪打出之后，立刻冲锋，火器就无从施展威力了。②

古代战争是人和人面对面站着打的，有了远距离的火器以后，

---

①《明史·兵志》。

② 丘濬：《大学衍义补·火攻论》。

就非卧倒、趴在地下不可了。武器的改进也改变了战争的方式方法。同时，在战争中战将和战士的武艺的比重，也逐渐为使用远距离的火器的熟练程度所代替了。

第一个帮助明成祖制造神机枪的是安南人黎澄。①

其次是佛郎机。佛郎机即今葡萄牙。公元1517午葡萄牙商船到广东通商，白沙巡检何儒买了他们的炮，就叫这种炮作佛郎机。用铜制造，长五六尺，大的重一千多斤，小的重一百五十斤，巨腹长颈，腹部有长孔，藏子铳五个，装火药在腹中，射程达到一百多丈，是水战的利器。

公元1519年宁王宸濠反，福建莆田乡官林俊得到消息，连夜派人用锡做了佛郎机的模型和火药配方，送给统帅王守仁，送到的时候，王守仁已经把宸濠俘虏了，没有用上。② 到公元1529年才正式制造，叫作大将军，发给各边镇用于防守。③

倭寇侵扰中国，又从日本传入鸟嘴铳。唐顺之记其形制说：

> 佛郎机、子母炮、快枪、鸟嘴铳都是嘉靖时的新武器，鸟嘴铳最后出，也最厉害。铳以铜、铁为管，用木杆装管。中贮铅弹，所击人马洞穿。其点放之法，用手握铳，点燃药线。管背安雌雄两臬(瞄准器)，用眼睛对臬，用臬对准所要射击的目标，对准了才发射，要打敌人的眉毛鼻子，没有一失。快于神机枪，准于快枪，是火器中的最好的东西。④

宋应星《天工开物》记鸟铳的制造方法很详细，说鸟雀在三十步

① 沈德符：《野获编》。

② 王守仁：《阳明集要》，《文华集》三，《庚辰书佛郎机遗事》。

③《明史·兵志》。

④《荆川外集》卷二，《条陈蓟镇练兵事宜》。

内被铳击，羽肉皆碎。五十步外方有完形，百步以外，铳力微弱，便不行了。

到明末，又传入红夷炮，长两丈多，重的到三千斤，能够打穿城墙，声闻数十里。天启元年（1621 年），兵部建议，招寓居澳门，精于火炮的西洋人罗如望、阳玛诺、龙华民来内地制造铳炮。制成后命名为大将军，并派官祭炮。1630 年，又派龙华民、毕方济到澳门买炮和招募炮手，西洋人陆若汉、公沙的西劳带领西洋人多名带铳炮应募，参加宁远、涿州等战役。[1] 1626 年，明将袁崇焕守宁远，和清军作战，用红夷炮轰击敌人，打了一个大胜仗，就是著名的宁锦大捷。传说清太祖努尔哈赤就是被红夷炮打伤致死的。1631 年，明将孔有德带着红夷炮投降清军，1632 年，清也开始造炮。

现在陈列在北京故宫午门左右阙门的几尊古老的大炮，就是明、清战争的遗物。

①《明史·兵志》；黄伯禄：《正教奉褒》，第 14、15 页。

劳　动

劳动这一个词始见于《三国志》，但原意是指体育活动，和今天的生产性的工农业劳动是两回事。

《三国志·魏志》二十九《华佗传》：

> 华佗告诉广陵人吴普说：人的身体应该劳动，但是不应该太过。身体活动了就容易消化，血脉流通，病不得生。门窗的枢，因为经常动，就不会朽，就是这个道理。
>
> 所以古时的仙人，讲究导引，学熊引颈，学鸱摇头，曲折腰体，动诸关节，以求难老。
>
> 我有一套运动办法，叫作五禽之戏。一曰虎、二曰鹿、三曰熊、四曰猿、五曰鸟，每天操作，可以除病，轻便脚步，道理和导引一样。身上不舒服时，起作一禽之戏，通身出汗，敷上爽身粉，身体轻便，胃口也好了。
>
> 吴普学了五禽之戏，活到九十多岁，还是耳目聪明，牙齿完整，很得好处。

导引大概就是做深呼吸，古代的仙人照文义看应该是有成就的运动员。华佗的理论完全符合今天的体育学说。要做体育活动，但又不要太过，是辩证的说法。经常做体育锻炼，容易消化，血脉流通，从而增强体质，起了预防疾病的作用。由此看来，华佗不但是治病的内、外科杰出的医生，并且是主张预防为主的进步的医学家。特别值得注意、值得学习的是他的体育活动的理论，辩证的科学的体育学说。

劳动一词也见于唐白居易的诗："劳动故人庞阁老，提鱼携酒远相寻。"这里的劳动有"有劳了"和感谢的意思。

现代语劳动一词的语源，是外来语，是日本语，正如改造是日本语一样。日本话叫工人作劳働者，译作我国文学，把働字的人旁去掉了。通过我国工业的发展，工人阶级队伍的壮大，劳动这一个词便具有新的内容，成为我们自己的词汇了。

刺　配

《水浒传》里梁山泊头领宋江、林冲、武松等都被宋朝政府处过刺配的刑罚，挨脊杖二十或四十，刺配二三千里外牢城。连原来押解林冲去沧州的差人董超、薛霸，因为路上没有能够害死林冲，回开封后也被高俅寻事刺配大名府。《水浒传》第八回说："原来宋时，但是犯人徒流迁徙的，都脸上刺字。怕人恨怪，只唤作打金印。"一个人犯了法（或被诬陷以法），既要挨打，又要流配，还要在脸上刺字，正是"一人之身，一事之犯，而兼受三刑"①。三种刑罚连在一起用，在宋以前是没有的。

古时刑法大致分为死、流、徒、杖、笞五等。

马端临《文献通考》卷一百六十八说："流配，旧制止于远徙，不刺面。晋天福中始创刺面之法，遂为戢奸重典。宋因其法。"原来宋代把犯人脸上刺字这种法律是从石敬瑭的晋朝继承而来的。

刺面有大刺、小刺之别。凡是审判官认为犯罪情节严重、犯人"性情凶恶"的，就把字体特别刺大些。所刺文字，除《水浒》所说"迭配某州（府）牢城"以外，也有把所犯事由，所配地名、军名、服役名色

① 丘濬：《大学衍义补》。

都刺在脸上的。如刺“配某州(府)屯驻军重役”,是发往该处屯驻部队里服劳役的;刺“龙骑指挥”或“龙猛指挥”,是发到那种番号的军队中当兵的;刺“某州某县钱监”,是发到该处铸钱工厂里当苦工的。南宋时还有一种更野蛮的规定,凡犯强盗罪免死流配的,“额上刺强盗二字,余字分刺两脸”①。

受到刺配刑罚的人,到配所后还得服劳役。劳役的名色很多。凡是官营工业(如煮盐,造酒、醋,烧窑,开矿,修造军械等)、交通运输业以及修城修河堤等,都发流配人去做苦工。也有当厢军(主要也是劳役)、当水军的。(宋朝的兵都由招募而来,经检验合格后,也要刺面。)所以宋江、武松、杨志都被人骂为“贼配军”。

刺配这条法律,在宋朝统治的三百年间是时代愈后愈重的。有关刺配的法令,宋真宗大中祥符(1008—1016 年)编敕止有四十六条,到宋仁宗庆历(1041—1048 年)时增至一百七十余条,到南宋孝宗淳熙十一年(1184 年)已达五百七十条之多。刺配的范围越来越广,除了像宋江、武松那样犯人要刺配以外,法律规定犯窃盗罪一贯以上、贩私盐一斤以上的都要杖脊刺配。佃户在地主池塘里捕了一斤半鱼,或者看见别人贩私盐不告发,也要脊杖刺面,还从福建押送开封判罪②。反之,法律又规定地主对佃户犯罪,减凡人一等。地主打死佃户,不刺面,止配邻州近地。③

刺配的法律,辽、金、元、明、清都有。只是内容规定不尽相同。④

宋朝这条脊杖、刺面的法律,从宋神宗熙宁二年(1069 年)以后,

---

①《宋会要》一六八,《刑法》四。

②《通考》卷一六八。

③《通考》卷一六七。

④《续文献通考》卷一三五、一三七;《清朝续文献通考》卷二四四。

对“命官”就不适用了。“命官”贪赃枉法，止于流配，不杖脊，不刺面。据说理由是“古者刑不上大夫”；“今刑为徒隶，恐污辱衣冠耳”①。这样，适用的范围就只限于污辱和镇压人民，特别是冒犯地主阶级利益的佃农和饥寒交迫的穷人了。

①《通考》卷一六七。

度　牒

《水浒传》第四回写鲁达三拳打死了镇关西以后，从渭州（今甘肃平凉）逃到代州雁门县（今山西雁门），因为官府画影图形，到处张贴榜文，缉捕很急，只好在五台山出家当了和尚，起个法名叫鲁智深。从此，寺院里多了一个和尚，在俗世却少一个犯罪逃亡的军官，打死镇关西这一案子由于无处追查，便此了结。

在鲁达出家之前，赵员外对他说，“已买下一道五花度牒在此”。照常理说，度牒是出家人的身份证，应该由替他剃度的寺院填给，怎么鲁达在没有出家之前，赵员外的家里就买了一道度牒呢？而且度牒既是出家人的身份证，又怎么可以买卖呢？卖主又是谁呢？

原来在宋朝，度牒是可以买卖的，卖主是宋朝中央政府。公元1067年宋朝政府开始出卖度牒，一直卖到宋亡。在这两百年中，卖度牒所得的钱在政府收入中占有重要地位。一道度牒的价格因时因地不等，如宋神宗时官价每道卖钱一百三十千，但在夔州路则卖到三百千，广西路则卖到六百五十千。[1] 当时中原一带米价每斗不

---

①《宋会要稿》六七、一四〇。

过七八十文至一百文。[1] 每道度牒折合米约在一百三四十石以上。南宋时每道度牒卖钱一百二十贯至八百贯或折米一百五十石至三百石。[2]

度牒这样贵，什么人才能买得起？当然只有财主赵员外那样的人了。

买了度牒，只能出家当和尚，当道士，有什么好处？花这么多钱出家，说明当时的老百姓，以至部分地主，不如当和尚、道士好。

老百姓不必说了，宋代人民负担特别重。和尚、道士吃十方，寺院有田产，当了和尚、道士就不必服兵役、劳役，不出身丁钱米和其他苛捐杂税，逃避了政府的剥削，吃一碗现成饭，成为不劳而食的合法的游民。

地主呢？虽然对农民来说，他是剥削者，很神气。但在地主阶级内部来说，也有矛盾。因为地主也有官民之分，地主而又做了官的就有权有势，是官户。至于非官户的地主，为了保全身家财产，得想尽一切办法巴结官户，要子弟读书中进士做官，如不行，也得出钱买官告，成为名义上的官户，当时官告也可以用钱买，但比度牒更贵。再不，就买张度牒也好。因为寺院田产是可以免租赋的。[3]

此外，还有许多好处，如和尚、道士在法律上受优待，宋代法律："僧尼道士女冠，文武官七品以下者，有罪许减赎。"[4]

如果犯了杀人大罪，出家更是逃避法律制裁的有效手段。古时候还不会照相，一般人都留长头发，缉拿榜文上只能说这人脸黄脸

---

① 李焘：《续资治通鉴长编》二五一、二五二；《宋会要稿》一二二。

②《宋会要稿》六二、九六；朱熹：《朱文公集》一六。

③ 赵翼：《廿二史劄记》一九；俞正燮：《癸巳类稿》一三。

④《长编》九七。

黑，有须无须，像鲁达那样的军官，剃了头发、胡子，改穿袈裟，离开了本乡本土，外地生人便很难辨认出来了。又如同书武松在鸳鸯楼杀了十五条人命，在十字坡菜园子张青家得了一张年龄相貌相当的度牒，便剪了头发，披在脸上遮盖刺的金印，装作行者模样，一路上二龙山去落草。虽然到处张挂榜文要逮捕他，可是“武松已自做了行者，于路却没人盘诘他”。可见有了度牒，就可以化装，使人辨认不出，对杀人犯罪来说是很顶事的。

正因为如此，度牒有广大的销路，宋朝政府就大卖度牒，成为生财之道。不但出卖，有时候还要强迫摊派呢。

北宋的度牒是雕版用黄纸印的。到南宋建炎三年（1129 年）才改用绫绢织造，织造的机关是少府监文思院，和织造官告同一个地方。《水浒传》所说的五花度牒，实际上是南宋的事。

从买度牒这一件事来说，《水浒传》是真实地反映了宋代的历史事实和阶级矛盾的。

古代的服装及其他

在封建社会里，也和今天一样，人人都要穿衣裳。但是，有一点不同，衣裳的质料、颜色、花饰有极大讲究，不能随便穿，违反了制度，就会杀头，甚至一家子都得陪着死。原来那时候，衣裳也是表示阶级身份的。

以质料而论，绸、缎、锦、绣、绡、绮等等都是统治阶级专用的，平民百姓只能穿布衣。以此，布衣就成为平民百姓的代名词了，有些朝代还特地规定，做买卖的有钱人，即使买得起，也禁止着用这些材料。

以颜色而论，大红、鹅黄、紫、绿等染料国内产量少，得从南洋等地进口，价格很贵。数量少，价钱贵，色彩好看，这样，连色彩也被统治阶级专利了。皇帝穿黄袍，最高级的官员穿大红、大紫，以下的官员穿绿，皂隶穿黑。至于平民百姓，就只好穿白了，以此，“白衣”也成为平民百姓的代名词。

至于花饰，在袍子上刺绣或者织成龙、凤、狮子、麒麟、蟒、仙鹤、各种各样的鸟等等，也是按贵族、官僚的地位和等级分别规定的。平民百姓连绣一条小虫儿小鱼儿也不行，更不用说描龙画凤了。不但如此，在统治阶级内部，也有极大讲究，例如龙袍，只有皇帝才能穿，绣着凤的服装，只有皇后才配穿，即便是最大的官僚如穿这样的服装，就犯“僭用”“大逆不道”的罪恶，非死不可。

北宋时有一个大官僚，很能办事，也得到皇帝信任。有一次多喝了一点酒，不检点穿件黄衣服，被人看见告发，几乎闯了大祸。

明太祖杀了很多功臣，其中有几个战功很大的，被处死的罪状之一是僭用龙凤服饰。

本来，贵族、官僚和平民都一样长着眼睛鼻子，一样黄脸皮，黑头发，一眼看去，如何能分出贵贱来？唯一区别的办法是用衣裳的质料、色彩、花饰，构成等级地位的标识；特别是花饰，官员一般在官服的前胸绣上动物图案，文官用鸟，武官用兽，其中又按品级分别规定哪一级用什么鸟什么兽，是一点也不能含糊的。这样，不用看面貌，一看衣裳的颜色和花饰就知道是什么地位的贵族，什么等级的官员了。当然，衬配着衣裳的还有帽子、靴子，例如皇帝的平天冠，皇后和贵族妇女的凤冠，官员的纱帽、朝靴，以及身上佩带的紫金鱼袋或者帽上的翎毛，坐的车饰，轿子的装饰和抬轿的人数，和住的房子的高度，间数多少，用什么瓦之类等等。

在北京，许多旧建筑，主要是故宫，不是都盖的黄琉璃瓦吗？这种房子只有皇帝才能住，再不，就是死去的皇帝，例如帝王庙。神佛也被优待，像北海的天王殿也用琉璃瓦，不过是杂色的。

为了确保专用的权利，历代史书上都有舆服志这一类的专门记录，在法律上也有专门的条款。

各个阶级的人们规定穿用不同的服装，住不同的房子，使用不同的交通工具，绝对不许乱用。遵守规定的叫合于礼制，反之就是犯法。合于礼制的意思，就是维护封建秩序。但是，也有例外，例如在统治阶级控制力量削弱的时候，富商大贾突破规定，乱穿衣裳，模仿宫廷和官僚家庭打扮，或者索性拿钱买官爵，穿着品官服装，招摇过市。至于农民起义战争爆发后，起义的人们根本不管这一套，爱穿什么就穿什么，那就更不用说了。

今天这些都已经成为历史上的陈迹了。宫殿、王府、大官僚的邸第还可以看到，只是已经变了性质，例如故宫和天王殿都成为博物馆，帝王庙办了中学，成为人民大众游览和学习的场所了。至于服装，除了在博物馆可以看到一些以外，人们还可在舞台上看到。

宋元以来老百姓的称呼

旧戏上小生的道白，常有学名什么，官名什么，足见在封建社会里学生上学起学名，一旦做了官又有官名。那么，没上学，没做官以前，平常老百姓叫什么呢？戏文上凡是旅店里的服务员，一律都叫作店小二。至于一般人怎么称呼，因为史书上很少记载老百姓的事情，多年来也只好阙疑了。

求之正史不得，只好读杂书，读了些年杂书，这个疑算是解决了。原来阶级的烙印连老百姓起名字的权利也不曾放过，在古代封建社会里，平民百姓没有功名的，是既没有学名，也没有官名的。怎么称呼呢？用行辈或者父母年龄合算一个数目作为一个符号。何以见得？清俞樾《春在堂随笔》卷五说：

> 徐诚庵见德清蔡氏家谱有前辈书小字一行云：元制庶人无职者不许取名，而以行第及父母年龄合计为名，此于元史无征。然证以高皇帝（明太祖）所称其兄之名，正是如此，其为元时令甲无疑矣。现在绍兴乡间颇有以数目字为名者，如夫年二十四，妇年二十二，合为四十六，生子即名四六。夫年二十三，妇年二十二，合为四十五，生子或为五九，五九四十五也。

俞樾又引申徐诚庵之说，指出明初常遇春的曾祖四三，祖重五，父六六；汤和曾祖五一，祖六一，父七一，亦以数目字为名。他又引宋洪迈《夷坚志》所载宋时杂事，有兴国军民熊二，鄱阳城民刘十二，南城田夫周三，鄱阳小民隗六，符离人从四，楚州山阳县渔者尹二，解州安邑池西乡民梁小二，临川人董小七，徽州婺源民张四，黄州市民李十六，仆崔三，鄱阳乡民郑小五，金华孝顺镇农民陈二等等。根据这些例子分析，其一，这些人都是平常百姓；其二，地区包括现在的安徽、浙江、江西、山西、湖北等地；其三，称呼都以排行数字计算。因此，下的结论是“疑宋时里巷细民，固无名也”。

其实，宋代平民姓名见于《清明集·户婚门》的很多，如沈亿六秀、徐宗五秀、金百二秀、黎六九秀之类。明太祖的父亲叫五四，名世珍，二哥重六名兴盛，三哥重七名兴祖，明太祖原来也叫重八，名兴宗，见潘柽章《国史考异》引《承休端惠王统宗绳蛰录》，可见明太祖一家原来都以数字命名的。至于世珍、兴宗这一类学名、官名性质的名字，大概都是明太祖爬上统治阶级以后所追起的。

元代安徽地区的平民如此，江苏也是如此。例如张士诚原名九四，黄溥《闲中今古录》说：“有人告诉朱元璋，张士诚一辈子宠待文人，却上了文人的当。他原名九四，做了王爷后，要起一个官名，有人替他起名士诚。朱元璋说：‘好啊，这名字不错。’那人说：‘不然，上大当了’。《孟子》上有：‘士，诚小人也。’这句话也可以读作‘士诚，小人也。’骂张士诚是小人，给人叫了半辈子小人，到死还不明白，真是可怜。”可见张士诚的名字也是后来起的。

不只是宋、元、明初以及清朝后期的绍兴，甚至到清朝末年以至民国初年，绍兴地方还残留着这个阶级烙印的传统，不信吗？有鲁迅先生的著作为证。他在《社戏》一文中所列举的人名就有八公公、六一公公之类，在另一篇中还有九斤老太呢。

上面讲到宋朝的人名下面有带着秀字的，秀也是宋、元以来的民间称呼，是表示身份地位的。明初南京有沈万三秀，是个大财主，让明太祖看中了，被没收家财，还充军到云南。秀之外又有郎，王应奎《柳南随笔》卷五说："江阴汤廷尉《公余日录》云：明初闾里称呼有二等，一曰秀，一曰郎。秀则故家右族，颖出之人，郎则微裔末流，群小之辈。称秀则曰某几秀，称郎则曰某几郎，人自分定，不相逾越。"可见从宋到明，官僚贵族子弟称秀，市井平民则只能称郎，是不能乱叫的。沈万三称秀是因为有钱。另一个例子，送坟地给朱元璋的那个刘大秀则是官僚子弟，光绪《凤阳县志》卷十二："刘继祖父学老，仕元为总管。"继祖排行第一，所以叫作大秀。

这样，也就懂得戏文里演的民间故事，男人叫作什么郎的道理了。也就难怪卖油郎独占花魁这个故事，秦小官卖油，就叫作卖油郎的来由了。还有，明清两代社会上有一句话"不郎不秀"，是骂人不成材，高不成低不就的意思，一直到现代，还有些地区保留这句话，却很少人懂得原来的含意了。

从以上一些杂书，可以看出，宋、元、明以来的平民称呼情况，这类称呼算不算名字呢，不算。也有书可证。明太祖出家时得到过汪、刘两家人的帮助。做了皇帝后他封这两家人做官，还送给这两家青年时代的朋友两个名字，《明太祖文集》卷五赐汪文、刘英敕："今汪姓、刘姓者见勤农于乡里，其人尚未立名，特赐之以名曰文，曰英。"汪文、刘英的年龄假定和明太祖相去不远，公元 1344 年约年十七八岁，那么，到洪武初年已经四十多岁了，还没有名字。其道理是做了一辈子农民。可见他们原来的无论行辈或者合计父母年龄的数字符号都不能算名字，没有上过学，没有做过官，也就一辈子做个无名之人。这两个人因为和皇帝有交情，做了署令的官，做官应该有官名，像个官样子，圣旨赐名，才破例有了名字。

这也就难怪正史上从来不讲这个事情的道理了。不但“元史无征”，什么史也是无征的道理了。

古人读书不易

古代人读书很不容易，因为在印刷术和纸没有发明之前，一般人是读不起书的。第一，书很贵重，得用手抄写在竹简或者木牍上，一片竹简、木牍写不了多少字，几部书就装满了好几车子，有人说“学富五车”，说的是念的书超过五部车子装的简牍，其实用今天的眼光看，五个车子的书并不怎么多。孔子念书很用功，“韦编三绝”，韦是皮带子，竹简、木牍用皮带子拴起来，才不至于乱。这种书是用绳子编起来的，所以叫作编。读得多了，把皮带都翻断了三次，是形容他老人家非常用功，对一部书反复阅读，熟读精读的意思。一句话，这样贵重的书，普通人是读不起的。后来人们把书写在帛上，卷成一卷一卷的，所以一部书又分作若干卷。帛也很贵，只有有钱的人才抄得起。到了纸发明了，虽然便宜些，但是还得手抄，抄一部书很费事，抄很多部书就更麻烦了，一般人还是抄不起。用纸写的书，可以装订成册，所以书又有册的名称。第二，有了书，还得有人教，古代学校很少，而且也只有贵族官僚子弟才能上学。虽然有些私人讲学的，但也要交学费（束脩），交不起的人还是上不了学。第三，因为书贵，书少，一个学校的学生就不可能人人都有书，只能凭老师口授，自己笔记，这样，学习的时间就要长一些，靠劳动才能生活的人们，读书便更不容易了。

总之，由于物质条件的限制，古代人读书，尤其要读很多书是很困难的。也正因为这样，读书也有阶级的限制，贵族官僚子弟读书容易，平民子弟读书困难，知识被垄断了，士排列在农、工、商之前，就是这个道理。

到了印刷术发明以后，书籍成为商品，可以在书店里买到了，但是，还是有限制，穷人买不起书，更买不起很多书。穷人要读书，得想法借，得自己抄，还是很困难。例如十四世纪时，书已经成万部地印出来了，各大城市都有书肆，但是穷人要读书，还是非常艰苦。明初有名的学者宋濂，写了一篇《送东阳马生序》，讲他自己读书的艰苦情况说：

> 我小的时候，就喜欢研究学问，家里穷，弄不到书，只好到有书的人家借，亲自抄写，约定日子还。大冷天，砚都结冰了，手指冻得弯不过来，还是赶着抄，抄完了送回去，不敢错过日子。因为这样，人家才肯借书给我，也才能读很多书。
>
> 到成年了，越发想多读书，可是没有好老师，只好赶到百多里外，找有名望的老先生请教。老先生名气大，学生弟子挤满一屋子，很讲派头。我站在旁边请教，弓着身子，侧着耳朵，听他教诲。碰到他发脾气，我越发恭谨，不敢说一句话，等他高兴了，又再请教。以此，我虽然不很聪明，到底还学了一些知识。
>
> 当我去求师的时候，背着行李，走过深山巨谷，冬天大风大雪，雪深到几尺，脚皮都裂了也不知道，到了客栈，四肢都冻僵了，人家给喝了热水，盖了被子，半天才暖和过来。一天吃两顿，穿件破棉袍，从不羡慕别人吃得好，穿得好，也从不觉得自己寒伧。因为求得知识是最快乐的事情，别的便不理会了。

宋濂是在这样艰苦情况之下，经过努力，攀登学问的高峰的。他在文章的后面，劝告当时的学生说：

你们现在在太学上学，国家供给伙食、衣服，不必挨饿受冻了。在大房子里念书，用不着奔走求师了。有司业、博士教你们，不会有问了不答、求而不理的事情了。要读的书都有了，不必像我那样向人借来抄写。有这样条件，还学不好，要不是天资差，就是不像我那样专心、用功。这样好条件，还学不好，是说不过去的。

这一段话，我读了很动心。今天，我们学习的条件，比宋濂所劝告的那些学生的时代，不知道要好多少倍，要是不努力，学不好，我看，也是说不过去的。

唐顺之论明代刻书

读古书要讲究版本，要求刻的书错字少一些，刊行的时代早一些，更近于原来面貌一些，这原是无可厚非的事。但是，也有那么一些人，片面地讲究孤本，机械地追求版本，其目的不是为了求真，而是为了"孤"，为了"古"，对于书的内容，倒不十分在意。古代有个"买椟还珠"的故事，我看，这类人倒很像。

读书，是读书的形式，读书的版本，还是读书的内容呢？

宋版，元版，讲版本的人很重视，不得已而求其次，明版也将就。

明朝人刻文集最多，也很喜欢刻丛书。

也就是在明朝，有个唐顺之，他也有部文集，叫《荆川文集》。这个人很有趣，有趣在立下遗嘱叫后人不要给他刻文集，而后人偏给他刻文集，这部文集还留传到现在。

下面是他的两封信，都是大骂特骂刻文集的：

我常常想起，天地间有那么几件事情，人人见惯而绝是可笑的，一件是有些卖酒杀猪的市井细人，有一碗饭吃，死后必定有一篇墓志。一件是达官贵人，中过举人进士、稍有名目的，死后也必然有一部诗文刻集。好像是活着必得喝水吃饭，死去必得有衣衾棺椁，一样不能缺那样。这种情况，不但三代以前没有，汉、唐以前也绝不是这样。

幸亏还好，这些墓志也罢，诗文集也罢，不久就都泯灭了。

不过，尽管毁灭了很多，剩下的还是满屋子。假如不毁掉一些，都留着，即使以天地作书架子，也安顿不下。这种文字，假如家家收藏，用秦始皇办法，作用一番，代替柴火，南山的煤炭竹木，不是都可减价了。可笑，可笑。

我平常以为刻文集是无廉耻的行为。我死后有闲人作此业障，我不敢保险。至于自家子弟，则必须有遗嘱说破此意，不让他们作这业障。①

在另一封信里又说：

今世所谓文集，到处都是，多得很。其实一字无用。作者原来是想靠这个不朽的，结果相反，只会暴露自己的“陋”，给人取笑，这不叫作木灾吗？②

说得很痛快。虽然也有些过火，例如卖酒杀猪的有些人有这么篇把墓志，也不一定不可以，有些人刻的文集内容也不见得都是一字无用，刻文集也不能一概而论都是无廉耻之类。虽然也有的地方不对头，例如三代以前根本没有印刷术，怎么有可能大刻其文集，汉、唐这两代也是这样。但是，毕竟说出明代这时期的风气，胡乱刻书，刻的书很有些是要不得的。

至于明人刻的丛书，改头换面，偷工减料，东抄西袭，胡拼瞎凑，毛病多得很。虽然也有不少是好的，的确保存着许多有用的东西，

①②《荆川文集》卷六，《答王遵岩书》《与卜无锡书》。

给人方便，功劳不少。但是，留传下来的不尽都是好的。

为什么这个时代会有这样胡乱刻书的风气呢？

一个理由是经济的，十世纪以后，印刷术发达了，元、明之间许多城市都成了刻书中心，木头、纸张、刻工都方便，只要舍得钱，就可刻书。特别是做地方官的人，可以利用职权，或者通过修地方志的方便，附带刻自己的诗文。即使不是现任地方官，只要做过京官，有过功名的，也可以通过有什么"年谊""世谊"的地方官来办。不信，请查查现存的明人文集，能找出几个不是做过官，或是有过功名的。

另一个是政治的，清蒋超伯《南漘楛语》：

> 明代官场，行贿风气很盛。按规矩送钱时一定要配以书，特别是新刻的书。闹得到处刻书，连校对也来不及了。如陈埴《木钟集》，是弘治时温州知府邓淮重刻的，都穆的《南濠诗话》是和州知州黄桓所刻的，序文上都说是捐俸绣梓，用广流传，像这样的不一而足。

行贿用书陪衬，显得雅一些，有个专门名词叫书帕。明人徐树丕《识小录》四说：

> 往时书帕，惟重两衙门，最多也不过三四十两银子。外舅作翰林时，外官送书帕，少的不过三四两银子，那时也不过作为往来交际常事，不大引起注意。后来朝廷严厉禁止，结果，白的不送了，换成黄的金子，又嫌累赘，索性换成圆的白的发光的珠子了。近年来外官和京官相见，往往一面作揖寒暄，两手就作交易。

这就是明代后期的政治风气，也就是明代刻书特别多、特别滥的道理。

厚今薄古和古为今用

厚今薄古和古为今用是一句话、一件事情的两面。

厚今薄古是针对资产阶级的“厚古薄今”的风气提出来的。几十年来的旧中国的学术界，笼罩着一片厚古薄今的气氛，全国解放后资产阶级学者还没有改变这种风气，他们无论是研究学术，或在学校教课，都有重古轻今，详古略今，甚至有古无今的表现。“言必称三代，秦汉以下无论矣”的味道，许多方面都有。例如语文课中过多地讲古代作家的时代背景，以文学史来代替语文知识的讲授；高等学校的历史课程，古代的、中古的，这样那样都有，近代的、现代的所占的比例却反而比较少，各级学校的通史课以大量的篇幅叙述古代，而近代、现代的史事却很少。以历史研究工作者的研究对象为例，虽然没有精确的统计，但就所知而论，绝大部分的人力集中在古代史研究方面，近代史和现代史的研究者是屈指可数的。

毛泽东同志早在1941年《改造我们的学习》中已经教导我们要正确地对待历史。他要我们“认真地研究现状”，“认真地研究历史”。我认为，认真地研究现状，就是“厚今”。认真地研究历史，就是“古为今用”。对于历史，他指出：“特别重要的是中国共产党的历史和鸦片战争以来的中国近百年史”。可见，在历史的研究中也要

“厚今”，即“厚”近百年史之“今”。既要厚今，当然要薄古，因为有厚就有薄，总不能一样看待。但是反过来说，薄古并不等于无古、灭古，所以，毛泽东同志在这篇文章中又要我们研究中国古代史，“不但要懂得中国的今天，还要懂得中国的昨天和前天”。党的教育方针是要培养有社会主义觉悟的有文化的劳动者，我看，“有文化”就包含有懂得自己的历史，懂得中国的昨天和前天的意思在内。

学习历史、研究历史的目的何在呢？是古为今用。毛泽东同志在 1942 年《整顿党的作风》的报告中明确地教导我们：第一，理论工作者（也包括研究历史的工作者）要有马克思列宁主义的立场、观点和方法。第二，理论工作者的任务是正确地解释历史中和革命实际中所发生的实际问题，给予科学的解释，给予理论的说明。第三，理论工作者要联系实际，要从中国的历史实际和革命实际的认真研究中，作出合乎中国需要的理论性的创造。

毛泽东同志还教导我们，没有调查、研究，就没有发言权。要调查、研究、分析历史实际和革命实际，从可靠的、经过认真的科学方法搜集、研究和分析的实际材料出发，得出理论的说明，科学的解释，从而找出方针、政策、办法来。

对于古为今用的问题，毛泽东同志《在延安文艺座谈会上的讲话》中，一方面教导我们要继承一切优良的文学艺术遗产和传统，一方面指出，继承决不是硬搬和模仿，而是要批判地吸取其中有益的东西，作为我们的借鉴。旧的形式，我们不拒绝利用，但是要加以改造，加进新内容，使它成为革命的和为人民服务的东西。

同样，历史科学也必须从客观存在的历史实际中，从过去时代所遗留下来的，反映一定社会生活的文学艺术作品和其他资料中，批判地吸收一切有益的东西。从此可以看出在历史研究和历史教学中，一方面必须坚决反对那种厚古薄今，以至是古非今的偏向和错误；另一方面，我们也不能只讲人民大众的历史，不讲不研究过去时代封建统治阶级的历史、作品，或者把过去时代的历史，讲成漆黑一团，一无是处，那也是一种不实事求是的，非马克思列宁主义的，违反历史实际的有害偏向。

如上所说，厚今薄古，古为今用是一回事，不是两回事。毛泽东同志关于东风压倒西风的著名论断，和关于帝国主义和一切反动派都是纸老虎的伟大文献，不都是从历史实际和革命实际出发，用马克思列宁主义的立场、观点、方法，做了科学的研究、分析，作出科学的解释，理论的说明，从中找出方针、政策、办法，指出一切反动派必将灭亡，革命事业必将胜利，鼓舞和坚强了全中国和全世界爱好和平人民的信心，引导全中国和全世界爱好和平的人民从胜利走向更大的胜利么？不正是厚今薄古，古为今用，总结历史实际和革命实际为人民大众服务的最卓越的范例吗？

厚今薄古的号召在文化学术界和教育界各个部门，得到热烈的响应。特别是从去年“大跃进”以来，科学研究和群众运动相结合，广大的青年积极投身到运动中，下乡下厂，和工人、农民相结合，在劳动中进行访问、调查、研究和编写工作，做出了不少成绩。学术界生气勃勃，哲学、经济学、历史、文学、艺术、科学技术各个方面的学术活动更加活跃了，丰富了，水平也提高了。从实践中，培养和壮大了无产阶级的学术、文艺、科学队伍，这是极为可喜，可贺，值得我们欢欣鼓舞的现象。老一辈的知识分子在运动中也贡献了自己的力量，作出成绩，同样也在运动中锻炼、改造了自己，团结在党的周围，和广大青年一同前进。

一年多以来，我们在文化、学术战线上的成绩是巨大的。在历史科学部门的研究和教学工作中，批判了厚古薄今的思想和做法，学术界正在进行中国共产党史和近百年来经济、文化、政治、军事史等方面的研究和搜集资料的工作，进行工厂、公社、乡土历史等等方面的编写。春色满园，百花齐放，呈现了万紫千红的局面。但是，对厚今薄古方针的贯彻，也还存在着一些问题，有着不同的看法，主要的有以下三类：一种看法认为厚今薄古是只要今不要古，研究古代史，开古代史的课，就是资产阶级思想。有的学校把有关古代史的课都取消了或者只留下极少的课程，有的通史教材用大量的篇幅讲近代、现代，对 1840 年以前的古代史只作极为简略的叙述，甚至曹操、王安石这样的历史人物都失去了在历史上的地位。有的学校，虽然讲古代史，但是只用几十分钟就交代过去了，学生们说："课堂上几十分钟，历史上几千年。"有的主张废除按封建王朝分期的叙述方法，采用生产力发展的体系叙述，但是封建王朝的兴亡的事实又必然牵连到封建统治阶级内部矛盾的发展，完全不讲又有困难，结果只好采用两个体系共存的办法，以前者为主，后者为辅，有的讲有的不讲，遭遇到很多具体困难。薄古薄到不该薄的也薄掉了，不能使受教育的下一代正确地懂得祖国的昨天和前天，显然是不对头的。有的教材主张多讲人民大众的历史，农民起义的历史，这是正确的，但是，另一面对封建统治阶级的内部矛盾、残暴、剥削尽量少讲或者不讲，这样，阶级斗争只剩下人民群众进行革命斗争这一面，历史上实际上存在的封建统治阶级这一对立面被取消或者削弱了，人民的革命斗争的目标不显著了，或者没有了。也有人认为讲历史只能讲人民大众的历史，对历史上的个别人物作研究、分析、评价就会陷入个人迷信的泥坑。这些看法，显然是非唯物主义的，是错误的。

还有一种看法是是今非古，恰好和某些人的是古非今相反。他们认为过去时代的一切活动，凡是没有达到马克思列宁主义标准的都是不正确的。他们没有认识到过去的作品都是一定的社会生活在人类头脑中反映的产物。应该用历史唯物主义的观点从彼时彼地的社会情况来衡量，而不应拿今天的标准来要求古人。这种是今非古的看法在历史教学中的具体表现之一是不讲或少讲汉末的党锢，唐朝的牛李党争，宋朝的新旧法之争，明代的东林党之类。在语文教学中选文着重在1958年这一年，特别是“大跃进”以来的报道文学，五四以来的文章就很少选了，五四以前更不必说了。这样做的结果，历史教材古代的部分过于简略，讲不清，讲不透，语文教材成为当年文选，不但古文没有选，连今文的范围也很狭窄。这样做的结果，将会使我们的下一代很难了解祖国历史和文学艺术的优良传统，显然是不对的。

第三种看法是机械地要求联系实际，联系生产，联系劳动。理论联系实际的方针是不能动摇的。但是，这不等于说每一问题每一课每一章、节都必须直接地具体地联系实际问题。不是这样，相反的，机械地勉强地联系实际，恰恰是脱离实际。例如近半年来的幼儿园的教学活动中，过多地强调政治思想教育，三四岁的孩子们，大量学成人唱的歌，用意是很好的，但是不符合幼儿的年龄特征，脱离了幼儿的生活实际，把青年和成人才能接受的东西强加于幼儿，应该说，这样的办法是不符合我们的教育方针的。同样，在自然科学的一些教材的编写中，也存在有勉强联系实际，反而脱离实际，费力过多而成效甚少的情况，这里就不一一列举了。

总的说来，厚今薄古这一方针再次强调提出以后，在学术界的影响是深刻的，成就是巨大的。问题是有些人思想中还存在着某些片面性，片面地强调了厚今薄古这一面，没有把古为今用这一面同时并举，互相结合。我以为，近代史、现代史要厚，要组织必需的人力来研究，而且一定要搞好；古代史也要讲，也要研究，也必须有必要的人力参加，并且也一定要搞好。是古非今要不得，片面地是今非古，隔断历史，弄得“前无古人”，也是不合理，不符合客观实际的。讲历史，必须讲人民大众的历史，讲革命斗争的历史，讲生产斗争的历史。但是也要讲清楚历史上客观存在着的统治阶级的历史。要讲正面，也要讲反面，要讲光明面，也要讲黑暗面，要讲进步的，也要讲落后的反动的现象，要讲人民大众的斗争，也要讲某些推动时代前进的英雄人物的事迹。要讲成功的经验，也要讲失败的经验。要讲事物的矛盾，要讲矛，也要讲盾，只讲矛不讲盾是不行的。在厚今薄古这一方针的贯彻中，也还存在着该厚什么该薄什么和厚多少，薄多少，以及怎样才叫厚，怎样才叫薄的问题。我们还必须进一步正确地体会厚今薄古的精神，认真研究，做到厚其所当厚，薄其所当薄，使我们的下一代真正成为既懂中国的今天，又懂得昨天和前天的有文化的劳动者。在联系实际这一问题上，必须认真地从实际出发，从问题的实际、客观的实际出发，也应从受教育者的年龄特征出发，对幼儿教育、普通教育、高等教育，应该有所区别，分别对待，不要普遍地机械地勉强地联系，要实事求是，不要浮夸附会。机械地勉强地联系，违反实事求是的原则，是没有好处的。

我以为，这些不同的看法必须澄清。正确的办法是把厚今薄古和古为今用的方针联系起来，这两句话必须结合、并举，从实际出发，而不是从定义出发，认真学习毛泽东同志有关这一方针的著作，体会其精神实质，掌握这一理论武器，从而改进我们的工作，提高科学研究和教学工作、教材编纂工作的水平。

宋明间统治阶级的内部矛盾

从北宋一直到明末，将近七百年左右时间，尽管换了不少朝代，一个统治阶级替换原来的统治阶级，一个家族推翻原来的统治家族，爬上统治的宝座，除旧布新，废止旧的某些苛政，颁布一些新的巩固统治的法令。但是，地主阶级统治的本质并没有改变，依然是占人口极少数的地主统治集团骑在广大农民头上吸吮脂膏，进行穷凶极恶的剥削。

在这期间，农民为了反抗地主阶级的压迫，曾经举行过无数次的武装起义。

在统治阶级集团内部，也由于经济情况的变化，特别是东南地区经济的发展、繁荣、壮大，文化水平的提高，要求对束缚生产力的某些规章制度作适当的改变，要求在政治上有他们自己地区的代言人；也由于南北长期分裂、对立，南北地主阶级之间也因而形成一种互相轻蔑、不信任的心理状态；同样，由于各地区经济、政治情况的不同，统治阶级内部由于生产资料占有情况和剥削方式的不同发生了矛盾；前两者造成了地区间的相互矛盾；而后者又造成了超越地区间的矛盾，这一些人与那一些人的矛盾；政局的变化和改革的浪潮一个接着一个，南方地区和中原地区的地主阶级代表人物发生矛盾，这一群地主代表和那一群地主代表发生矛盾；形成统治阶级内部的斗争，反映在政治上是新旧党争和其他形式的政治斗争。例如北宋前期北方豪族王旦、寇準和南方新兴地主阶级代表王钦若、丁谓的斗争，中期北方豪族韩琦、富弼、司马光和南方新兴地主阶级代表王安石、吕惠卿之争，后期的北方豪族代表和南方新兴地主阶级代表蔡京之争，这种斗争一直继续到南宋。中间金、元入侵，虽然情况改变了，民族压迫成为主要的矛盾，地主阶级内部矛盾退居次要地位，但是通过民族压迫，北人和南人在政治地位上的差别更显著了。

到明代，北方地主阶级和南方的地主阶级代表的利害冲突，又随着东南地区经济的进一步发展而发展，在政治上表现为当权的北方官僚有意地排斥南方的新进人物。有时也表现为当权的南方官僚有意地排斥北方的官僚。在中期倭患严重时代，更发展为沿海主张对外通商的地主和内地主张断绝通商地主的严重斗争。

统治阶级内部矛盾的一个方面的具体表现是掌握政权的首相地位的争夺，和当时官僚主要出身门路进士的争夺。

以宋朝史事为例，如真宗朝首相王旦是大名府莘县(今山东莘县)的豪族，祖父三代都做官。王钦若是临江军新喻(今江西新喻)人。真宗要任命王钦若做宰相，王旦说："我看祖宗朝从来没有南方人管国家大事的。虽然古人说过立贤无方，但是，也只适用于贤士啊。我做宰相，不敢排斥人，说的是公论。"真宗只好算了。王旦死后，王钦若才做宰相，他告诉人说："王旦一句话，迟了我十年做宰相。"①

王钦若在宋真宗天禧元年(1017 年)八月被任命为左仆射平章

① 李焘：《续资治通鉴长编》卷九〇；《宋史》卷二八二，《王旦传》。

事，由此可见在这一年以前，没有一个南方人曾经做过宰相。宋人笔记因此臆造出宋太祖曾经立石政事堂，说南人不可为相，要后代遵守。事实上宋太祖即位于960年，这时南方有荆南、蜀、南汉、南唐、吴越五国。到963年荆南才投降，965年蜀孟昶降，971年取南汉，975年降南唐，至于吴越，直到宋太宗太平兴国三年（978年）吴越王钱俶才纳土投降。王旦、寇准所指的南人，大体上指的是南唐、吴越地区的人，975年以前，南唐、吴越都没有划归宋的版图，怎么有可能让这两个地区的人做宋的宰相呢？

也应该指出，这个故事虽然是臆造的，并无其事，但是，在政治上轻视、排斥南人，不使南人当国执政，却是当时北方地主阶级的比较普遍的企图。这个故事是正确地反映了当时的统治阶级内部斗争情况的。

寇准是华州下邽（今陕西渭南县东北）人。和王旦一样，极力排斥南人。公元1015年的进士考试，照规矩，要由皇帝召见考取前几名的进士，根据各人的仪表语言，决定谁是第一名。这次被召见的有新喻人萧贯和胶水（今山东平度）人蔡齐。蔡齐仪状秀伟，举止端重，真宗一见就喜欢他。寇准又说："萧贯南方下国人，不应该放在第一。"蔡齐就考第一了。真宗很高兴。寇准自命很高，很讨厌南方人轻巧。召见以后，他出来告诉同事说："又给中原夺得一个状元了。"①

不止是文官、进士，连武官也是如此。公元1006年，有人建议诸路巡检要选择武勇、心力强明的，请不要用福建、荆湖、江浙、川峡地方的人。真宗也觉得不对，对王钦若说："人的勇怯，不一定是南人

---

①《长编》卷八四。

北人的关系，用这办法区别，不是用人之道。”①因为武官是不参预政治的，因此，真宗没有采纳。

元代的台省重要官员，绝大多数都是北方人。汉人、南人在万数人中找不到一两个。②

明初有科场案，洪武三十年(1397年)会试发榜，泰和(今江西泰和)人宋琮考第一，北方人一个也没有录取。北方的举人大闹，说主考官刘三吾等都是南方人(刘三吾湖南茶陵人)，有私心。明太祖大怒，叫侍讲张信等检阅考卷，结果不满意，考生又攻讦说是刘三吾故意拿不好的卷子复阅。明太祖越发生气，把张信等考官杀了，刘三吾以年老充军。状元宋琮也被罚充军。明太祖亲自出题另考，取了六十人，全是北方人。当时叫作南北榜，又叫春夏榜。③

明英宗时的吏部尚书王翱，盐山(今河北盐山)人。性不喜南士，引用的多是北方人。④ 北方人很喜欢他。到后来桐庐(今浙江桐庐)人姚夔做吏部尚书，又反过来，多引荐南人了。⑤

明武宗时首相焦芳是泌阳(今河南泌阳)人。他深恶南人，每退一南人就高兴。连谈到古人，也是破口骂南人，只要是北方人就称赞。作了一幅南人不可为相图送给当权的太监刘瑾。⑥

后期的东林党争，也包含有地方的因素。1654年清世祖和汉臣谈话，指出明末北人南人各自为党，把明朝搞坏了。⑦ 东林书院在江

---

①《长编》卷六三。

② 叶子奇：《草木子》卷三，《克谨篇》。

③《明史》卷一三七，《刘三吾传》。

④《明史》卷一七七，《王翱传》。

⑤《明史》卷一七七，《姚夔传》。

⑥《明史》卷三〇六，《焦芳传》。

⑦《顺治东华录》二三。

苏无锡，东林党人多是南人，魏忠贤是北方人，他的主要爪牙如冯铨等也多是北人，顺治的话是有些道理的。

这七百年间统治阶级的内部斗争，表现的一个方面是北方地主阶级和南方地主阶级代表人物间的斗争，和这一批地主代表和另一群地主代表之间的斗争。

宋、元的统治者都是从北方用武力统一南方的，首都也在北方，自然而然地构成了以北人为主的官僚集团。明代虽然从南方起事，统一北方，但是明太祖从政治上考虑，有意识地扶植北方人出身的官僚，到明成祖迁都北京，情况改变，北人在政治上就越发吃得开了。

从宋到明，东南地区的经济情况逐步改变，生产更加发达了，对外贸易发展了，念书识字的人多了，文化水平在不断提高。相反，中原地区由于战争的破坏，生产下降，经济重心逐步转移到东南地区。特别是从宋太宗以后，进士科扩大考取名额，以唐朝的每科三五十人，扩大到几千人以至万人。同时，由于印刷术的发明和书籍的商品化，结合东南地区的经济上升，就使进士科的地区比例发生变化，南人愈来愈占较大的比重，官僚集团的地区比例也随之而发生相应的变化。通过考试加入官僚集团的南人，不能不代表本地区新兴的地主阶级和以地主阶级为中心的对外贸易集团的利益，要求变革一些不符合他们利益的规章制度，建立保护他们利益的新制度新办法。这种变革的要求就被中原的地主阶级斥责为“轻巧”，斥责为变乱祖宗成法，坚决反对。道理站不住时就只好拿天变来吓唬了。

宋代新法派的领袖王安石的名言：“天变不足畏，人言不足恤，祖宗不足法。”就是针对这种情况发出的抗议。

作者后记：

这篇札记发表以后，宁可先生在《新建设》上发表了《谈宋明间统治阶级的内部矛盾》，提出许多意见，提得很好，非常感谢。这次结集，根据宁可先生的意见作了个别地方的修改。

为什么这个集子还收进这条札记？因为我的看法，只是用札记的形式提出这样一个问题，历史实际中曾经存在的问题。因为是用札记形式写的，只讲问题，也提了一点看法，没有做全面的挖掘，也更不企图在这札记中做全面的分析。假如这个问题提得对，从而引起人们注意，做进一步的研究、讨论，那岂不很好。

明代的科举情况和绅士特权

明、清两代五六百年间的科举制度，在中国文化、学术发展的历史上作了大孽，束缚了人们的聪明才智，阻碍了科学的进展，压制了思想，使人们脱离实际，脱离生产，专读死书，专学八股，专写空话，害尽了人，也害死了人，罪状数不完，也说不完。

这些且不说，光就考试时的情况说，也是气死人的。明末艾南英《天傭子文集》有一篇文章专讲考举人时的苦处：

> 考试这一天，考场打了三通鼓，秀才们即使遇到大冷天，冰霜冻结，也得站在门外等候点名。督学呢，穿着红袍坐在堂上，灯烛辉煌，围着炉子取暖，好不舒服。
>
> 秀才们得解开衣裳，左手拿着笔砚，右手拿着布袜，听候府县官点名，排个儿站在甬道里，依次到督学面前。每一个秀才，有两个搜检军侍候，从头发搜到脚跟，光着肚子光着腿，要好几个时辰才能全搜完，个个冻得牙齿打战，腰以下都冻僵了，摸着也不像是自己的皮肤。要是大热天呢，督学穿着纱衣裳，在阴凉地里，喝着茶，摇着扇子，凉快得很。秀才们呢，十百一群，挤立在尘埃飞扬的太阳地上，按制度不能扇扇子，穿的又是大布

厚衣。到了考场，几百人夹坐在一起，腥气、秽气，蒸着、熏着，大汗通身，衣裳都湿透了，却一滴水也不敢入口。虽然公家有人管茶水，但谁也不敢喝，喝了就有人在你卷子上打一个红记号，算是舞弊犯规，文章尽管写得好，也要扣分，降一等。

冷天也罢，热天也罢，都得吃苦头。

考的时候，东西两面站着四个瞭望军，是监场的，谁也不敢抬头四面看，有人困了站一下，打一个呵欠，和隔壁考生说话，以至歪着坐，又是一个红记号打上了，算犯规，文章尽管好，也扣分，降一等。弄得人人腰脊酸痛，连大小便也不得自由，得忍着些。

连动手动脚、抬头伸腰的自由也被剥夺了，苦哉！

考试坐位呢，是衙门里的工吏包办的，他们得赚一点钱，贪污了一大半经费，临时对付，做得很窄小，两个手膀也张不开；又偷工减料，薄而脆，外加裂缝，坐下重一点，就怕塌下。加上同号的总有十几个人，坐位是用竹子联着的，谁的手脚稍动一下，联号的坐位便都动摇了，成天没个停，写的字也就歪歪扭扭了。

这篇文章写得实在好，道尽了考生的苦处，也道尽了封建统治者不把学生当人的恶毒待遇。文章里用督学的拥炉、挥扇相对衬，更把考生的苦况突出了。清朝继承了明朝这一套，《儿女英雄传》写安骥殿试时，自己背桌子考篮的情况，可以参看。

这样苦，为什么人们还是抢着考，唯恐吃不到这苦头呢？是为了做官。顾公燮《消夏闲记摘抄》记明朝人中举人的情况：

明朝末年的绅士，非常之威风。凡是中了举人，报信的人都拿着短棍，从大门打起，把厅堂窗户都打烂了，叫作“改换门庭”。工匠跟在后面，立时修整一新，从此永为主顾。

接着，同姓的地主来和您通谱，算作一家，招女婿的也来了，有人来拜你作老师，自称门生。只要一张嘴，银子上千两的送，以后有事，这些人便有依靠了。

出门呢，坐着大轿，前面有人拿着扇啦，掌着盖啦，诸如此类，连秀才出门，也有门斗张着油伞引路。

有婚丧事的时候，绅士和老百姓是不能坐在一起的，要另搞一个房子叫大宾堂，有功名的人单坐在一起。

清人吴敬梓所作《儒林外史》，穷秀才范进中举一段绝妙文字，正是顾公燮这一段记载的绝妙注脚。

到中了进士，就更加威风了。上任做官，车啦，马啦，跟班啦，衣服用具啦，饮食用费啦，都自然会有人支应。上了任，债主也跟着来，按期还债。①

即使中不了进士，光是秀才、举人，也就享有许多特权了。其一是免役，只要进了学，成为秀才，法律规定可免户内二丁差役。明朝里役负担是很重的，要是有二十亩田地的中农，假如家里不出一个秀才，一轮到里役，便得破家荡产。② 以此，一个县里秀才举人愈多，百姓便越穷，因为他们得把绅士的负担分担下来。③ 第二是可以有奴婢使唤；明制，平民百姓是不许存养奴婢的，《大明律》规定：“庶民之家，存养奴婢者，杖一百，即放从良。”第三是法律的优待，明初规定，一般进士、举人、贡生犯了死罪，可以特赦三次，以后虽然没有执

① 陶奭龄：《小柴桑喃喃录》上；周顺昌：《烬余集》卷二，《与吴公如书》二。

②《温宝忠遗稿》卷五，《士民说》。

③ 顾炎武：《亭林文集·生员论》。

行，但是，还是受到优待，秀才犯了法，地方官在通知学校把他开除之前，是不能用刑的。如犯的不是重罪，便只通知学校当局，加以处分了事。第四是免粮，家道寒苦，无力完粮的，可由地方官奏销豁免。因之，不但秀才自己免了役，免了赋，甚至包揽隐庇，借此发财。廪生照规定由国家每年给膏火银一百二十两，不安分的便揽地主钱粮在自己名下，请求豁免，“坐一百，走三百”，不动腿呢，每年一百二十两，多跑跑县衙门呢，一年三百两，是当时的民间口语。第五便是礼貌待遇了。顾公燮所记的大宾堂是有法律根据的，洪武十二年（1379年）八月明太祖颁布法令，规定绅士只能和宗族讲尊卑的礼法，至于宴会，要另设席位，不许坐于无官者之下。和异姓无官者相见，不必答礼。庶民见绅士要用见官礼谒见。违反的按法律制裁。

有了这样多特权，吃点苦头又算什么呢？

明、清两代的知识分子，在通过考试之前，封建统治者把他们不当人看待，加以种种虐待。但是，在成为秀才、举人、进士之后，便成为统治集团的一员了，和庶民不同了，他们分享了统治阶级的特权，成为特权阶级了。最近有人讲明朝后期情况，把秀才也算在市民里面，把他们下降为庶民，在我看来，是不符合客观存在的历史事实的。

关于中国资本主义萌芽的一些问题

——在北京大学历史系所作的报告

从《红楼梦》研究问题的批评和讨论展开后，学术界在探讨《红楼梦》这部作品所描述的社会经济状况的同时，注意到中国资本主义的萌芽问题，这是十分可喜的事。中国资本主义的萌芽的确是一个十分重要和值得研究的问题。这个问题弄清楚了，历史上有关的许多问题都可以得到解决。到目前为止，已发表的文章都根据若干史料提出一些看法，但是所提供的史料的时间性都很不肯定。从八世纪，十世纪到十六、十七世纪都有。那么，到底什么时候算是资本主义萌芽时期呢？《红楼梦》的历史背景时期怎么会有这样长呢？固然，后一时期的某些史料可以说明前一时期的情况，但如果生硬地把后一时期的一些局部情况当作普遍性的例子来说明前一时期所没有发生过的事情，那就会发生错误。因之研究这一问题要从大量搜集材料，调查研究工作入手，要花时间，付出力量，分工合作，从各方面来综合分析，然后才有可能得出比较正确的结论。至于我自己，也还没有来得及抽出时间进行充分而仔细的研究，只能根据二十年前接触过的一些资料，给大家提供几点参考性质的意见。在这里仅仅提出问题，并要求把问题局限在十四世纪到十六世纪所发生的主要事件上面，特别是十六世纪中叶这个明朝人自己感觉到发生巨大变化的时期，着重提出那些在这时期以前历史上所没有发生过，或发生过而不很显著，这个时期以后成为比较普遍、显著的一些问题。

一、关于手工业工场

我在1936年《清华周刊》四十五卷第五期《十四世纪时之纺织工厂》一文中曾举出元末明初学者徐一夔在《始丰稿》的《织工对》中叙述到钱塘相安里的手工业纺织工场的情况。工场主自备纺机，雇工多人生产。工人领取计日工资，作为家庭生活费用。手艺高的熟练工人，还可获得加倍的工资，并为工场主争着雇用。工场技术改进，成品质量不断提高，很受市场的欢迎。同样情况的记载，在这以前的历史书中尚未见到。

关于手工业工场问题，我认为应该按照当时行业系统，从纺织、制瓷、冶铁、木材、造纸等方面大量搜集材料，进行深入的综合的研究。

二、新的商业城市的兴起

许多文章笼统地提到明代有南京、北京、苏州、松江等三十三个新的商业城市。这个数字是不错的，但是时间有问题。因为并不是整个明代都是这样情况。事实上从明成祖以后，运河南北畅通，到宣宗时沿运河的某些城市才繁荣起来。那时，由于农业手工业的发展，贸易市场扩大了。另一面为了保持钞法流通，沿长江、运河及各布政司所在地，建立了三十三个钞关。据《明宣宗实录》卷五十所载，这是宣德年间的事情。在此以前，没有钞关，在此以后的二百年中还有其他的一些新的商业城市兴起。以此，不标明确切的时间，以一个时期的情况来概括整个明朝，是不符合当时存在的客观事实的。

关于明代商业城市的兴起、发展和变化和市民阶级的形成，我们还应该认真作专门的研究。

三、倭寇、葡萄牙海盗与沿海通商问题

元末倭寇侵略朝鲜，明初转而侵略山东、江苏、浙江沿海地区，到嘉靖时（十六世纪中叶）大肆骚扰东南沿海江苏、福建等地。当时的倭患对国际贸易和国内生产起很大破坏作用。除倭寇外，欧洲人也到东方来了。主要的是葡萄牙海盗，明代称为佛郎机的，在沿海通商、做买卖，买卖做不好，就进行武装抢劫。中国沿海商人，因为政府禁止对外贸易，也往往和倭寇、葡萄牙人结合进行通商和海盗活动。

明朝政府最初是允许与外人通商的，在沿海几个重要地区广州、宁波等地设市舶司，专管对外贸易。由于倭患严重，明朝政府认为通商是它的祸源，于是撤废市舶司，禁止与外人通商。这问题引起很大的争论。沿海地主把资本转移到对外贸易的，主张通商；内地地主则反对通商，主张完全禁止海上贸易。这一争论到嘉靖二十六年（1547 年）发展到最高峰。

何乔新《何文肃公集》卷三十一《福建按察司副使辛公（访）墓志铭》中提道："奉敕巡视海道，濒海大姓私造海舰，岁出诸番市易，因相剽杀。"徐学聚《世庙识余录》卷十一说："钦州知州林希元……居乡，专通番舶。"张燮《东西洋考》卷七《饷税考》和《明史》卷一百三十

九《朱纨传》中也都讲到十五、十六世纪时沿海地主官僚私造海舰的情形。尽管明太祖时规定片板不许下海，海船的大小也有一定限制，但是到十五、十六世纪时，官僚政府的法令并不能阻压东南沿海地区人民对外通商的要求了。

《东西洋考》中提到，福建沿海人多地少，失业者纷纷下海，“半年生计在田，半年生计在海”，沿海官僚地主也参加活动。“富者出资，贫者出力，懋迁居利”。明朝中叶十六世纪前期，通商热潮比历史上的任何时期都要高涨。平民乃至官僚要求打破海禁，恢复市舶司，和反对派形成政治斗争。内地官僚地主的代表人物朱纨（长洲人）等人主张禁止海上对外通商，以军事力量控制海口，断绝对外关系。在这方针下，朱纨以“都御史总督闽浙军务”（这是新官衔，专防倭寇）前往闽浙，采取严厉手段，用武力镇压。当时葡萄牙人及沿海海盗活动中心地区是浙江的双屿和福建漳州的月港，葡萄牙海盗入侵漳州，朱纨派兵迎击，擒获后处死了九十余人。朱纨向政府报告中提出，“去外国盗易，去中国盗难；去中国沿海之盗易，去中国衣冠之盗难”。所谓“衣冠之盗”就是指支持、组织沿海巨商的浙闽官僚地主。朱纨等人和这些人发生利害冲突，检举了其中的福建官僚地主专通番舶的林希元。被检举的人也联结了一批有共同利益的通商派（多为福建人）结成力量进行斗争。浙闽的在朝官僚弹劾朱纨，说朱纨所捕杀的九十多人是良民，是滥杀。闽籍在朝官员周亮、叶镗、陈九德等合力攻击朱纨，朱纨被取消“总督”名号，改为“巡视”，解除兵权。明朝政府并派兵科给事中杜汝桢处理这案件，于是主张禁海的都不敢说话了，朱纨被迫自杀。这一斗争说明了主张通商派和反对通商派之间的激烈斗争达到高潮，结果是反对通商派的失败。

这种性质的斗争，在过去历史上是没有过的。汉、唐、宋、元以来都曾进行对外通商，而且有些时候还很繁盛，但是代表通商利益的官僚地主形成政治上的新兴力量——商业资本家和代表内地农业封建地主利益的保守派形成两个敌对的派别，进行拼死的斗争，而且这种斗争还直接影响到政府的对外政策，这种情况则是以前所从来没有过的。这是由于国内市场的扩大，商业资本的发展，他们在政府里的代表，代表沿海通商派地主和一部分人民的利益，提出坚决的要求，和进行顽强的斗争。从这个斗争的实例说明了商业地主的代表出现于政治舞台上的历史意义。

四、内地官僚地主也进行商业活动和经营手工业工场

不仅沿海官僚地主，甚至内地某些官僚地主也在进行商业活动和经营手工业工场。

著名的正德皇帝开设许多皇店，这是十六世纪初期的事情。嘉靖时贵族如郭勋（翊国公）（印行过《三国演义》）在京城开设店舍多至千余区；外戚周瑛于河西务设肆邀商贾，周寿出使多挟商艘。例子很多。

在地方上，原来明朝制度规定四品以上官员禁止做买卖，与民争利，但这一条始终行不通。事实上是官愈大，做买卖愈多愈大。例如苏州黄省曾《吴风录》中说："自刘氏毛氏创起利端，为鼓铸囤房，王氏债典，而大村名镇，必张开百货之肆，以榷管其利，而村镇之负担者俱困，由是累金百万，至今吴中缙绅士夫，多以货殖为急。若京师官店六郭开行，债典兴贩盐酤，其术倍克于齐民。"由此可见一斑。

过去官僚固然也有从事商业活动的，但在明初以武官居多，到

明朝中叶，这种情况改变了，文官也经商了，并且还开设手工业工场。于慎行的《榖山笔麈》记载吴中退休官僚乃至在朝者都经营工商业。华亭徐阶做宰相时，家中“多蓄织妇，岁计所织，与市为贾”。

十六世纪中期的这种现象，也是过去所没有过的。过去的官僚认为做买卖有失身份，社会上看不起商人。十六世纪以后，这种看法改变了，不止武官，连皇帝、贵族、大官僚都抢着做买卖了。商人的社会地位改变了。

五、当时人对于这个时期社会情况变化的总结

上面所指出的这种变化，明朝人自己看得很清楚，有不少人就各方面变化的情况作出他自己的总结：

首先，从风俗方面说，明朝人认为嘉靖前后是两个显著不同的时代。顾起元《客座赘语》中证述南京风俗在正德嘉靖前后的变化：妇女服装由朴素而华丽，宴会由菜四碗、六碗到菜八碗、十二碗甚至十六碗等等。山东《郓城县志》（崇祯七年刻本）说正德嘉靖前百姓老实，易于治理，其后生活竞尚奢侈，例如：“齐民而士人之服，士人而大夫之服，饮食器用及婚丧游宴，尽改旧意，贫者亦槌牛系鲜，合飨群祀，与富者斗豪华，至倒囊不计焉。里中无老少，辄习浮薄，见敦厚俭朴者窘且笑之。逐末营利，填溢衢巷，货杂水陆，淫巧姿异，而重侠少年复聚党招呼，动以百数，槌击健讼，武断雄行。胥棣之徒，亦以华侈相高，日用服食，拟于市宦。”《博平县志》说：“至正德、嘉靖间而古风渐渺。过去乡社村保中无酒肆，亦无游民。由嘉靖中叶以至于今，流风愈趋愈下，惯习骄吝，互尚荒佚，以欢宴放饮为豁达，以珍味艳色为盛礼。其流至于市井贩鬻厮棣走卒，亦多缨帽缃鞋，纱裙细袴，酒庐茶肆，异调新声，泊泊浸淫，靡焉不振。甚至娇声

充溢于乡曲，别号下延于乞丐，逐末游食，相率成风。”当时人好起别号，皇帝有，官僚有，在博平县甚至别号“下延于乞丐”。关于当时风俗的记载，我们还可以在范濂的《云间据目钞》、郎瑛的《七修类稿》、陶奭龄的《小柴桑喃喃录》和余永麟的《北窗琐语》、周玄玮的《泾林续记》中看到很多。

其次，在文化娱乐方面，沈德符的《野获编》卷二十五《时尚小令》中提到正德以前流行的歌曲主要是北曲，举曲牌名如琐南枝、傍妆台、山坡羊等；此后流行的则是耍孩儿、驻云飞、醉太平等；嘉靖后则流行闹五更、寄生草、罗江怨、哭皇天、乾荷叶、粉红莲、银纽丝等关于男女生活淫昵情态的歌曲。官僚贵族的园亭建筑，正德、嘉靖以后，南京园亭有一百多所，苏州有好几十所。盖花园、筑假山，一时成为风气。明代前期禁止官吏嫖妓女，正德、嘉靖后禁令成为虚文了。文人捧妓女成为风气，甚至选妓女为状元、探花。《儒林外史》所写的也就是当时风气的反映。戏剧方面，男戏之外，又有了女戏，南曲盛行，士大夫多蓄戏班，写剧本。后期盛行赌博，官吏、士人至以不会赌博打纸牌为耻。

再从政治方面来看，《明史·循吏传序》提到明初休养生息、吏治澄清者百余年，嘉靖、隆庆以后做官讲资格，吏治既以日偷，民生由之日蹙。私人记载如明末陈邦彦的《陈岩野先生集》卷一《中兴政要书·保民篇》第三称嘉靖、隆庆前，士大夫敦尚名节，游宦归来，问他赚得多少钱，他要生气；此后则自大吏以下做官等于做买卖，商较赚钱多寡，公开不讳。放官到富饶地区，群相酒宴庆贺。贪污少者，回家时人们都加以耻笑。念书为了做官，做官为了发财，成为当然的事。升官主要靠行贿，时称“送礼”。所谓送上黄米、白米若干担，即指送黄金、白银若干两。后来改称送书若干册，叫作“书帕”，送书时附上金银。因此，到地方做官上任先刻书，书刻得很烂、很粗糙，有很多书都是乱抄一气，没有什么道理的。

以上这些例子说明由于整个社会经济的变化，即手工业、农业、商业的发展，影响到了各个方面。大地主把一部分从土地剥削所得的银子投资于工商业，因之过去遭受鄙视的商人，地位也提高了。城市中的中产阶级也都逐末营利，经商成为风气了。商人的奢侈浪费的生活，造成社会上的繁荣现象。封建礼法和秩序开始受到冲击了。从而文学歌曲方面也出现了反映这种社会生活的作品。

六、货币经济的发展

在明代以前，白银已部分使用。元朝曾用钞，明初铸铜钱，社会上已习惯用钞，反而不习惯用铜钱，只好仍然用宝钞。不久由于钞币发行无限制，通货膨胀，钞价贬值，由一贯钞值银一两贬至只值一两个钱。钞法失败，铜钱又不便于大量和远地的交易，于是白银日渐流通于市场，社会对于白银的需要日趋迫切。

明初赋税收实物粮食。每年北运四百万石至北京，运费都由农民负担，运费数倍于粮食。每石粮食由浙江运到南京，运费二三石，由北京至北边边境运费三四石。至英宗时有些地方税收开始改折"金花银"，四石粮食折交一两银子，所收银两用作赏赐戍边官兵费用。这样在实际上大大节省了一笔运费，对地主和人民大有好处。

由于国内市场扩大和税收折银的结果，银两不敷使用。出现了采银高潮，政府征发许多人夫，到处开银矿，苛征勒索，引起各地农民的反抗。

通过对外贸易的出超，大量白银输入了。西班牙人从墨西哥运白银至吕宋，由吕宋转运中国，换取丝织品和瓷器。到后期墨西哥银圆也大量流入中国。

经过长时期的采银和对外贸易的收入，到万历初年，将田赋改为一条鞭法：赋役合一。大部分地区赋税和徭役改折银两。

由于手工业和商业的发展、商品流通的客观需要，远距离的大量的交易需要共同的货币做媒介，白银普遍地应用起来了。这种情况，也是过去没有发生过的。

七、文学作品的反映

唐宋传奇小说的主角主要是官僚、士大夫、文人等等，写市井人物的很少。到明代中叶以后出现了以市井人物为主人翁的作品。例如白蛇的故事，在《西湖三塔记》(《清平山堂话本》)中的三怪是：乌鸡、水獭、白蛇，男主角是将门之后——奚宣赞(岳飞手下将官奚统制之子)；而《洛阳三怪记》(《清平山堂话本》)中的三怪是：赤斑蛇、白猫精、白鸡精，男主角却是开金银铺的老板——潘松了。流传到现在的《白蛇传》，只剩下二怪，白蛇和青蛇，男主角则是开生药铺的许仙。故事的主角从将门之后的奚宣赞转换为开金银铺的老板，到开生药铺的许仙，这一变化是值得我们注意的。

又如《金瓶梅》，是万历二十二年以后的作品，写嘉靖、万历年间的事。主角西门庆也是开生药铺的。与西门庆来往的篾片、清客都是官僚地主的后人，原来地位比西门庆为高，后来没落了，成为西门庆的门客。“三言”“两拍”中，如《卖油郎独占花魁》《倒运汉巧遇洞庭红》等，也都是当时社会现实在文艺作品中的具体反映。研究资本主义萌芽，还必须从文学作品中发掘这一类的材料。

总的说来，上述这些问题，是明代以前所没有发生过或者发生过而不很显著的。当时人也明显地感觉到正德、嘉靖前后所发生的这种重大变化。关于这一类材料，在研究中国资本主义的萌芽时，是应该考虑到的。要解决这个问题，还需要组织更多的人力进行艰苦的劳动，搜集和整理出更丰富的材料，进行认真严肃的研究，才有可能得到正确的结论。

以上的意见不很成熟，只供参考。

1955 年 12 月 6 日

论赤壁之战里的鲁肃

最近上演的新编京剧《赤壁之战》，替鲁肃翻了案，很好。

公元208年冬天的赤壁之战，是历史上有名的一次大会战。这一仗由于孙权、刘备两家联盟，把曹操打败，定下魏、蜀、吴三国三分鼎峙之局。直到公元280年，西晋平吴，中国才又重新统一。这七十二年的分裂局面是和赤壁之战直接有关的，这一仗之所以特别受到人们重视，道理也就在这里。

诗人歌咏："东风不与周郎便，铜雀春深锁二乔。"词人怀古："大江东去，浪淘尽，千古风流人物。"小说家描写这一战役，《三国演义》一共一百二十回，赤壁之战就占了八回。戏剧家把它写成《群英会》，搬上舞台，成为三国戏中最受欢迎的剧目之一。通过小说和戏文，曹操、刘备、孙权、诸葛亮、鲁肃、周瑜、蒋干这些历史人物，便有血有肉地保留在广大观众的记忆中，成为人们祖国历史知识的组成部分，教育意义是很大的。

《群英会》的内容根据《三国演义》，《三国演义》基本上取材于陈寿的《三国志》，大体上是符合历史事实的。但是，旧戏也有缺点，第一是把孙、刘联盟的主谋和组织者鲁肃写成老实而无用的老好人，第二把大政治家的诸葛亮写成妖里妖气的老道，第三把言议英发、雅量高致的周瑜写得过于褊狭局促，第四把当时杰出的军事领袖曹操写得很容易上当受骗，糊涂得可笑。总之，在描画这些主要人物的性格方面，都不很恰当，不很符合历史实际的。虽然小说也罢，戏剧也罢，都不等于历史，可以容许有虚构、假想成分。但是，既然是历史小说、历史戏剧，取材比较符合历史实际而又能够增加政治意义和艺术气氛，怕毕竟要好一些吧。

新的《赤壁之战》首先替鲁肃翻了案。

鲁肃字子敬，是临淮东城（今安徽定远）的大地主，生下来的时候父亲就死了，由祖母抚养成人，年轻时就当家作主，这时正值汉末大乱，他散财结士，人缘很好。钱不够就“摽卖田地”，赈济穷人。由此可见他年轻时就是一个有主意的人。

周瑜做居巢（今安徽巢县）长，带几百人到东城拜访鲁肃，要求接济军粮，虽然鲁家的田地已经卖了不少，但还存着两囷米，一囷三千斛，鲁肃随便指着一囷送给周瑜，周瑜很惊异，从此两人成了好朋友。“指囷相赠”的故事很出名，这件事也表明了鲁肃不但有主意，而且是有决断的人。

袁术兵势强盛，请鲁肃做东城长。鲁肃看出袁术不成器，成不了事业。便携带老弱，率领百多个青年勇士南到居巢投奔周瑜。周瑜介绍鲁肃给孙权，鲁肃指出当时形势，一、汉室不可复兴；二、曹操力量壮大，消灭不了；三、只能鼎足江东，看形势发展作打算。孙权极为器重，送他母亲东西，安下家业，依然像过去一样富足。由此可以知道，他不跟袁术跟孙权，看出汉朝必然崩溃，曹操必然代汉的前途，不但有主意，有决断，而且是个有见识的政治家。

公元208年，荆州刘表死，虽然孙刘两家有世仇，鲁肃建议吊丧，观察形势。这时刘备失败，寄寓荆州。他以为如刘备能和刘表二子团结一致，便该和刘备结盟，共拒曹操，如情况相反，另作打算。还必须先走一步，免得被曹操走到前头。不料鲁肃才到夏口，曹操已向荆州，鲁肃连夜赶路，才到南郡，刘表子刘琮已经投降曹操，刘备正没办法，鲁肃乘机劝他和孙权联兵共同抵抗曹操。刘备很赞成，派诸葛亮作代表到孙权处商议军事，鲁肃的目的达到了。由此可见鲁肃在曹操取荆州之前，已经定计，和刘备结成军事联盟，并且还努力争取时间，和曹军赛跑，虽然没有能够阻止刘琮投降，却及时地争取了刘备，在战略上壮大了自己的力量，取得了主动。在赤壁战役中，他是一个决策的人物，是坚决主战派的首领。

鲁肃回来复命，曹操声言东下，来信恐吓，孙权的谋臣都主张投降，只有鲁肃反对。这时周瑜出使鄱阳，鲁肃劝孙权追还周瑜，拜为都督，鲁肃做赞军校尉（参谋长），大破曹操。

刘备要求都督荆州，鲁肃极力劝说孙权，指出力量对比：江东不如曹操；曹操初占荆州，还没有巩固；正好让刘备占领，安下家业。这样，曹操多一敌人，自己却多一盟军，最为上策。虽然，孙刘两家也有矛盾，但毕竟是次要的。这是在当时具体形势下，最有远见的策略；假如说，前一阶段鲁肃联刘拒曹是三国分立的第一步，那么，借荆州就是奠定三分之局的第二步。

分析汉末形势和鲁肃的阶级出身，可以看出江东群臣中，武臣主战的道理。

第一，在汉末农民大起义，到处都围攻地主庄园的军事斗争中，各地的大地主为了保全自己的家业性命，都组织了武装力量，散财结士，把中小地主和青壮年农民、佃客用军法勒为部曲，和起义军对抗。在军事力量对比发生变化支持不了的时候，就投奔更大的军事首领，求得庇护。三国曹操、刘备、孙坚父子等是当时最大的军事首领，他们的部将大都是带有部曲的地主武装首领。部曲的给养由赏赐的奉邑供应，一般的情况下是由子孙继承的。谋议之臣情况不同，带着家族门客，却不一定都有部曲。

鲁肃、周瑜、黄盖等武臣都是有部曲的地主武装首领。他们反抗农民起义，同样，也反对曹操的统一。因为统一的结果必然要损害他们在当地的经济和政治地位。相反，江东独立建国，他们不但可以保持原来的地位，还可以发展壮大。因之，他们的利益和孙权家族的利益是一致的。

鲁肃在孙权召集诸将会议时，和孙权单独谈话，“像我这样的人可以投降，你就不可以，因为我如降了，还可做下曹从事，累官可到州郡。你呢？到哪儿去？”好像是替孙权设想的，其实，这话也正是说他自己；很明显，不降，鲁肃这类人在江东是统治集团最上层的人物，降呢，只能做下曹从事这类小官，听任摆布了。

第二，为了保全以孙、刘为首的地主阶级统治集团的利益，当时的唯一出路是联盟抗曹。鲁肃、周瑜的看法一致，诸葛亮的看法也是如此。这种相同的看法，由于阶级利益的一致，也由于当时的斗争实际的教训。关于这一点，王夫之在《读通鉴论》中有很好的说明。他说：

> 在汉末群雄的斗争中，曹操挟天子，粉碎四面的敌人，成功的道理何在？
>
> 道理在群雄的自相诛灭，不能团结。
>
> 吕布反复，忽彼忽此，谁都恨他；袁术和袁绍分立；袁绍又和公孙瓒对立；袁谭、袁尚兄弟相残杀；韩遂和马超相疑；刘表虽通袁绍，却坐视袁绍之败而不救。这样，群雄自相诛灭，给曹操以胜利的机会。

结果，只剩下孙权、刘备两家了。这两家如再自寻干戈，前途就很清楚，不是内部崩溃就是为曹操所灭。

鲁肃和诸葛亮结交定计，合力抗曹，是和曹操争自身存亡，是当时情况下，唯一可能的出路。

论赤壁之战里的周瑜、诸葛亮、张昭

赤壁之战中，周瑜是个最出色的人物。

周瑜字公瑾，庐江舒（今安徽庐江）人，出身于官僚地主家庭，从祖景，景子忠都做汉朝太尉的大官，从父尚丹阳太守，父异做过洛阳令。

他从小就精通音乐，奏乐有阙误，他就回顾，当时歌唱他："曲有误，周郎顾。"

二十四岁就在孙策部下，做建威中郎将，领兵二千人，骑五十匹，青年美貌，吴中都叫他作周郎。

和孙策同年。孙坚起兵讨董卓，把家眷放在舒，周瑜和孙策友好，腾出一所大房子安顿，登堂拜母，孙策的母亲把他当儿子一样看待。随孙策攻皖，得乔公两女，都是国色，孙策娶了大乔，周瑜娶了小乔，两人又成了亲戚。诗人"铜雀春深锁二乔"是有根据的，只是时间略差一些，铜雀台成于公元 210 年，后于赤壁之战三年。

公元 200 年孙策死，周瑜将兵赴丧，以中护军和长史张昭共掌众事，此后他就成为江东武将的首领，孙权十分信任。

202 年曹操破袁绍，兵威日盛，写信给孙权，要求送子弟做质子，谋臣商议不决。周瑜以为一送质子，便受制于人，最多不过落个封侯，有十几个仆从、几辆车、几匹马的下场。才决定不送质子。

208 年，曹操入荆州，得水军船、步兵数十万。周瑜指出曹操冒险用兵四患：一、北土未平，马超、韩遂尚在关西，曹操后方受威胁；二、青徐步兵，不习水战；三、天气盛寒，马无藁草；四、北方士众不服水土，必生疫病。自请领精兵三万人，进驻夏口，击破曹操。

周瑜部将黄盖献计诈降火攻，曹操船舰相连，首尾相接，正好东南风急，黄盖放船同时发火，延烧岸上营房，烟炎涨天，曹军大败。

这一仗，曹操方面号称八十三万，孙权只有三万人，加上刘备、刘琦的部队也不过五万人左右，以少败众，以弱胜强，在军事史上写下光辉的一页。

当时人对周瑜的评论，刘备说他“文武筹略，万人之英”。蒋干称他“雅量高致，非言辞所能间”。程普以为“与周公瑾交，若饮醇醪，不觉自醉”。孙权痛悼他，以为“有王佐之资，雄烈胆略兼人，言议英发”。《三国志》说他“性度恢廓”，气量很大。

赤壁战后，周瑜领南郡太守，屯江陵，刘备领荆州，屯公安。刘备来见孙权，周瑜建议留下刘备，以为刘备枭雄，又有关羽、张飞熊虎之将，必不能久屈为人用，要用美人计，替他大造宫室，多其美女玩好，娱其耳目。分关、张各置一方，配备在周瑜等部下，挟以攻战，大事可定。如割以土地，三人都在一起，恐不可制。议论恰好和鲁肃相反。孙权采纳了鲁肃的政策，为曹操树敌，为自己结援，也怕刘备制服不了，没有听他的话。

由此可见，周瑜和鲁肃对联刘抗曹，在赤壁战前是完全一致的。在战后却有分歧，对联刘的政策鲁肃一贯坚持，周瑜却主张吞刘自大。这两派不同的主张，一直反映到以后吴蜀几十年的和战关系中，也反映到魏对吴、蜀二国的对外关系。

诸葛亮也是官僚地主家庭出身，父亲做过太山郡丞，从父是豫章太守。

刘备屯新野，三顾茅庐，问以大计，诸葛亮以为曹操拥百万之众，挟天子以令诸侯，不可与争锋。孙权据有江东，已历三代，国险民附，善用贤才，只可为援而不可能消灭他。只有荆、益可取。结好孙权，相机北伐，可成霸业。和鲁肃的见解，虽然时、地、对象不同，却完全吻合。

他奉命求救于孙权，用话激孙权拒曹，最后分析曹操兵势，第一曹操兵虽多，却远来疲敝；第二北方之人，不习水战；第三荆州人民附操，是慑于兵势，并非心服；第四刘备虽败，还有关羽水军精甲万人和江夏战士万人，有相当兵力。只要合力破操，便荆吴之势强，鼎足之形成矣。和周瑜的论调也大体相似。

正如鲁肃坚决主张吴蜀联盟一样，诸葛亮在蜀国，一直到他死，坚决贯彻联吴抗魏的方针，主张和吴国和好结援。

在赤壁之战的反面人物，鲁肃的对立面是张昭。这个人物是旧的，但在戏里却是新的，添得甚好。

张昭是彭城（今江苏徐州）人，会写隶书，治左氏春秋，博览众书，是个中原学者。汉末避难渡江，孙策任为长史抚军中郎将，文武之事，一以委昭。策死，以弟孙权托昭，仍任长史，极被尊重。

在赤壁之战中，他是个投降派。

《江表传》说他："孙权称帝，大会百官，归功周瑜。"张昭刚要说话，孙权拦住他，说："当时要是听张公的话，现在只好讨饭了。"

裴松之有不同的看法，认为张昭的主张从另一方面说，还是有道理的。他以为张昭原不主张鼎足三分，是主张统一的。由此看来，当时形势，对吴国的地主、官僚来说，分立有利，但对整个历史，对当时人民来说，曹操的统一，利益更大。另一面，吴蜀分立，对当时东南、西南的开发，也还是有利的。假使没有赤壁之战，孙权降曹，刘备孤军无援，统一的局面不要等到公元280年，对当时的人民来说，对生产的发展来说，应该是一件更大的好事。

我看，张昭在赤壁之战中虽然以对立面出现，加强了这个戏的气氛，但作为历史人物来说，裴松之的意见还是有些道理的。

最后，把赤壁之战中几个主要人物的年龄，排列一下，也很有趣味。

这一年：

孙权二十七岁

诸葛亮二十七岁

周瑜三十四岁

鲁肃三十七岁

曹操五十四岁

吴、蜀两方的统帅，以鲁肃的年龄为最大，周瑜次之，但都比曹操小。这一仗不但是劣势的军力打败优势的军力，被攻的军力打败了进攻的军力，哀兵打败了骄兵，并且还是青年打败了老将。

诈降和质子

赤壁之战里有两起诈降，一起是曹操教蔡中、蔡和诈降孙权，理由是因为兄长蔡瑁被杀。临行时曹操对他二人说："二位将军的宝眷现在荆州，必当妥为照应。"恰也正因为不带家眷，被黄盖识破是诈降。一起是黄盖诈降曹操，用苦肉计，周瑜当着蔡中、蔡和打了黄盖一顿，曹操果然相信了，吃了火攻的大亏。

投降要带家眷，曹操教人诈降也要扣留家眷，带兵官的家眷在封建社会里历来是被当作抵押品的。有个专门名词叫作"质"，和"质任"。

最早见于史书的例子是周郑交质，郑庄公做周平王的卿士，平王和虢公要好，郑庄公不高兴，发牢骚，平王再三解释还不行，只好交换儿子作抵押，周王子狐为质于郑，郑公子忽为质于周。一个是王，一个是诸侯，君臣两人闹别扭，只好用交换活的抵押品来解决。在当时是个大笑话。① 但是也说明了另外一种情况，那就是在敌国之间、小国大国之间、弱国强国之间或者是臣对君等等的片面的或相互的交纳抵押品的行为，是被认为合理合法的。

---

①《左传》鲁隐公三年。

三国时的例子很多，曹操为张绣所败后，对诸将说："我降了张绣，错在没有取他的'质'，弄到这个地步。吃了这个亏，长了一智，你们看着吧，从今以后，再也不吃败仗了。"①他学到的乖就是取人家的"质"，有了活人抵押作保证，就可以强迫人服从，不敢也不忍造反。辽东公孙渊的哥哥公孙晃在洛阳作质子，公孙渊起兵，晃就被杀。② 魏的制度，郡县分剧、中、平三等，中、平是内地，人民赋役就重一些，边地近敌的就列为剧，人民赋役轻一些，但是太守要送任子到邺作抵押。③ 吴、蜀两国也是如此。

晋初规定诸将以下部曲督都要送质任或任子。④

北宋初年规定，凡是做边地州郡官的，都要挂名兼任内地的州郡官，只许单身赴任，家眷留在内地任所。⑤

明太祖控制诸将很严密，下令："与我取城子的总兵官，妻子俱要在京住坐，不许搬取出外。"⑥

从这些例子可以看出，封建社会里的军事首领和帝王对他们的部将和边地守土官员之间，互相信任的基础是不存在的，保证一致的办法是把部将或边地官员的家眷作抵押品，以取得信任，叫作"委质于人"。曹操要孙权送质子就是这个意思。

人被当作抵押品，是死是活决定于家长的政治地位的变化，这是封建社会的特征之一。

---

①《三国志·魏志》卷一。
②《三国志·魏志》卷八，《公孙度传》。
③《三国志·魏志》卷八，《王观传》。
④《晋书》卷二、三、七。
⑤《宋史》卷二七五，《谭延美传》。
⑥ 刘辰：《国初事迹》。

孙权劝吕蒙学习的故事

《三国志·吕蒙传》引《江表传》，记孙权劝吕蒙学习的故事，很有教育意义。

吕蒙是吴国著名的大将，十五六岁时就跟着姊夫打仗，英勇善战，立了不少功劳，孙权用作平北都尉，建安十三年(208年)攻破黄祖以后，升为横野中郎将，这时他已经三十一岁了。他小的时候，因为北方战乱，跟着母亲逃避到江东。青年时代就从军，成年打仗，没有机会上学念书，虽然很能干，英勇机智，善于指挥，但是文化底子差，知识领域窄。他因职务关系要向孙权作报告，自己不会写，只能口讲大意，叫人家照着写。孙权很着重这位青年将军，对他和另一将领蒋钦说："你们现在都掌权管事了，要好好学习，求得进步。"吕蒙说："在军队里苦于事情多，怕不能有读书时间了。"孙权说："不对。我并不是要你们专搞什么经学，做博士。只是希望你们多翻翻书，知道过去的经验。你说事情多，比得了我吗？我年轻的时候，读了《诗》《书》《礼记》《左传》《国语》，只是没有读过《易经》。到管事以来，又读了三史和诸家兵书，自以为大有所益。你们两人都很聪明，只要肯学，就会学好。难道不应该学好吗？要赶紧读《孙子》《六韬》《左传》《国语》和三史。孔子说：'就是整天不吃饭、整夜不睡觉，光空想是没有好处的。不如好好学习。'汉光武帝在军事紧张的时候，还是没有放开书本。曹孟德也自己说老而好学。你们为什么不好好努力呀！"吕蒙听了他的话，才开始学习，又专心，又用功，进步很快。有些看法，连有学问的儒生也比不上。两年后，周瑜病死，鲁肃代周瑜领兵，经过吕蒙防地，鲁肃以为吕蒙只是斗将，有些看不起，和他畅谈以后，吕蒙提出许多战略性的建议，鲁肃大为惊异，拍拍他的背说："我以为大弟只有武略，这一次谈话，才知道你有学问，有识见，已经不是当年在吴下的阿蒙了！"吕蒙笑着说："人们三天不见面，便要刮目相看，隔了这些时候，怎么还能用老看法呢！"鲁肃就拜见了吕蒙的母亲，两人从此成为好朋友。

鲁肃死，吕蒙又代鲁肃领兵，和蜀将关羽对峙，定计取荆州。趁关羽攻樊，乘虚袭取南郡，擒杀关羽父子，平定荆州。建安二十四年(219年)病死，才四十二岁。

孙权表扬吕蒙、蒋钦说："人年纪大了还肯努力学习，有很大进步，像吕蒙、蒋钦这样，真是了不起。富贵了，荣显了，还能折节好学，喜欢读书，轻财尚义，行事值得人们学习，都是国士，真好真好！"吕蒙死后，孙权和陆逊评论当时人物时又谈到他："子明(吕蒙字)年轻时，我只以为他是做事不怕困难，果敢有胆的人。到了长大了，讲求学问，军事理论策略都提高了。可以次于公瑾(周瑜字)，只是言谈英发差一点罢了。至于用计取关羽，又比子敬(鲁肃字)强。"

孙权劝告学习的蒋钦，《吴志》卷十有传。

从孙权劝告吕蒙、蒋钦的话看来，第一，任何人都应该学习，工作忙是不成为理由的，孙权比吕蒙更忙，还有时间学习，以亲身的体验就容易说服人。第二，忙是事实，只要有决心，时间也就挤出来了。第三，学习要和工作结合，要结合实际，才能学得好。吕蒙和蒋钦都是带兵的将军，孙权劝他们学兵法，学历史，学军事理论，也要学军事历史，这样就会学得好、学得快。从吕蒙和蒋钦的学习成就看来，年纪大了也不成为不能学习的理由，吕蒙三十一岁才开始学习，蒋钦的情况也大体相同，两人都学得很好、很快，经过学习，都在事业上取得更大的成就。再从孙权对吕蒙、蒋钦的学习上的关心看来，有好的干部还得有好的领导，领导不但要关心干部的学习，还必须告诉干部以必须学习的道理、学习的经验、学习什么、不要学什么和必须学什么，也还需要及时的表扬和批评。

我说，吕蒙和蒋钦是工作忙、年纪大而学习好的榜样。孙权则是关心干部学习，劝告、督促、指导干部学习的好领导。

谈曹操

一、谈的意义

这些天来，一碰见人就谈曹操，大家兴致很高，甚至在会场上，会前，会后，中间休息的时候，谈的都是曹操。有的说他是好人，有的说是坏人，也有人说一半一半，一半好人，一半坏人。议论很多，文章也不少，人人各抒己见。正是春暖花开的时候，有了谈曹操这样一个好题目，学术界也在百花齐放了，春色满园关不住，好得很。

好人坏人的争论，不止是曹操，历史上许多人物都有。不止是大人，小孩子也有。小孩看戏，红脸白脸上场，故事没看懂，先问这是好人坏人，弄清楚了再决定喜欢哪一个。有些剧中人，凭脸谱可以信口回答，但是一问到曹操，就不是那么简单了

历史上著名人物很多，数不清，也记不清。有些人物尽管大，但是人们还是不熟悉。曹操可不一样，名气最大，从北宋一直到今天，数他的熟人多，从小孩到大人，从城市到乡村，只要听过故事看过戏的，谁都认得他那副大白花脸。风头最足，挨骂也最久。“说曹操，曹操就到”这句话，在哪儿都可以听到。

记载曹操事迹的书，主要是《三国志》，但是看的人不很多。自

从北宋的讲史，说三国故事，元明以来的《三国演义》，清朝后期的三国戏流行以后，曹操便成为妇孺皆知的人物了。印刷术和戏剧事业发展了，识字的人看小说，不识字的人看戏，通过这些，广大人民吸取了有关祖国发展的历史知识。文学家和艺术家们逐步地塑造成功现代舞台上的曹操脸谱，使得曹操这一名字在群众语言中有了特定的含义。

描写曹操的小说、戏剧，成功地影响了人民群众；人民群众的爱憎又反回来影响了小说、戏剧，这种不断的反复影响，曹操在人民群众中成为定型的人物，坏人的典型。说也奇怪，尽管坏，却并不讨人厌，人们喜欢看曹操的戏。

我们的祖先骂了曹操一千年，如今，我们却来翻案。

这个案不大好翻，因为曹操有悠久的深远的广大的群众基础，小说和戏文已经替他定了型，换一个脸孔，人家会不认得，戏也不好演。譬如《捉放曹》这出戏，曹操如改成须生出场，便只好和吕伯奢痛饮三杯，对唱一场，拱手而下，没有矛盾了，动不得武，杀不得人，还成什么《捉放曹》?

不好翻则不翻之，乱翻把好戏都翻乱了，要不得，我看，旧戏以不翻为好。况且，何必性急，曹操已经挨了一千年的骂，再多挨些年，看来也没有什么不可以。而且，还有一个办法，唱对台戏，与其改旧戏，何如写新戏，另起炉灶，新编说曹操好话的戏，新编我们这个时代的曹操戏，有何不可。

另一面，说不好翻，也好翻。我们需要一本好历史书，历史上有许多许多问题都需要翻案。应用新的观点，从历史事实本身，重新估价曹操在历史上的地位，肯定他在历史上的作用，研究曹操，研究三国时代的历史，发表些文章，写些书，逐渐改变人民群众对曹操的看法，不也就翻过来了？

再过些时候，舞台上的曹操也会跟着起变化，我相信会是这样的。

从曹操这个人物的重新评价开始，将会引起历史上其他人物的重新评价，从讨论曹操这个人物开始，将会引起人们对祖国历史的学习兴趣，那么，为什么不谈呢？

二、奸雄、能臣

最早对曹操评论的两个人，一个是桥玄，一个是许劭。桥玄称他为命世之才，能安天下。许劭说他是治世之能臣，乱世之奸雄。两人的说法不同，意思是一样的，总之，都很佩服他。

奸雄这一鉴定是许劭的创造，后来许多关于曹操的评论，大体和这一创造有关。

这两句话的意义，第一，治和乱是相对的，能臣和奸雄却指的是同一个人。第二，无论乱世治世指的都是曹操所处的时代。第三，曹操的人格有两面性，有能臣的一面，有奸雄的一面，也就是有好的一面，有坏的一面，有优点，也有缺点。

我基本上赞成他们的话，认为公道。问题只是一个奸字。

奸是对忠而说的。对谁奸、忠呢？从当时当地的人来说，对象是汉朝皇帝，是刘家。从当时当地汉朝的臣民说，对汉朝、对刘家不忠的是奸臣。但从整个历史，从此时此地的人来说，一非汉朝臣民，二非汉帝近属，硬派曹操奸臣帽子，为汉献帝呼冤，岂非没有道理之至。

但是，问题也不简单，尽管过了多少朝代，甚至到了今天，还是有人对曹操夺取刘家政权有意见，岂不可怪。

说怪，其实不怪，其中有个道理。

原来国家这一观念是近代才形成的，古代的人对国家的观念并不那样具体。比较具体的象征是皇帝，有了皇帝，也就有了政府了，有了法制了，也就会有统一的安定的局面。没有皇帝，没有政府，没有法制，天下就大乱了。因此，忠君爱国四个字总是连用的。要爱国就得忠君，不忠君也就是不爱国，皇帝没有了，也就失去了忠、爱的对象，也就失去了和平、统一、安定的秩序。至于皇帝是什么人，什么样子，那倒关系不大。重要的是要有一个统一的政府和法制。

从秦始皇统一以来，二世残暴，统治时间短，秦亡，没有听说有人要复秦的。但从汉朝起，情况不同了，刘家统治了几百年，维持了几百年和平、统一、安定的生活秩序。在这几百年中，在人民中建立了这样一个信念，要生活安定，就得统一，要统一就得要有皇帝，而且只有刘家的才算。王莽也做过皇帝，但是不行，搞得天下大乱。后来刘秀起来了，是刘家子孙，又维持了许多年代。东汉末年，政治腐烂得实在不像话，人民忍受不住，起来闹革命，黄巾大起义，被政府军队和地主武装残酷镇压，失败了，造成地主武装割据地方，连年混战的局面。到处是屯、坞、堡、壁，这一州，那一郡，这一个军事集团，那一个军事集团，打来打去，百姓流离，饿死道路，妻离子散，田畴荒芜，人民吃够了苦头，普遍的要求是统一、安定、和平的生活。在这种情况下，汉朝皇帝这一象征成为人民向心的力量。忠于皇帝也就是爱国。

曹操掌握了汉献帝这一工具，组织了强而有力的政府，颁布限制豪强的法令，也就适应了广大人民要求统一和平的愿望，符合了时代要求。当时的中原豪族，衣冠子弟，中小地主都被吸引在曹操周围，挟天子以令诸侯，造成了瓦解敌人的军事优势，壮大了力量，巩固了统治。同时,通过这一工具的利用,也继承了汉朝的政治遗产,利用了汉朝的政治机构和人才,逐步建立安定的秩序,颁布法律,发展生产,得到人民的护拥。

同样,江东孙权这一家,虽然割据江东,却还用汉朝官号,用这块招牌办事。四川的刘备更是自称汉朝子孙,用这牌号来骂曹操是国贼。直到曹丕称帝以后,这两家才先后称帝。

以后历史上,唐朝亡了,少数民族的李存勖还称唐,宋亡后几十年,韩林儿起义还冒称是宋徽宗子孙,明亡了,鲁王、桂王还在沿海和西南地区继续抵抗,并且都取得人民支持,道理就是这样。

要说曹操挟汉帝就是奸臣,那么,反过来,曹操不挟,汉朝早完了。曹操用上这块招牌,从公元196年到220年,汉朝多延续了二十五年。要是曹操不挟,如他自己所说的,正不知有几人称帝,几人称王,中原地区的分裂割据局面延长了,对人民有什么好处?

正因为人心思汉,汉家这块牌号还可以继续利用,曹操一生不称帝,周文王是他的榜样。到曹丕继位,经过曹操二十多年的经营,内部巩固了,另一面,吴、蜀一时也打不下来,才摘了旧招牌,另起牌号。

总之,曹操这顶奸雄帽子,是扣死在和汉献帝的关系上面的。过去九百多年都骂他做奸臣,是由于过去的封建体制、封建道德所起的作用。今天,评价曹操,应该从他对当时人民所起的作用来算账,是推动时代进步呢,还是相反?

我以为奸雄的奸字,这个帽子是可以摘掉的。这个案是可以翻的。

至于曹操镇压黄巾起义的问题,也有不同的意见。镇压、屠杀黄巾是坏事,是罪恶。但是,也应该分别来看,第一,不能以曹操曾经镇压黄巾就否定他在这一时代所曾起的作用。第二，曹操的对手刘备和孙家父子都是镇压黄巾起家的。人们骂曹操，却同情刘备，称孙家父子是英雄，同样的凶手，袒刘、孙而单骂曹操，这是不公道的。

除此以外，曹操还犯了不少罪，一是攻伐徐州，坑杀男女数万口于泗水、屠虑、睢陵、夏丘诸县；二是官渡之战，坑杀袁绍降卒八万人；三是以私怨杀崔琰、华佗等人。

至于《捉放曹》杀吕伯奢全家这一件恶名昭著的坏事，倒应该有所分析。据《三国志》注有三说。一是《世语》，说吕伯奢不在，五个儿子在家招待，曹操疑心他们谋害，夜杀一家八人逃走。一是孙盛《杂记》，说是曹操听见吕家吃饭家具响声，以为要暗害他，就杀人逃走。还自言自语说："宁我负人，无人负我。"《捉放曹》是综合这两说编成戏的。其实孙盛的话就有漏洞，人都杀光了，自言自语的两句话是谁听见的？第三说是《魏书》，说吕伯奢的儿子和宾客抢劫曹操的马匹衣物，被曹操杀了几个人。这一说对曹操最有利，但偏偏不用。从历史事实说，裴松之是很小心的，把《魏书》的说法引在第一，三说平列，不加论断。从时代先后说，孙盛是晋朝人，他记的史事一定就比《魏书》正确，也是值得怀疑的。

三、统一的努力

从秦到汉末，四百多年时间，全国的经济中心是中原地区。不论是农业生产、水利、蚕桑、冶铁等等方面，都占全国较大的比重。由于经济的发展，文化水平也相应地提高，讲经学的、文学的、艺术的人才荟萃，汉末的郑玄、卢植、蔡邕、管宁、邴原等人都是门徒千百数，他们所住的地方，都成为一时的学术中心。政治中心如洛阳、长安、邺、许都在北方，集中了全国各方面的人才。

东汉后期的政治局面，是以皇帝为中心的统治阶级内部的两个集团的互相倾轧。一个集团是宦官领导的，有些寒门的地主阶级分子在他们的周围，极盛时连名门的人也钻进去了。另一个是地方豪族、名门和太学生，名望高，人数众多，却没有军事实力。曹操、袁绍、袁术等人都参加了后一集团。袁绍、袁术家世显贵，是名门豪族，号召力量很大，曹操的家世虽然有人做官，却因为出自宦官，算不得名门，有点寒伧，抬不起头。名门豪族有政治威望，有的要自立门户，有的勉强敷衍，不肯和他合作。以此，曹操有了军事实力以后，便有意识地打击当时的名门豪族，扶植培养寒门子弟和中小地主，作为他依靠的力量。

曹操的军事力量，主要的是他自己的部曲。公元189年他东归到陈留，散家财，合义兵，陈留孝廉卫兹也以家资帮助，有兵五千人。其中夏侯惇、夏侯渊、曹仁、曹洪等名将都是他的亲戚、子弟。其次是各地地主的部曲，如李典从父乾合宾客数千家在乘氏，吕虔将家兵守湖陆，许褚聚少年及宗族数千家坚壁，这些地主都是和黄巾作战的，打不过就投奔到武装力量较大的曹操这边来。部曲战时从征，平时的给养得自己想办法，不归郡县管辖，称为兵家。另一支较大的兵力叫青州军，是把黄巾军改编的。跟他打了二十多年仗，220年曹操死，青州军惊惶失措，以为天下又要大乱了，打起鼓来就向东开发，回到老家去，差一点出乱子。

总之，曹操的军事力量是以部曲为主组成的，部曲首领都是地主，数量最大的是中小地主。

吴、蜀的情况也是一样。

吴、蜀地区和中原相比，是比较后开发的地区。从汉武帝以后，这两个地区的经济情况在逐步上升。黄巾起义以来，中原残破，中原人士成批地流亡到南边来，人力的增加和生产技术、文化、学术的传播都促进了这两个地区的发展。东吴开发山越地区，政令直达交州，有海口，发展对外贸易；刘蜀安定后方，取得少数民族支持，屯田前线，进可以攻，退可以守。在经济上文化上都有了很大的进步，可以站得住脚了。

这样，曹操统一的努力，就遭遇到极大的阻力。打了三十年仗，只能够完成部分的统一事业。

中原地区的农民是渴望统一的，不但是为了安定的秩序和正常的生产，也为的是不打仗了，可以不服兵役，可以减轻军事供应负担。上层的文官谋士是要求统一的，不但统一的观念深入人心，对他们来说，统一也只会带来好处。部曲主是坚决主张统一的，统一了会更壮大自己的队伍，提高地位，有利于部曲的给养。农民、豪族、官僚、武将虽然彼此间的利害不同，但是对于统一的要求是一致的。

吴、蜀的情况正好相反，换了一个新主人，当地的农民已经有了比较安定的生产环境了。部曲主则坚决反对统一，因为统一的结果将使他们丧失部曲和分地，将使他们送家小到曹操那儿作抵押，离开故乡故土。吴、蜀的统治者也是一样，失去统治地位，听人安排。只有一部分从中原来的文士官僚们，他们在哪儿都做官，投降了还可升官封侯，因之，他们是主张投降的，但数量很少，形成不了一种强大的力量。

曹操努力统一全国的事业，虽然得到中原地区人民的支持，但是，面对着吴、蜀的坚决抵抗，终于不能成功。

尽管曹操不能及身完成全国统一事业，但是，他毕竟在他所统一的地区做了不少好事，不但安定了秩序，也促进了生产，繁荣了文化，推动了时代进步。

和袁绍相比，袁绍是代表大地主阶级利益的，曹操正好相反。袁绍宠信审配、逢纪等人，这些有权势的人拼命搜括，邺破时，这些家都被抄家了，家财货物都以万数。曹操指责袁绍："袁氏之治也，使豪强擅恣，亲戚兼并，下民贫弱，代出租赋，衒鬻家财，不足应命。"他制定制裁豪强兼并之法，并规定收田租亩四升，户出绢二匹、棉二斤。其他的不许擅兴发，责成郡国守相检察。百姓很高兴。

曹操安定冀州的例子，说明了他在中原地区的基本措施。当时农民从大地主的兼并下解放出来，有了定额的租赋，无论如何，比之过去代出大地主租赋，郡国守相要什么就得供应什么的情况，是不同了，这对于当时的生产力的发展，无疑是起了很大作用的。

除在政治上抑豪强之外，他还进行了许多增产措施，如屯田，如推广稻田，改进工具等等。

从公元196年开始，曹操大兴屯田。募民许下耕种，得谷百万斛，以后逐步推广到沛、扬州、淮南、芍陂等地；郡国创制田官，有典农中郎将、典农都尉等，专职领导，自成系统。"五年中仓廪丰实，百姓竞劝乐业。"明帝时人追说屯田之利说："建安中仓廪充实，百姓殷足。"屯田的成绩不但供应了前线的军食，还增加了生产，减轻了农民的负担，节省了农民远道运输的劳力。百姓比以前富足了。

和屯田并举的是推广稻田。如郑浑在下蔡，课民耕桑，兼开稻田，又于阳平、沛二郡兴陂堨，开稻田，功成后亩岁增租八倍。刘馥在扬州，治芍陂及茹陂、七门、吴塘诸堨，以溉稻田。刘靖在河北，修戾陵渠大堨，灌蓟南北，种稻田，边民蒙利。后来皇甫隆在敦煌，教农民用水灌溉，做耧犁，省了一半劳力，增加了一半收成。

生产工具的改进，如监冶谒者韩暨改马排为水排，省马排用马百匹，利益三倍于前等等。

这些措施都是对人民有利的。

在这基础上，公元202年，曹操下令兴建学校，县满五百户，置校官，也正是在这基础上，他奖励文学艺术的创作，招集文士。他自己手不释书，白天讲武，晚上研读经传，登高必赋，制造新诗，被之弦管。建安文学的形成，他是有诱掖奖进的功劳的。

在政治上，他也采取抑豪强的方针，东汉两个最大的家族，袁杨两家，都是四世做公的。袁家兄弟破灭，杨家杨修有才，又是袁家外甥。孔融是孔子之后，也有重名，都借细故把他们杀了。相反，不是名门大族出身的广陵陈琳为袁绍作檄文痛骂曹操，连祖宗八代都臭骂一通。后来陈琳投降，曹操对他说："你替袁本初骂人，骂我也就可以了，恶恶止其身，怎么连祖宗八代都骂起来呢？"陈琳谢罪，也就算了。还重用他，军国书檄，多出陈琳手笔。

用人只挑才干，不问门族品德，他有意识地反抗汉末说空话的风气，几次下令求贤，提到不管什么生活不检点的，即使偷窃、盗嫂的都可以用。如满宠出身郡督邮，张辽、仓慈、徐晃、庞真、张既都出身郡吏，都做到大官。汉末三公充位，政归台阁，秘书（中书）监、令掌管机密，最为亲重。刘放、孙资都不是名门大族，用为监、令，曹操极为信任。

曹操有意识地打击豪门，用人唯才，不管家世，用有才干的人管机密，做郡国守相，加强了统治机构的力量，也有效地贯彻了他的治国方针，发展了生产，巩固了统治。从政治制度上说，曹魏的秘书（中书）监、令，一直继续沿用到元朝。明清两朝也还受到影响。

曹操这个人的才能是多方面的，他是当时最伟大的军事家，第一流的政治家，第一流的诗人，此外，他还是艺术家，写一笔好草字，懂音乐，有很高的文化水平。刘备、孙权都远不如他。

他对当时人民有很大功绩，他推动了历史进步，在历史上占有重要地位。

他也犯了不少罪过，这些罪过排列起来一条条都很大。但就曹操整个事业来说，却是功大于过。

曹操是个当时杰出的大人物，有功劳，也有罪过，绝不是十全十美的完人。十全十美的完人，在历史上是没有的。

我的意见是曹操这个历史人物，在历史地位上应当肯定，应当在历史书和历史博物馆中占有相当的地位。但是，历史人物的讨论不应该和艺术作品中的人物完全等同起来，旧戏中的曹操戏照样可以演。某些已经定型的曹操戏最好不改，而且，与其改也，毋宁新编，历史题材多得很，何必专从改旧戏打主意呢？

1959年3月13日

从曹操问题的讨论谈历史人物评价问题

——在北京教师进修学院对中学历史教师的讲话

最近,《光明日报》《人民日报》发表了有关讨论曹操的文章以后,国内各大城市的高等学校和科学研究机关都对曹操展开了讨论。牵涉及的问题很广泛,归纳起来有:曹操对统一的作用问题;曹操镇压黄巾农民起义问题;民族英雄问题;屯田问题;曹操个人的品德问题;对历史人物的评价问题;等等。

既然问题提出来了,各个方面的人对上述问题发表意见,展开讨论,这是非常可喜的事情。在这以前还没有一个学术问题像“曹操”这样被讨论过,这真是学术上百花齐放、百家争鸣!各种不同意见的人,通过这次论争,研究了史料,学习了理论,不明确的问题逐渐明确了,有些不了解的问题了解了,过去的一些错误看法纠正了,看问题的立场、观点、方法更端正了。因此,这次讨论不仅是学术讨论,而且是一个思想方法、立场、观点问题的学习和提高。而且,通过这次讨论还养成了良好的争辩的习惯和风气。这次讨论是一个好的开头,以后大家都习惯了,对历史上学术上其他问题也就可以进一步开展研究了。现存的史书是旧史家根据旧观点写出来的,今天需要掌握可靠的史料运用新的观点写出人民所需要的历史。从这一点来说，讨论就更有意义了。历史上有些人物的作用比曹操可能还大，但曹操有群众基础，青年以上的人都熟悉《三国演义》，许多人都通过戏剧和小说熟悉曹操。戏台上只要这个大白花脸一出场，谁都认识他。自北宋起，一千年来，许多小说家、戏剧家、说唱家连续地把曹操塑造成一个定型的人物，给人们很深刻的印象；通过它给了人们一部分历史知识。正因为如此，我们首先就研究曹操。

首先，我们研究曹操的大白花脸是谁给他塑造的。有人说北宋时，小孩听三国戏，听到曹操失败很高兴，刘备打败仗就不高兴。因此说曹操的大白花脸是人民给的。有人说是统治者给的。我以为两种说法都是片面的。因为在北宋以前，没有很多人说过曹操的坏话，例如唐太宗就把曹操看成是一个了不起的人。大约在十世纪以后，曹操的评价改变了，被说成一个反面人物。这说明是随着时代的转变人们对曹操的评价才有了转变的。从宋以来，对魏、蜀谁是正统问题发生了争论。历史上，隋、唐继自魏、晋，承认魏是正统。但宋朝情况改变了，北宋的北方有辽，南宋和金南北对立。如以魏作正统，北边的辽、金就成为正统，宋便不是正统了。特别南宋和蜀汉的处境相似，以此朱熹便帝蜀寇魏，以刘备为正统。到元代这种争论更加激烈，元人要自命正统，又反过来帝魏寇蜀，但民间广大人民和爱国知识分子，不甘心于民族压迫，又通过小说戏曲，帝蜀寇魏，说刘备的好话而大骂曹操。这中间由于封建的正统观念和复杂的民族关系，由于时代的变换，对曹操的评价也就不能不发生影响。现在我们的历史教学也不能不受这一影响，如讲通史，辽金的历史占地位很少，便是例子。写小说、戏剧的人也不能不受正统思想的影响。通过小说戏剧也影响了人民大众。小说、戏剧写得越好，人民大众就越容易接受。这种情况也反过来影响了对曹操的评价。总之，对曹操的评价，统治阶级的看法和人民大众的爱憎是互为影响的。现在我们这一时代的人，应该根据我们的立场、看法有充分的条件根据新的观点来重新评价曹操了。

曹操是怎样的人？他是多方面的人、复杂的人。他是大军事家，打了几十年仗，当时孙权就很佩服他，说他用兵如神。又是大文学家，他的诗很好很动人。他喜爱文学和文学家，建安文学在中国历史上有着光辉的地位。当然不能说有了他才有建安文学的繁荣，但是他是起过积极的推进的作用的。他是个政治活动家，从反对董卓，到挟天子以令诸侯、打击豪门贵族，做了许多对人民有利的事。他是当时杰出的政治家。他喜欢音乐，善草书，是个艺术家。又喜欢打猎，有武艺，是一个好运动员。他的儿子、孙子都有点像他，爱好音乐，喜欢文学和打猎。他们一家人的兴趣是很广泛的。

研究曹操的人，因为他的方面多，成就大，缺点也多，从各个不同角度去了解，因此，各人的看法不一致是很自然的。要研究讨论曹操，首先要去掉正统观点。旧史家不能不用正统观点对待曹操，把曹操看成是乱臣贼子，他挟持皇帝，废掉皇后，在旧时代是了不起的坏事。旧史家不这么说是不可想象的。但是，在我们这个时代，虽然正统观点被我们的革命革掉了，但在某些人思想中，却依然把曹操看成坏蛋，认为他欺侮皇帝，废除皇后，把刘家糟蹋得不成样子，为汉献帝喊冤，这倒是值得奇怪的。看来汉献帝本身是一个无能的人，他做不了什么坏事，但是他也没有做过什么好事，除了作为皇帝的符号画“诏书”外，似乎什么事也没有做过。他的地位，是靠曹操的军力支持的，除了他是刘家子孙这一点以外，别无长处，曹操欺侮他一家子，正如曹操欺侮别的家族一样，有什么值得大惊小怪呢？以此作为曹操的主要罪状，显然是中了正统观念的毒。相反，我们评价一个人要看他对大多数人做了什么好事或坏事。我们要从当时那个时代、那个时代的人民的感受来估价曹操，而不能用今天的时代、今天的标准来估价他。如用今天的尺度来衡量曹操，曹操是一定不及格的，势必非把曹操完全否定不可，因此，有好些文章把曹操完全否定，说得一无是处，这是和当时的历史实际不符合的。

还有另一种情况，把曹操的时代往后拉了，把他说成完整无缺的英雄，说他不仅是民族英雄，而且在其他方面也是完整无缺的。另外也有些人把舞台上的曹操和历史上的曹操合起来谈，想用历史上的曹操来纠正舞台上的曹操。这样一来，历史戏就会被改得没有了。有了历史，但是没有了历史戏。我认为历史与历史戏有联系，但又应当有区别；历史要符合当时客观实际，不应当有虚构成分；但历史戏则可以有虚构，有夸张，虽然它不能完全脱离历史实际。把二者互相混淆起来也是不恰当的。

曹操在历史上是有功劳的，他统一了当时部分地区。他打了几十年仗，打败了袁绍、公孙瓒、马腾，合并了许多小地主武装，打败了乌桓。但是他在208年为了统一东南地区而进行的战争，却在赤壁之战中失败了。后来，他几次想统一东南都没有成功。因此，他只统一了局部地区。统一是好事还是坏事？当时全国大分裂，北方许多军阀集团互相攻战，形成大混战局面。这个局面造成白骨盈野，人民流散，田园荒芜，人民不能安居乐业、进行生产，阻碍生产发展。河北的袁绍政权是建立在大地主的基础上，是为大地主阶级服务的。大地主胡作非为，农民为他们耕土地，并被迫替大地主缴纳很重的租税，生活十分痛苦。曹操平冀州后，和袁绍的做法相反，他抑制豪强，给人民规定一定的赋税，除此以外，地方官不许多征。这就和袁绍压迫人民为大地主出租赋，徭役税收是无限制的情况有所不同，这样做，对当时人民是有好处的。有人说曹操统治区人民的负担很重。不错，是很重，但是要有一个比较，应该说他比袁绍时期轻得多了。统一以后，他兴办学校，让青年能上学。他兴修水利，在北京附近就有他兴修的水利。他防御外族入侵，对人民起了保卫和安定作用。统一对人民来说是有利的，有好处的。不但如此，从整个历史发展来看，曹操的局部统一，为后来晋的统一打下基础，我们现在祖国的大统一局面，如果没有我们祖先的辛勤努力也是不可想象的。也有人认为统一是不好的。他们说如东汉桓帝、灵帝时代，造成人吃人的惨剧。但是看问题恐怕不能这样去看。如果统一时期一切都很好，农民就不用起来斗争了，也就没有阶级斗争了，封建社会也就不用推翻了。应该说统一本身是好事，但我们不能把统一时期的某些坏事算在统一的账上。统一时期的某些坏事主要是封建时代的特点决定的，是阶级压迫的必然结果，并不是由于统一造成了这些坏事。难道统一不如分裂好？而且看问题应当有一个比较，三个小统一的局面总比大的分裂好，从许多军事首领的割据到形成三国分裂局面也肯定不会比全国统一的局面好。

关于农民战争问题，是争论最多的。曹操是镇压黄巾起家的，他打败黄巾，收编为青州军。有人说他镇压农民起义，因此他是坏人；另一种说法是曹操虽然镇压了黄巾，却继承了黄巾，把黄巾组织化了。这两种看法都不全面，值得商榷。曹操镇压黄巾是事实，是坏事，不能为他粉饰。那么，是不是他一件好事都没做呢？好事是好事，坏事是坏事，都不能抹煞。是不是可以将功折罪呢？也不可以。曹操做了许多好事，而且好事比坏事多。因此，他应当是一个被肯定的人物。现在，关于黄巾起义的史料很缺乏，历史上不过记载了当时人民生活很苦，有张家三个兄弟，还有个姓马的组织起义，后来秘密被泄露了，所以提前起义。他们的口号只有“苍天已死，黄天当立”。现存史料没有告诉我们黄巾其他的纲领、方针和口号。我们不好说曹操继承了黄巾。他继承了什么呢？我们不知道。而且问题也在这里，黄巾是要推翻东汉封建统治的，曹操却并没有要推翻；相反，他是维护东汉封建统治政权的。说曹操的封建政权继承了黄巾起义，这样说是不符合当时历史实际的。这里涉及阶级斗争的问题，曹操的政权虽然压抑豪强，反对和削弱大地主的力量，但是他的政权还是建立在中小地主的基础上。无论如何，曹操的政权还是为地主阶级服务的，一个为地主阶级服务的政权说他是继承反对地主阶级统治的黄巾，这种性质不同的情况无论如何是不应该混淆在一起的。黄巾起义虽然失败，但农民战争对封建统治的压力，使后来的统治者不能不对当时的法制法令有所改革，这也无论如何不能说成是继承。但是应当看到历史上的农民起义不管规模大小，时间长短，都失败了。原因是他们那个时代不可能提出我们现在人所熟知的革命纲领，严密的组织纪律。我们不应该以现代人的意识强加于古代的农民战争。即使农民战争把旧的统治打垮了，也不可能建立另一形式的政权。当时农民看到的只是皇帝将军，他们胜利了，也只能称皇帝将军，学皇帝将军办事的方法办事，这是因为他们受到时代条件的限制，受到旧思想意识的束缚的缘故。假如因此而批判农民起义是乌合之众，不进步，诸如此类等等，那也是不符合历史客观实际的。

民族关系问题：曹操的时候，中国北部有乌桓，经常引起局部性的战争。各地方的军事集团首领为了维护自己的割据，曾依靠过乌桓的骑兵。如袁绍、公孙瓒等都这样做过。曹操打败袁绍等人后，为了统一北方，当然一定要打乌桓，结果是把乌桓平定了，巩固了北方边疆的国防。但是当时乌桓的力量并不是很强大的，它和前代匈奴、隋唐时代的突厥和后来的契丹女真都不能相比，它不可能吞并全中国或中国的北方，它只是不断在北方骚扰抢劫，给人民带来一些麻烦。曹操平定乌桓对人民有利，是做了一件好事。但是我们却不能把这件事夸大，说成曹操不打乌桓，中国就有了民族危机，因此就称曹操为民族英雄。其次，当时的具体情况是乌桓居住的地区没有内战，汉人民住的地区却是战乱频繁，北方边疆上有些人曾向乌桓那边迁移，希望能在乌桓那边获得安定的生活。但是我们却也不能因为有这样的事实就说当时的乌桓比汉人进步。

屯田问题：屯田是个军事措施，曹操要统一中国，对孙权作战，首要的问题是要解决军粮问题。因此曹操在淮南、河北、许下等地区采取屯田措施。屯田的好处是可以解决军粮问题，减少军运的困难，这是有具体记载可以根据的。同时，屯田也减轻人民的负担。有人认为屯田户的负担很重，把他们变成了农奴。其实，根据历史记载，我们知道屯田户的负担是对半分粮，使用官牛的也不过四六分。这样的负担在历史上比较起来是不算重的，如和北宋比，北宋时的官田也是对半分或四六分，基本上相似。也不能把曹操时的屯田户说成是农奴。有人认为汉朝的人民都是奴隶，曹操屯田，把奴隶变成了农奴，是前进了一步。有人认为屯田是改变了社会性质，这些说法牵涉社会性质问题，各人都可以有自己的看法，但是要得到大家一致的同意，那就是另一回事了。但无论如何屯田开垦了荒地，使粮食增产了，这总是一件好事。

曹操杀人的问题：曹操杀了不少人，著名的例子，一个是打徐州。他的父亲曾经过徐州，徐州牧陶谦派人护送，送的官吏杀掉了曹操的父亲，后来曹操攻徐州，杀掉了许多人，历史书上的记载是杀得鸡犬不留。另一例子是打袁绍。官渡之战后，曹操坑杀了袁绍的降卒八万人。其他如曹操杀了名医华佗，杀了杨修，都是人所共知的杀人事迹。杀人好不好？当然不好，但具体说就有着不同的情况。古时候打仗用刀枪弓箭，不杀掉对方的人打不了胜仗，因此在战争中总是要杀人的。但是在战争结束后的屠城行为则是另一回事。曹操的军法是“围而后降者，不赦”。这一点是无法为他辩护的。有人为了替曹操翻案，说曹操杀的人没有那么多。其实这不是数量多少问题，而是该不该杀的问题。不该杀的人即使杀几个也是罪恶。反之，另一种情况，例如杀孔融，后人的反感很大，杀杨修也是如此。其实曹操杀的是政敌，孔融、杨修都是名门大族，在当时很有威望，曹操自己是宦官之后，比不上孔、杨，为了打击名门大族，他把孔、杨杀了，这是政治斗争，以这些例子来责备曹操，立场站在当时名门大族这一面去了，这也是不对头的。应该把曹操杀人问题区别分析，有人想替曹操的杀人辩护，这是没有多大意思的。

根据上述几个问题的分析，我们应当说评价历史人物要本着实事求是的精神，要符合当时的历史实际，而不要凭自己的爱憎，美化古人或丑化古人。如果有人特别喜欢曹操，给曹操写一本书，写一个戏，书中写曹操是一个大好人，这我们自然不能反对，但这个曹操却只是某个人的曹操，不是大家所公认的曹操，不是历史上真正的曹操。反过来说也是如此。

拿曹操和他同时代的人比，他比孙权、刘备都要高明。他想统一，没有完全做到，只做到了部分的统一，但对历史的发展还是有其贡献的。曹操是第一流的军事家，他很会打仗，他研究过孙子兵法，并且发挥了它。曹操又是第一流的文学家，他对文学的发展起了推动作用，对文体的解放起了作用。他提倡新诗，建安文学是在他的统治地区形成的。有人说建安七子中的王粲早先不是曹操的人，在荆州时已写下很多诗了。但不管怎样他后来是到曹操那里去了，并且继续写诗，受到曹操的器重。曹操也是个第一流的政治家，是法家这一派的，他懂得用法贯彻他的政治方针；他善于用人，用人的原则是凡有本领的都要，不管其私生活如何，因此曹操手下的人多数都不是大族出身，都是很能干的人，这样也就加强了他的统治机构。他这种做法对东汉以来的名门大族政治、乡选里举的清议是极大的反抗，在政治上是极大的改革。在政府的组织方面，魏晋以来，"政归台阁"，曹操采用中书监，令管机密事务，这些机构里掌握实权的也不是出身于名门大族的人，这一制度对后来政治制度的发展也有着长远的影响。

曹操的罪过是不小的，镇压农民起义是一条，杀人也是一条；但是从全面来评价曹操，应当说他是功大于过，对历史是有过贡献的，算得上是个历史人物。他不是一个十全十美的人，但也不是一个万恶的人。

对于历史人物的评价，我们如果用今天的标准去衡量，那就不会有一个十全十美的人。那是因为今天的实际情况不同于历史上曾经存在的实际情况。应当把我们的今天和历史上的昨天前天有所区别，但是又应该把它联系起来，历史的发展不能切断，不这样看，就会把我们祖宗的脸完全给抹黑了。要看到今天我们的人民，我们的土地，都是历史上留下来的遗产，我们是我们祖宗的好子孙，不但继承了他们的事业，而且发展了，提高了，超过了他们。我们的事业是我们前人所不能想象的，我们对我们的时代、我们的事业感到自豪，也对我们的祖宗的成就、他们的英雄业绩感到自豪。我们对于历史人物应当还其本来面目，还其历史实际，学习他们的长处，吸取他们的经验，使历史为今人服务，古为今用。

有人提出这么一个问题：我们讲我们祖先的光辉事迹，是不是会掉入个人迷信的泥坑呢？我以为这也不必顾虑，因为根据历史客观实际表扬历史上的好人是好事情，并不是坏事情。现在有些研究历史的人怕提到个人，讲课编书时把个人讲得越少越好。其实把人从历史上去掉，历史也就讲不成了。真正对历史起过进步作用的，或对历史起过破坏作用的，我们都应当讲，因为去掉了对立面，阶级斗争的历史也就写不成了。

再有一个问题是打破王朝体系的问题。打破王朝体系好不好呢？很好。但是有人认为打破王朝体系就是把王朝和封建统治者都从历史上抹掉，这样做就不对了。我们应当感谢我们的祖先，给我们留下了最丰富的史料，封建时代有史官记载历史，这是个好的传统，世界上其他国家是很少有的。当然，旧的史料在立场观点方面是有问题的，我们应当以新的观点去分析批判。例如曹操的史料并不很多，主要的问题是个观点、立场问题。西藏问题发生后，我们大家对西藏就注意起来了。从史料里我们知道西藏是中国领土不可分割的一部分，因为有关西藏的史料全在我们这里。

毛主席告诉我们要学习历史，这话不仅是对历史工作者说的，而是对全国人民说的，因为历史是经验的总结，是阶级斗争和生产斗争经验的总结。我们不但要了解祖国的今天和明天，而且也要了解祖国的昨天和前天，从而了解整个历史的发展规律，掌握自己的前途，百倍信心地参加祖国的社会主义建设。

历史的真实与艺术的真实

——在中国戏剧家协会举办的《则天皇帝》越剧座谈会上的谈话

我谈三个问题:一、历史与历史戏剧的关系;二、武则天的历史地位;三、关于《则天皇帝》这出戏。

先谈第一个问题。在过去时代,历史与历史戏剧有时是有矛盾的,比如我最近研究有关海瑞的戏,就看到有一些戏把张居正描写为叛臣,一家子都要造反,这些戏的主题是和客观存在的史实不符合的。这种歪曲既不能说服人,也不能改变历史事实。但是说明了一个道理,那就是确有些人对张居正某些政策不满,因而造谣攻击、诽谤、歪曲,这是反映某一时期政治斗争的一种表现。张居正其实是明代有名的权相,既没有造反,而且还的确做了一些好事。至于潘仁美,则又是另一种情况。反映历史现实的戏剧,其中有一些是取材于历史事实的;有一些是根据民间传说来写的;而有一些却只是借用历史上知名的人物,夸张敷衍,成为戏剧。比如有关杨家将的戏,严格地说,很难说它们就是历史戏。因为除了杨业、杨延昭、杨文广是历史上确有其人以外,有关的许多故事都是虚构的。然而，仍然不失为好戏，因为这些戏表达了广大人民抵抗外来侵略的正义要求。潘仁美在戏中是一个坏人的典型，是杨家的对立面。历史上的潘美不是坏人，戏上的潘仁美却被写成人人痛恨的坏人。潘仁美不等于潘美，杨家将也不完全是历史戏。在这一点上，历史和戏剧是可以而且也应当区别开的。

但是，如果要严格地写历史戏，那就不能不受历史的约束。假如写的戏基本上和历史事实相反，那就不能叫历史戏了。同时，作家也有创造人物和故事的自由，一出戏，如果一五一十都照历史写，或者照编年顺序写，不去分别主要次要，不做某些突出的夸张、渲染，而是和历史事实一模一样，那就变成历史，不是戏了，缺乏浪漫气氛，也就没有味道了。历史家没有权这样说：历史戏必须全部按照历史事实写；但是剧作家也没有权这样说：写历史戏可以完全不受客观存在的历史事实的约束。我看历史戏剧与历史的关系，应该是既有联系又有区别。有联系，是描写历史的戏在大关节目上，应该基本符合于历史事实；有区别，是指戏剧家可以根据戏剧的需要，对题材做一些选择、改造，对情节做一些增减、渲染、夸张。写历史的人，不能用百分之百的真实去要求艺术（这样做，在历史家也是不可能的），但艺术所反映的历史基本事实总要和客观存在的史实大致不差。比如写武则天，同历史就要达到基本上的统一。历史上的好人应写成好人，坏人就要写成坏人，而不能好坏颠倒，是非不分。（当然，某些被封建史家所歪曲颠倒的人物，应该重新估价。）

在创作历史剧时，应该运用现实主义与浪漫主义相结合的方法，历史剧要求剧作家作现实主义的反映，反映人物的时代的真实，事件的真实，对人民进行爱国主义的历史教育；而艺术创作则须在现实主义的基础上，有夸张与创造，要运用浪漫主义的方法，要学习

《矛盾论》，分清主要与次要，集中一点，照顾全面，达到艺术上的美满境界，收到教育的最好效果。在过去，历史和历史戏在某些场合是确实存在矛盾的，而今天，矛盾是可以统一的，可以解决的。并且通过历史学家和艺术家的研究和讨论，历史戏将日益在人民群众中起越来越显著的教育作用。

第二，关于武则天的历史地位问题。武则天这个历史人物是丰富多彩的、复杂的，又是伟大的。肯定这个人物是对的，我完全赞成。但《则天皇帝》的结尾，把她写成是一个失败的人物，说她输了，这就不太合适。从历史上看，结论不能这样下。作者究竟是从武则天的个别事件上来看问题，还是从她在那个时代起了进步作用这个主要方面来看问题呢？我认为武则天是一个成功的人物，不是一个悲剧性的人物。在唐代的历史上，唐太宗打下基础，接着是武则天时代，以后就是开元全盛时代。武则天当权前后的五十年间，生产发展了，土地开发了，人口增加了，疆土开扩了，文化提高了，和许多外国也有了广泛的经济和文化交流。而且还应注意这样一件事实，即开元时代的主要政治家都是武则天时代所培养的。可以这样说，没有武则天时代长时期的巩固发展工作，开元的治世的局面是不可能出现的。当然，并不是说这一切都是武则天个人的功劳，但必须说她是起了促进作用的。因此，可以说，武则天是一个大政治家，是应该大加肯定的成功的人物，而不是失败的人物。

对武则天这样的历史人物进行评价，应该根据什么材料，是值得考虑的。比如在男女关系上对她攻击，究竟从什么时候开始，据我了解，这主要是唐以后才这么说的。说她杀了不少唐朝的皇家宗亲、元老重臣，这固然是事实；问题是她不杀这些人，这些人就要杀她，要记住这是一场封建统治阶级内部的激烈斗争，是个你死我活的斗争啊。但值得注意的是在她以后，唐朝人，包括她所杀的李家子孙在内，对她的评论，是好话多，坏话少，褒多于贬，在政治上几乎是一致肯定的，称她为则天大圣皇帝。历史上对武则天看法的改变，也和对曹操的看法差不多，是从宋——特别是从北宋末年以后开始的。人们首先从封建伦理关系上对武则天进行人身攻击、诬蔑，因此，要真正地认识武则天，如果根据宋以后的材料，那就上当了；应该根据当时的即唐代的史料来进行研究。

关于武则天的镇压反对派，范文澜同志在《中国通史简编》里对她有所批判，其目的是为了攻击国民党。过去我们写书，也常常为了同样的目的而"指桑骂槐"，我也这样做过，这是可以理解的。今天的情况不同了，攻击的对象不存在了，我相信范老也不会仍旧那样看了。就武则天镇压反对派来说，这是专政的手段，是政治斗争所必需的。为什么只许别人打倒她，而不许她打倒别人！只许别人专政，而不许她专政！我们应该从政治斗争上来看这个问题。从政治措施对人民的利害，是促进的还是保守的来看这个问题。镇压反对派是武则天在复杂、紧张的斗争中所采用的手段。武则天是和她的敌对势力一直斗争到死的，她不能不采取各种方法保护自己并使自己在斗争中取得胜利。至于杀人，要弄清楚她杀的是什么人？她杀了很多保守派，保守分子是她的反对派，杀的不是一般老百姓。武则天是很坚强的；她要实现某些政治上的巨大改变，必须彻底打垮反对派。反对她的保守派，不少是元老重臣、皇亲国戚，这些人是不愿意看到新的措施，不愿意看到新的力量的成长，而习惯于"率由旧章"的。可以看出，按老章程办事，是绝不可能取得武则天那样的治绩的。评论一个历史人物，要看他在当代起什么作用，支持他的是谁，反对他的是谁，他支持什么，反对什么，做事对大多数人有利，或是对少数人有利？历史唯物主义的精神无非是这样。武则天不止继承了唐太宗而且还为开元时代打好了基础，是个承先启后的人物，是个历史上关键性的人物。她一方面反对保守派，一方面引用全国各方面的（包括各族）人才，在她的统治的年代里，人才辈出，培养了很多政治家，在这以前，这些人是达不到这样政治地位的。进一步说，太宗在用人上还有地域性的偏见，武则天打破了这种地域之见，以及限于门阀出身的旧传统，不少南方人出来做官了，有的做了大官，这样，政治上就出现了新的局面，政权基础扩大了。如果武则天不废除这种用人分南北论门第的畛域，许多新的政治措施是行不通的。由此，可以看出武则天眼光远大，把国家看成是一个整体，用人从全国范围出发，从才力出发，选举制度和不次用人相结合，在这一点上，她是很了不起的，她是一个杰出的政治家。另外，如果单纯从妇女的角度来看，从妇女在政治上历史上所起的作用来看，几千年来，她考第一。但是，一个妇女，做了这么大的事，估价她的成就显然不能仅仅局限在妇女翻身这一点上。局限在这一点上，那就太小了。（而且，当时妇女并没有翻身，这在那时代是不可能的。）武则天为什么能长期掌握政权？这个问题在戏里好像没有解决。我看是她取得了中小地主的支持，取得人民的支持。如果她只取得了政府中部分人的支持，搞这么长的时期，这么大的事业，是不可能的。

作为历史人物，武则天是很难写的。如把她五十年的事迹当编年史来写，那么戏就太长了，也平了、瘟了。应该抓住重要事件来写，但重要事件未必都可以入戏。这种剪裁需要历史知识，更需要艺术手腕。这里就不多谈了。

最后，我觉得这个戏大体上合乎历史事实，肯定武则天是对的、正确的。但是，作者好像为历史事实所束缚，“现实主义”多了，浪漫主义少了。主要事件、主要活动应该处理好，同时也必须分清主次。剧中关于审案的描写，我怀疑是否降低了武则天，把她写成包公式的人了？这段描写作为单折是可以的，但用来描写武则天这样伟大人物，却嫌力量不够了，也缺乏典型意义。

这个戏的后一段也值得考虑。既然是历史戏，那就不能违反当时的历史条件，在当时所不可能有的思想，也不要强加于她。传子传侄，武乎李乎，武则天是有苦恼的，有矛盾的，她同狄仁杰是有斗争的。但在当时的历史条件下，不找李家人或武家人做皇帝，要传给外姓，传给贤人，这种思想是不可能产生的，这太民主了，是资产阶级思想，封建时代是不可能有这样思想的。

武则天这个角色演得好，其他人物却嫌不够，配称不上。狄仁杰就写得不够好。还有，把徐敬业作为反面人物，把他和乃祖徐勣合起来，年龄上似有问题，因为在观众看来，这个人物在舞台上始终是个老头子。徐敬业的反对武则天写成是个人的反对，也可能有问题，应该处理成为反对派的代表。武氏弟兄等，都写得不鲜明，请皇帝吃饭，作陪客用徐有功也不是适当人选。

戏的困难之处是历史时间太长，人物的线索太长，无法连贯起来，归根结底，造成困难的是编年史的写法。如果时间写短一点，或选取某一个时期，抓住主要事件，鲜明地烘托出来，使之更加生动、有力，那就会好一些。

总之，戏是好戏，有些地方还值得考虑；从艺术上说，有矛盾，但没有高潮，时间拉长了，戏太平。

我的话是外行之谈，仅供参考。

1959 年 10 月 16 日

论海瑞

看过《三女抢板》（或《生死牌》）的人，大概都记得那个挺身出来反对豪强，救了两家人性命的巡抚海瑞。这是民间流传关于海瑞的许多故事中的一个。海瑞究竟是什么样的一个人呢？

海瑞（1515—1587年，明武宗正德十年至神宗万历十五年）是我国十六世纪有名的好官、清官，是深深得到广大人民爱戴的言行一致的政治家。他为了巩固封建统治阶级的长远统治，减轻农民市民的负担，向贪婪腐朽的封建官僚、大地主斗争了一生。

一、明朝人论海瑞

为了了解海瑞，让我们先看看当时的人们是怎样评论他的。

总的评论是当时的人民说他好，当时的大地主说他不好。

但是，有点奇怪，反对海瑞的人中间，有不少人也还是不能不称赞海瑞是好官，是清官；他是为民的，想做好事的，而且，也做了好事。

就明朝人的记载来看海瑞，梁云龙所作海瑞行状，除了叙述他的清廉，为百姓办好事的政绩以外，并说：

> 呜呼！公之出、处、生、死，其关于国家气运，吾不敢知。其学士大夫之爱、憎、疑、信，吾亦不敢知。
>
> 第以公之微而家食燕私，显而莅官立朝，质诸其所著《严师教戒》，一一契券，无毫发假。孔子所谓强哉矫，而孟子所谓大丈夫乎！古今一真男子也。
>
> 论者概其性甘淡薄，有采薇之风，天挺忠贞，有扣马之节，谓道似伯夷，信矣。然其视斯民由己饥寒，耻厥辟不为尧舜，言动必则古昔、称先王，莅官必守祖宗成宪，挫折不磨，鼎镬不避，即伊尹奚让？望之如泰山壁立，就之如春风太和，接谈无疾言，无遽色，临难无郁气，无忿容，箠楚子弟臧获，亦不见其厉色严声，即柳下惠奚加？
>
> 特其质多由于天植，学未进于时中，临事不无或过，而隘与不恭，盖亦有焉。

全面地评价海瑞，指出海瑞是这样一个人，言行一致，他的日常生活和政治作为，和所著《严师教戒》文章对证，一一符合，没有丝毫的假。是“强哉矫”，是大丈夫，是古往今来一个真男子。

他生活淡泊，性格忠贞，看到百姓的饥寒认为是自己的过失，以他的皇帝不像尧舜那样为耻辱。一言一动都要说古代如何，先王如何。做官办事则坚守祖宗朝的成法。不怕挫折，不怕牺牲。又严峻，又温和，谈话的时候，说得不太快，也不摆出一副难看面孔，遭遇危难也不表现那样忿慨抑郁。连打小孩、打奴婢，也看不到他的厉色严声。

像伯夷，像伊尹，像柳下惠。

他的本性是天赋的，但是修养还没有到家，未得中庸之道。做事有时过了一些，窄了一些，以至有些不恭，这些毛病都是有的。

因为海瑞是被攻击谩骂，死在任上的，所以梁云龙很含蓄地说，这个人和时代的关系，他的出、处、生、死，和国家的关系如何，我不敢知道。学士大夫（封建统治阶级）对他的爱、憎、疑、信，对他的评价到底怎样，我也不敢知道。

梁云龙是海瑞的同乡，海瑞侄女的儿子，和海瑞关系很深，做行状时他在湖广巡抚任上，最了解海瑞。对海瑞的评价大体上应该是可信的。

此外，王宏诲的《海忠介公传》对海瑞也是大赞特赞的，但在末后又说上一句："乃海公之砥节砺行，而缙绅（官僚地主阶级）又多遗议，何也？"这样的好官、清官，为什么官僚地主阶级又多说他不好呢？是什么道理呢？

王宏诲也是海瑞的同乡，琼州定安人。海瑞在因批评皇帝而坐牢以前，王宏诲正在北京，做翰林院庶吉士，海瑞去看他，托其料理后事，关系也很深。

这两个人是海瑞的亲戚、同乡，也许会有人说他们有偏见。再看何乔远所作《海瑞传》，和李贽的《海忠介公传》，何乔远和李贽都是福建晋江人，他们的评价和梁云龙、王宏诲是一致的。清修《明史》，对海瑞一般很称赞（王鸿绪《明史稿》和《明史》一样），末后论断，也说他："意主于利民，而行事不能无偏云。"用意是为人民谋福利，但是有些偏差。汪有典的《史外》歌颂他的政绩以后，又说他：尝时以为朝廷上的人懦弱无为，都像妇人女子，把人骂苦了。有人恨极了，骂他大奸极诈，欺世盗名，诬圣自贤，损君辱国。他还是不理会。

人民是爱戴海瑞的，他做了半年多应天巡抚（应天府今南京，巡抚是皇帝派遣到地方，治理一个政区的行政长官，巡抚有弹劾地方官吏之权，有指挥驻军之权，权力很大），罢职的时候，老百姓沿街哭着送别，有些人家还画了他的像供在中堂里。死在南京右都御史（中央监察机关的长官）任上的时候，百姓非常哀痛，市面停止了营业，送丧穿戴着白色衣冠的行列，夹着江岸悼祭哀哭的百里不绝。

他晚年到南京做官，被御史（监察官）房寰弹劾，也就是汪有典所引的十六字罪状，引起了统治集团内部一部分青年知识分子的公愤，提出抗议，向皇帝写信申救。吏部办事进士顾允成、彭遵古、诸寿贤这三个人代表这一批人说：

> 南直隶提学御史房寰本论右都御史海瑞，大奸极诈，欺世盗名，诬圣自贤，损君辱国。……朝野闻之，无不切齿抱愤。……不意人间有不识廉耻二字如房寰者。
>
> 臣等自十余岁时即闻海瑞之名，以为当朝伟人，万代瞻仰，真有望之如在天上，人不能及者。
>
> 瑞剔历朊仕，含辛茹苦，垂白之年，终不使廪有余粟，囊有赢金。
>
> 瑞巡抚南畿时，所至如烈火秋霜，搏击豪强，则权势敛迹，禁绝侵渔，则民困立苏，兴水利，议条鞭，一切善政，至今黄童白叟，皆雅道之。近日起用，海滨无不曰海都堂又起，转相告语，喜见眉睫。
>
> 近在留都，禁绝馈送，裁革奢侈，躬先节俭，以至百僚，振风肃纪，远近望之，隐然有虎豹在山之势，英风劲气，振江南庸庸之士风，而濯之以清冷之水者，其功安可诬也。

说他们在十几岁时就知道海瑞是当代伟人，万代瞻仰的人物。海瑞做了多年大官，可是生活朴素，头发白了，没剩什么粮食，也没剩什么钱。做巡抚作为像烈火，像秋霜，打击豪强，有权势的人安分了，禁绝贪污，老百姓可以喘一口气了。兴修水利，贯彻一条鞭新法，这些好事，到现在地方上的老老小小都还想念他。听说海都堂又来了，人们互相告诉，非常喜欢。在南京，他禁止送礼，裁革奢侈，带头节俭，做出榜样，整顿纪纲，远近的人看着，有虎豹在山之势，英风劲气，像一股清冷的水，把江南庸庸碌碌的士风都改变了。这样的功绩，谁能抹杀？

房寰的攻击海瑞，把朝野的人都气坏了。想不到人世间有不识廉耻像房寰这样的人！

据后来另一营救海瑞的徐常吉的揭发，弹劾海瑞的房寰是什么样人呢？官是提学御史（管教育的监察官），人呢？是个大贪污犯。海瑞看到南京官员作风拖拉，偷懒，很不像话，下决心整顿，依明太祖的规矩，把一个犯规的御史打了一顿。御史们怕极了，想法子要赶走这个厉害上司。房寰借出外考试学生的机会，让儿子和亲家大收贿赂，送钱多的就录取，名声极坏。怕海瑞弹劾，先下手为强，就带头反对海瑞，造谣造得简直不像话。

乡官（退休居乡的官僚）是反对海瑞的，因为乡官恨他为百姓撑腰，强迫乡官把侵占的田地退还百姓。

大地主是反对海瑞的，因为海瑞一辈子贯彻一条鞭法，依新法，徭役的编派，人丁居四分之一，田粮居四分之三，农民人口多，大地主田地多，这样就减轻了贫农和中农的负担，大地主占地多，按地完粮，负担自然相应加重了，这怎么能不恨？海瑞一辈子主张清丈，重新丈量田地，把大地主少报的隐瞒的田地都清查出来了，要按地纳税，这怎么能不恨？

现任官员也不满意海瑞，因为赋役银两实行官收官解以后，省去一道中间剥削，百姓虽然得些便益，衙门里却少了一笔收入了，连北京的户部（管税收、财政的部）也很不高兴。海瑞坚持“此事于各衙门人诚不利，于百姓则为甚利”。至于禁止贪污、送礼，直接损害了现任官员们的利益，那就更不用说了。

从嘉靖（世宗）后期经隆庆（穆宗）到万历前期，从海瑞做官之时起，一直到死，这三十多年间，朝廷的首相是严嵩、徐阶、李春芳、高拱、张居正等人，除了严嵩是个大奸臣，李春芳庸庸碌碌以外，其他三个都是有名的宰相，尤以张居正为最。

严嵩不必说了，这个人是不会喜欢海瑞的，其他三个名相为什么也反对这个好官清官呢？

徐阶是严嵩的政敌，是他指使一批中级官员把严家父子参倒的，是他取严嵩地位而代之的。因为搞垮严嵩，很得人心。嘉靖帝死后，他又代草遗诏（遗嘱），革去嘉靖帝在位时一些弊政，名誉很好。但是，这人正是海瑞所反对的乡愿，凡事调停，自居中间，逃避斗争，不肯批评人，遇风转舵，做事圆滑，总留有后路，不肯负责任做好事，也怕坏事沾了边，好比中药里的甘草，什么病都可加上一味，治不好，也坏不了。正因为这样，才能保住禄位，严嵩挤他不掉。也正因为这样，官员们学了样，成为风气。海瑞痛恨这种作风，曾经多次提出批评意见。

当海瑞因批评嘉靖帝而坐牢的时候，嘉靖帝很生气，迟疑了好久，和徐阶商量，徐阶说了些好话，算是保全了海瑞的生命。嘉靖帝死后，海瑞立刻被释放，仍旧做户部主事，不久调兵部，又改任尚宝司丞（管皇帝符玺的官），大理寺丞（管审判的官），升南京右通政（管接受文件的官），外任为应天巡抚。

徐阶草遗诏改革弊政，是件好事，但是没有和同官高拱商量，高拱很有意见。又有人弹劾高拱，高拱以为是徐阶指使的，便两下里结了仇。公元1567年有个御史弹劾徐阶的弟弟和儿子都是大恶霸，有凭有据，海瑞没有搞清楚，以为是高拱指使，故意陷害徐阶，便和其他朝臣一样，给皇帝写信大骂高拱，要求把他罢斥。不久，高拱就免职了。高拱以后又回来做首相，对海瑞当然痛恨。

徐阶年纪太老，又得罪了当权的太监，1568年7月告老还乡。上一年冬天海瑞到南京，1569年6月任应天巡抚。经过近两年的调查研究，他明白自己偏听偏信，徐阶被弹劾的罪状是确实的。徐家有田四十万亩，是江南第一大地主，徐阶的弟弟和儿子都是人民所痛恨的大恶霸，大部分田地都是侵占老百姓的。他一上任就接到无数告徐家的状子，便立刻下令退田。徐阶也知道海瑞不好惹，勉强退出一部分，海瑞不满意，亲自写信给徐阶，一定要退出大半，才能结案。

徐阶虽然很看重海瑞，但是强迫退田，刺痛了心，恨极了。家人作恶，都有罪证，案是翻不了的。千方百计，都想不出办法，又忍不了这口气。最后有人出主意，定下釜底抽薪之计，派人到北京，走新的当权太监的门路，又重贿了给事中（管弹劾的官）嘉兴人戴凤翔，买他出头弹劾海瑞。戴凤翔家也是地主，亲戚朋友中一些人正在怕海瑞强迫退田。这一来，内外夹攻，戴凤翔弹劾海瑞支持老百姓，凌虐缙绅，形容老百姓像虎像狼，乡官像鱼像肉，被吃得很惨，“鱼肉缙绅”的罪状，加上有内线作主，硬把海瑞赶出了巡抚衙门。

也正是海瑞任应天巡抚这一年，高拱在年底被召还入内阁（拜相），第二年升次相，1571年5月首相李春芳退休，高拱任首相。

1572年6月，高拱罢相，张居正任首相。

在徐阶和高拱的政治斗争中，海瑞对这两个人的看法是不正确的，对徐阶只看到他好的一面，对高拱呢，恰好相反，没有看到他好的一面。许多年后，海瑞自编文集，在骂高拱的信后附记："一时误听人言，二公心事均未的确。"改变了对两人的看法，也承认了自己的错误。

1572年张居正做了首相，一直到1582年病死为止。

张居正是1567年2月入阁的。1569年海瑞在应天巡抚任上时，他在内阁中是第三名，对海瑞的行政措施不很赞成。虽然张居正在贯彻一条鞭法这一方面和海瑞一致，但是，用行政命令强迫乡官退田，却不能同意。写信给海瑞说：吴中不讲三尺法已经很久了，你一下子要矫以绳墨，当然他们受不了，谣言沸腾，听的人都弄糊涂了。底下说他不能帮什么忙，很惭愧。意思是嫌海瑞太性急，太过火了。1577年张居正父亲死了，按封建社会礼法，是必须辞官回家守孝的，他不肯放弃权位，叫人说通皇帝，照旧在朝办事，叫作"夺情"。这一来激怒了那些保卫封建礼法的正人君子们，认为是不孝，纷纷抗议。海瑞名气大，又敢说敢为，虽然远在广东琼州，苏州一带的文人们却假造了海瑞反对张居正的弹劾信，到处流传。到后来虽然查清楚和海瑞无关，张居正却也恨极了海瑞。有人建议重用海瑞，他都反对。

尽管如此，高拱对海瑞的评论说：海瑞做的事，说是都好，不对。说是都不好呢？也不对。对他那些过激的不近人情的地方，不加调停（纠正）是不好的。但是，要把他那些改革积弊、为民作主的地方都改掉了，则尤其不可。张居正也说："海刚峰（刚峰是海瑞的字）在吴，做的事情虽然有些过当，而其心则出于为民。"

地主阶级反对海瑞是当然的，例如何良俊，是华亭（松江）的大地主，父亲是粮长，徐阶的同乡。本人是贡生，是个乡官。他家大概也吃过海瑞的苦头，对海瑞是有意见的，说海瑞性既偏执，又不能和人商量（不和大地主商量），喜自用。而且改革太快，所以失败。不说他做的事情好不好，只骂他搞快了。又说海瑞有些疯癫，寡深识，缺少士大夫风度。说海瑞只养得些刁诈之人（贫农、中农），至于数百为群，闯门要索，要索不遂，肆行劫夺。若善良百姓（富农、地主），使之诈人，尚然不肯，况肯乘风生事乎！此风一起，士夫之家，不肯买田，不肯放债，善良之民，坐而待毙，则是爱之实陷之死也。怎能说是善政呢？幸亏海公转任了，此风稍息，但是人心动摇，到今天还没有安定下来。骂他搞糟了。

何良俊的《四友斋丛说》序文写于 1569 年，正是海瑞任应天巡抚这一年。他写的这几条批评，按语气应在 1570 年和 1571 年，书大概是这年以后刻的。他尽管站在大地主立场，骂了海瑞，但毕竟不能不说几句公道话："海刚峰不怕死，不要钱，真是铮铮一汉子！"又说："前年海刚峰来巡抚，遂一力开吴淞江，隆庆四年、五年（1570 年、1571 年）皆有大水，不至病农，即开吴淞江之力也。非海公肯担当，安能了此一大事哉！"松江一带乡官兼营工商业，海瑞要加以限制，何良俊认为："吾松士大夫工商不可谓不众矣，民安得不贫哉！海刚峰欲为之制数度量，亦未必可尽非。"

海瑞也还有几个支持他的朋友，一个是 1565 年入阁的李春芳，第二年升次相，1568 年任首相。海瑞疏浚吴淞江和救灾等工作都曾得到李春芳的支持。另一个是朱衡，从任福建提学副使时，就很器重海瑞，后来做吏部侍郎（管铨叙官吏的副部长），推荐海瑞做兴国知县，户部云南司主事；到做了工部尚书（管建筑工程的部长），还支持海瑞大搞水利。一个是陆光祖，海瑞从兴国知县内调，就是他当吏部文选司郎中（吏部的司长）时的事。

在海瑞闲居家乡的时候，有些支持他的人，纷纷建议起用。这些人虽然不一定是他的朋友，但在事业上可以这样说，是同情和崇敬海瑞的。

海瑞是同官僚地主作斗争的。既然如此，为什么官僚地主中又有人称赞他呢？这一方面是由于海瑞在人民中间的威望，一方面也是由于海瑞的斗争究竟还没有突破封建制度所能容许的限度。海瑞在主观上和客观上都还是忠君爱国的，所以何良俊说："海刚峰之意无非为民，为民，为朝廷也。"他和官僚地主有矛盾的一面，但也有一致的一面，因之，有些官僚地主们在大骂、排挤、攻击之后，也还是说海瑞一些好话。

二、斗争的一生

海瑞的一生是斗争的一生，他反对坏人坏事，不屈不挠，从不灰心丧气，勇敢地把全生命投入战斗。

海瑞，广东琼山人。先世是军人，祖父是举人，做过知县。父亲是廪生，不大念书也不大理家的浪子，在海瑞四岁时便死去了。叔伯四人都是举人，其中一个中了进士，做过御史。

海瑞虽然出生在这样一个官僚家庭，但家境并不好，祖上留下十多亩田地，光收些租子是不够过活的。他母亲谢氏生性刚直严肃，二十八岁死了丈夫，便自己抚育孤儿，做些针线贴补过日子。教儿子读《孝经》《大学》《中庸》这些书。儿子长大了，尽心找严厉通达的先生，督责功课很严格。

这样，海瑞虽然出身于地主阶级，但生活并不宽裕，和穷苦人民接触的机会多，同情贫农、中农，对大地主有反感。另一面，他受了严格的封建教育，遵守封建礼法，在政治上也必然道往古、称先王，维护封建统治阶级的利益。

他不是哲学家，但深受王阳明的影响。当时正是王学盛行的时代，师友中有不少人是王派学者。王学的要点除了主要方面是唯心主义以外，还有提倡知行合一、理论和行动一致的积极方面。海瑞也主张德行属行，讲学属知，德行好的道理也会讲得好，真实读书的人也不肯弃身于小人，知和行绝不是两件事。因此，他一生最恨的是知和行不一致的人，这种人明知是好事而不敢做，明知是坏事而不敢反对，遇事站在中间，逃避斗争，甚至脚踏两头船，一味讲调停，和稀泥。这种人他叫作乡愿，客气一点叫甘草。在《乡愿乱德》一文中说："善处世则必乡愿之为而已。所称贤士大夫，不免正道、乡愿调停行之。乡愿去大奸恶不甚远。令人不为大恶，必为乡愿，事在一时，毒流后世，乡愿之害如此！"他以为孟子之功，不在禹下，以恶乡愿为第一。到处揭露乡愿的罪状，在坐牢以前，去看同乡翰林院庶吉士王宏诲，痛心地说："现在医国的只一味甘草，处世的只两字乡愿。"这时候当国的首相便是徐阶。后来他在给徐阶儿子的信里也说："尊翁以调停国手自许，然调停处得之者少，调停处失之者多。"

在《严师教戒》文章中，他指出批评的好处，要求批评，接受批评："若人能攻我之病，我又能受人之攻，非义友耶？"自问自答，提出做人的标准，不白白活下去的意义："有此生必求无忝此生，而后可无忝者。圣人我师，一一放而行之，非今所竞跻巍科，陟朊仕之谓也。……入府县而得钱易易焉，宫室妻女，无宁一动其心于此乎？昔有所操，今或为恼恼者一易之乎？财帛世界，无能屹中流之砥乎？将言者而不能行，抑行则愧影，寝则愧衾，徒对人口语以自雄乎？质冕裳而有媚心焉，无能以义自亢乎？参之衣狐貉而有耻心焉，忘我之为重乎？或疚中而气馁焉，不能长江大河，若浩然而莫御矣乎？小有得则矜能，在人而忌，前有利达，不能无竞心乎？讳己之疾，凡有所事，不免于私己乎？穹天地、亘古今而不顾者，终亦不然乎？夫人非无贿之患，而无令德之难。于此有一焉，下亏尔影，上辱尔先矣。天以完节付汝，而汝不能以全体将之，亦奚颜以立于天地间耶？俯首索气，纵其一举，而终已于卿相之列，天下为之奔趋焉，无足齿也。呜呼！瑞有一于此，不如此死！”大意是：“人不要白活着，要照着圣人的话，一一学着做。不白活着并不是说要中高科，做大官。你到了府县衙门，弄钱很容易，好房子，美丽的妇女，你会动心吗？从前怎么说的，会动摇吗？钱财世界，你挺得住吗？或者只会说，可不会做，白天看自己的影子，晚上在床上都觉得惭愧，只会对人说空话充好人？看见大官想巴结，在穿狐皮袍子的人群中觉得自己寒伧，心虚气馁，说的话不成气派；小有成绩便骄傲起来，别人做了顺利的事，便想抢先；掩盖自己的毛病，干什么都存私心；顶天立地的事业，想也不肯想，要知道没钱不是毛病，没德才是毛病！这些事只要有这么一条，便对不住自己，也对不住祖先！上天生你这个人是完全的，但是你把它弄残缺了，毁了自己，你还有脸活在天地间吗？做了这些事，即使做到卿相，天下人都为你奔走，也是不值得的。唉！我要是犯了以上任何一条过错，还不如死的好。”这是他在做县学教谕时对学生的教约，此后几十年，他的生活、行事都一一照着检查自己，照着做，没有一句话没有做到。

他是个唯心主义者，认为“君子之于天下，立己治人而已矣。立己治人孰为之？心为之，心自知之。若得失，心自致之。虽天下之理无微不彰”。在教学上学王阳明，把“训蒙大意”作为教育方针，在行政措施上，也采用了王阳明的保甲法。

中了举人以后，做福建南平县学教谕（校长），主张学校是师长教学生的地方，教师有教师的尊严，不该向上官磕头。提学御史到学校来了，别的人都跪下，只有他站在中间，像个笔架，以后得了外号，叫笔架博士。

升任浙江淳安知县，反对大地主。

淳安山多地少，地方穷苦。地主往往有三四百亩的田产，却没有分毫的税，贫农收不到什么粮食，却得出百十亩的税差。由之富的愈富，穷的就更穷了。徭役也是十分繁重，每丁少的出一两二钱银子，多的要十几两，弄得“小民不胜，憔悴日甚”。解决的办法是清丈，根据实有土地面积，重新规定赋役负担；是均徭，均是按照负担能力分配，按力量多少分配，没有力量就不要负担了。这样，农民的负担才减轻了些，地主们可不乐意了。

此外，他还做了不少事，改革了许多弊政。几年后，他总结经验，把这些措施编成一部书，叫作《淳安政事》。

特别传诵一时的有两件事。

一件是拿办总督胡宗宪的公子。这位少爷路过淳安，作威作福，吊打驿吏。海瑞没收他带的大量银子，还报告胡总督说：此人冒充总督公子，胡作非为，败坏总督官声。弄得胡宗宪哭笑不得，只好自认倒霉。

一件是挡了都御史鄢懋卿的驾。鄢懋卿是严嵩的党羽，以都御史奉命出来巡查盐政，到处贪污勒索，还带着小老婆，坐五彩舆，地方疲于供应。海瑞检了鄢懋卿牌告上两句照例官话，说淳安地方小，容不下都老爷的大驾。牌告说：“素性俭朴，不喜逢迎。”但是听到你以前所到地方，铺张供应，并不如此。怕是地方官瞎张罗的缘故。一封信把鄢懋卿顶回去，绕道过去，不来严州了。

连总督、都御史都敢惹，海瑞的名声逐渐传开了。封建时代的老百姓是怕官的，更怕大官。如今居然有不怕大官，敢顶大官的小官，敢替老百姓撑腰说话的小官，这个官自然就得到老百姓的爱戴了。

加上，海瑞很细心，重视刑狱，审案着重调查研究，注意科学证据和人情事理，几年中平反了几件冤狱。上官因为他精明，连邻县的疑难案件也调他会审了。这些案件的判决书后来都收在文集里，小说家剧作家选取了一些，加以渲染，几百年来在舞台上为人民所欣赏。《大红袍》《小红袍》《生死牌》《五彩舆》和一些公案弹词在民间流传很广，叫作公案小说。也正因为公案小说的流传，海瑞在政治上的作为反而被公案所掩盖了。

因为得罪了胡宗宪、鄢懋卿，虽然治理淳安的政绩很好，还是被排挤调职。1562 年海瑞升嘉兴通判，鄢懋卿指使党羽弹劾，降职为江西兴国知县。

在兴国一年半，办了不少好事，清丈了田亩，减少了冗官，减轻了人民的负担。其中最快人心的事是反对乡官张鏊。

张鏊做过兵部尚书，在南昌养老享福。张鏊的侄子张豹、张魁到兴国买木材，作威作福，无恶不作。老百姓气苦得很。海瑞派人传讯，他们倚仗叔父威势，不肯来。一天忽然又跑到县衙门大闹。海瑞大怒，拿下张豹，送到府里，反而判处无罪。张鏊出面写信求情，海瑞不理。张鏊又四处求情设法，这两个坏蛋居然摇摇摆摆回家去了。海瑞气极，写信向上司力争，终于把这两个坏蛋判了罪。

1564 年，海瑞做了京官，户部云南司的主事(户部按布政使司分司，云南司是管这一政区的税收的)。

两年以后，他弄清了朝廷的情况，写信给嘉靖帝，提出严厉批评。指斥皇帝迷信道教，妄想长生，二十多年不上朝，自以为是，拒绝批评，弄得君道不正，臣职不明，吏贪将弱，暴动四起。你自号尧斋，其实连汉文帝也赶不上。嘉靖帝看了，气得发昏，丢在地下，想了又想，又捡起来看，觉得说中了毛病。叹口气说："这人倒比得上比干，只是我还不是纣王啊！"

海瑞早就准备好后事，连棺材都托人买了。嘉靖帝一听说这样，倒愣住了。不过后来还是把他关在牢里。嘉靖帝死后，海瑞被释出狱。

1569 年 6 月，海瑞以右佥都御史巡抚应天十府。应天十府包括现在江苏安徽两省大部分地方，巡抚驻在苏州。

海瑞投身到一场激烈的斗争中，他要对大地主，对水灾进行斗争。

这一年江南遭到严重水灾，夏秋多雨，田地被淹，粮食涨价，农民缺粮逃亡，情况很不好。

江南是鱼米之乡，号称全国最富庶的地方。但实际上百姓生活很困苦，因为历史的关系，粮、差的负担特别重，加上土地集中的现象这二十年来特别显著，大地主占有的土地越多，人民的生活便越困苦。特别是松江，乡官田宅之多、奴仆之众，两京十二省找不出第二个。一上任，告乡官夺产的老百姓就有几万人。"二十年来，府县官偏听乡官、举人、监生，民产渐消，乡官渐富。"真是苦难重重，数说不完。

怎么办？一面救灾，一面治水。

怎么办？要大地主退田，还给老百姓；贯彻一条鞭法。

救灾采工赈办法，把赈济和治水结合起来。闹灾荒粮食不够吃，请准朝廷，把应该解京的粮食留下一部分当口粮。闹水的原因，经过亲自勘察，是多年来水利不修，吴淞江淤塞了，太湖的水排不出去，一遇特大雨量，便泛滥成灾，得立刻疏浚。说做就做，趁冬闲开工，他坐上小船，到处巡视督工，灾民一来上工有饭吃，二来工程搞好可以解决水患，变为水利，热情很高，进度很快，不到一个月就完工了。顺带地把吴淞江北面常熟的白茆河也疏浚了。这两项工程对人民，对生产好处很大。并且用的钱都是海瑞从各方面张罗来的，没有加重人民负担。以此，人民很喜欢，很感激。

这样，他战胜了灾荒，也兴修了水利。

最困难的还是限制大地主的过分剥削。要大地主退还侵占农民的田地，等于要他们的命；不这样做，农民缺地无地，种什么，吃什么？海瑞采用了擒贼先擒王的办法，先从松江下手，先拿江南最大的地主乡官徐阶兄弟作榜样，勒令退田。这一来，乡官和大地主害怕了，着慌了，有的逃到外州县躲风头，有的只好忍痛退田。李贽记载这一件好事，加以总结，赞扬说："海瑞卵翼穷民，而摧折士大夫之豪有力者，小民始忻忻有更生之望矣！"老百姓有活路了，大地主们却认为是死路。好事才开头，便被徐阶釜底抽薪，海瑞罢职了。贼没全擒到，反而丢了官，这是海瑞所没有预料到的，也是封建社会统治阶级利益所决定的必然的下场。

解决人民生活问题的关键，在海瑞看来，无过于贯彻执行一条鞭法。这个办法不是海瑞创始的，已经有好几十年历史了，并且各地办法也不尽相同。主要的方面是把过去田赋的各项各款，均徭、力差、银差、里甲等等都编在一起，通计一省丁、粮，通派一省徭役，官收官解，除秋粮以外，一律改折银两缴纳。简言之，就是把复杂的赋役制度简化了，把实物赋税的大部分改为货币赋税。这个办法不止可以减轻农民的负担，还可以增加国家的收入，并且，在经济发展过程中也是有进步意义的。例如过去南粮北运，由于当时交通困难，运费由农民负担，往往超过正税很多，现在改折银两，省去昂贵的运输费用，人民的负担也就相应减轻了。又如徭役，实行新法以后，不问银差、力差，只要缴了钱，由官府雇工应差，农民也就可以安心生产，不再受徭役的挂累了。这样做，对生产的促进是有好处的。只是对大地主不大好，因为按照新法，大地主有些地方的负担，不是减轻，而是加重了，反对的意见很多。海瑞不顾地主们的反对，坚决执行，终于办成了。成绩是田不荒了，人不逃了，钱粮也不拖欠了，生产发展了。当时的人民很高兴，很感激。后来史家的记载也说："行条鞭法，遂为永利。"

应该指出，一条鞭法并不是摧毁封建剥削制度的办法。但是，这个办法简化了项目和手续，比较地平均了土地的负担，特别是减轻了贫农、中农和城市平民的某些负担，对生产的发展是有益的，因而，也是有民主意义和进步意义的。因此，海瑞是当时人民心目中的好官，是历史上有地位的政治家。

海瑞只做了七个月巡抚，便被大地主阶级撵下台，在家乡闲居了十六年。

万历十年(1582年)六月，张居正死。万历十三年，海瑞已经七十二岁了，被荐任用为南京都察院右佥都御史，还没到任，又调任南京吏部右侍郎。照一般道理说，七十多岁的老人该退休了，但是，他想了又想，好容易才有实干一点事的机会，虽然年纪大了，精力差了，还是有一股子干劲，于是高高兴兴到南京上任。

明朝体制，南京是陪都，虽然也和北京一样，有五府、六部、都察院等衙门，但不能决定国家大政，是安排年老的和政治上失势官员的地方，比较清闲。海瑞却并不因为闲官就无所作为，一到职就改革弊政，把多年来各衙门出票要街道商户无偿供应物品的陋规禁止了。他说："要南京五城的百姓，负担南京千百个官员的出入用度，难怪百姓苦了！吏部是六部之首，怎么能不先想到百姓？"

当时贪污成为风气，严嵩父子虽然垮了，但从宫廷到地方，依然贿赂公行，横征勒索。海瑞一辈子反对贪污，从做教官时起，就禁止学生送礼，做县官革去知县的常例（摊派在田赋上补贴县官的陋规，一种合法的贪污）。拒绝给上官行贿，有人劝他随和一些，他愤然说："全天下的官都不给上官行贿，难道就都不升官？全天下的官都给上官行贿，又难道都不降官？怎么可以为了这个来葬送自己呢？"又说："充军也吧，死罪也吧，都甘心忍受。这等小偷行径，却干不得！"知县上京朝觐，照例可以从里甲、杂项摊派四五百两银子以至上千两银子，以便进京行贿，京官把朝觐年看成是收租的年头。海瑞在淳安任上两次上京，只用了路费银四十八两，其他一概裁革。做巡抚时，拒绝人家送礼，连多年老朋友送的人情也婉言谢绝。做了多年官，过的依然是穷书生的日子。在淳安，有一天买了两斤肉，为他母亲过生日，总督胡宗宪听见了，大为惊奇，当作新闻告诉人。罢官到京听调，穿的衣服单薄破烂，吏部的熟人劝他，才置了一件新官服。祖上留下十多亩田地，除了母亲死时，朋友送一点钱添置一点墓田以外，没有买过一亩地。买了一所房子，用银一百二十两，是历年官俸的积余。死前三天，兵部送来柴火银子，一算多了七钱银子，立刻退回去。死后，同官替他清点遗物，全部家财只有薪俸银一百五十一两（一说只有十多两），绫、绸、绢各一匹，连丧事都是同官凑钱办的；看见这种情景，人们都忍不住掉下眼泪。

海瑞一生积极反对贪污，反对奢侈，主张节俭，生活朴素，是言行一致的极少见的清官。他恨极了贪官污吏，认为这是人民遭受苦难的根源，要根绝贪污，非用重刑不可。相反，像过去那样，准许贪污犯用钱赎罪，是解决不了问题的。建议恢复枉法赃满八十贯（千）处绞的法律。还提到明朝初年，严惩贪污，把贪污犯剥皮的故事。这一来，贪官污吏恐慌了，着急了，生怕海瑞剥他们的皮，联合起来，反对海瑞。

升任都察院右都御史以后，海瑞整顿纪纲，援引明太祖时的办法，用板子打御史。贪污犯房寰怕海瑞揭发，弹劾海瑞，把海瑞骂得不像人，引起了三进士的抗议。攻击的和为海瑞申雪的人吵开了，统治阶级内部发生严重争论，当国的宰相呢，依然是徐阶的手法，两面都不支持，也不得罪，不参加斗争，希望"调停"了事。最后，房寰的贪污事实被全盘揭露，遮盖不得了，才把他免职，这已经是海瑞死后的事了。

明末人谈迁记这场争论说："时人大为瑞不平，房寰今传三世而绝。"说房寰绝后是因为做了坏事。这虽然是迷信的说法，但是也可以看出当时和以后，有正义感的知识分子是同情海瑞、支持海瑞、歌颂海瑞的。

从当教官时不肯跪接御史时起，一直到建议严惩贪污，海瑞度过了他斗争的一生。

他反对乡官、大地主的兼并；反对严嵩、鄢懋卿的败坏国事，也反对徐阶的"调停""圆融"；他反对嘉靖帝的昏庸，只求无望的长生，不理国家政事；也反对地方官的额外需索，增加人民痛苦；他反对奢侈浪费；反对乡愿，总之，他反对坏人坏事。虽然他所处的是那样一个时代，还是坚持自己的信念，不屈不挠地斗争到死。

当时人对他的看法，不是说他做的全不对，而是说过火了一些，做过头了，偏了，矫枉过直了！他不同意，反而说就是要过火，就是要过直，不如此，风气变不过来。在给人的信中说："矫枉过直，古今同之。不过直，不能矫其枉。然生之所矫者，未见其为过直也。"而且："江南粮差之重，天下无有，古今无有。生至地方，始知富饶全是虚名，而苦楚特甚。其间可为百姓痛哭，可为百姓长太息者，难以一言尽也。"这种情况，光是要大地主退还一点非法侵占的田地，又怎么能说是过火，过直呢？应该说是不够，而不是什么过直。就当时当地的情况说，就当时苦楚特甚，可为痛哭，可为长太息的百姓说，过直应该是好得很，而不是糟得很。

当时农民暴动已经发生了。他把农民暴动的原因，明确指出是因为官坏："广寇大都起于民穷，民穷之故多端，大抵官不得其人为第一之害。"慨叹地说："今人居官，且莫说大有手段，可为百姓兴其利，除其弊。止是不染一分一文，禁左右人不得为害，便出时套中高人者矣。"把对官的要求降低到不求做好事，只要不做坏事，不贪污，也就难得了。又说："今人每谓做官自有套子，比做秀才不同，不可苦依死本。俗人俗见，谬妄之甚！区区惟愿……执我经书死本，行己而已。如此不执，虽熟人情，老世故，百凡通融，失己失人，全无用处。"痛斥当时的社会风气，在思想上进行坚决的斗争。

当然，光是执我经书死本，说往古，道先王，是解决不了当前的问题的。要求官吏不落时套，不做坏事，不贪污，不讲人情世故，不百凡通融，而不从社会的根本变革出发，也是不可能成功的。同样，不改变生产关系，简单地要求大地主退还侵占农民的部分田地，少剥削些，农民的苦楚减轻一些，无论事实上做不到，即使做到了，也还是封建的剥削的社会，地主剥削农民的关系依然不变，问题还是没有解决，也是不可能解决的。在当时情况下，这是不可能解决的社会矛盾。海瑞虽然感觉到问题严重，必须坚决地和坏人坏事进行斗争，但是，他没有也不可能从本质上认识和解决这个矛盾。这是时代的矛盾，也是海瑞被大地主阶级的代表们所排挤、攻击，而又取得另一部分地主阶级同情、支持的道理。

海瑞是封建统治阶级的左派，和右派及中间派进行了长期的斗争。尽管遭受多次失败，有时候很愤慨，说出了“这等世界，做得成甚事业！”的气话。但在闲居十六年以后，有重新做事业的机会，他又以头童齿豁的高年参加了。不气馁，不服老，不怕挫折，真是“铮铮一汉子”。

三、海瑞的历史地位

海瑞在当时，是得到人民爱戴，为人民所歌颂的。

他反对贪污，反对奢侈浪费，主张节俭，搏击豪强，卵翼穷民，主持清丈田亩，贯彻一条鞭法，裁革常例，兴修水利，这些作为对农民，特别对贫农、中农是有利的。农民爱戴他，歌颂他是很自然的。他对城市人民，主要是商户，裁减里甲负担，禁止无偿供应物品等等，这些措施对减轻城市工商业者的负担，是有好处的。城市人民爱戴他，歌颂他，也是很自然的。此外，他还注意刑狱，特别是人命案件，着重调查研究，在知县和巡抚任上，都亲自审案，处理了许多积案，昭雪了许多冤狱。对农民和地主打官司的案件，他是站在农民一边的。海知县、海都堂是当时被压抑、被欺侮、被冤屈人们的救星。他得到广大人民的称誉、赞扬，被画像礼拜，被讴歌传颂，死后送丧的百里不绝。他的事迹，主要是审案方面的故事，一直到今天，还流传在广大人民中。

尽管海瑞在他的时代，曾经遭受攻击、排挤、辱骂，坐过牢，丢过官，但是，就封建统治阶级内部来说，他也还是被一部分人所歌颂的，赞扬的。不只是有些青年人仰慕他，以为是当代伟人，连某些反对他的人，大地主阶级的某些代表人物，如高拱、张居正、何良俊等人，都不能不对他说一些好话。死后，被谥为忠介，皇帝派官祭奠，祭文里也说了一大堆赞扬肯定的话。当时的史家何乔远、李贽都写了歌颂他的传记。清修《明史》也把他列入大传，虽然说他行事不能无偏，有些过火，但又说他从做知县一直到巡抚，做的事用意主于利民，也是肯定的。

海瑞在历史上是有地位的。

这样的历史人物，从今天来说，建设社会主义的新时代，该不该肯定，该不该歌颂？

答案是应该肯定，应该歌颂。

评价历史人物，应该从当时当地的情况出发，应该从这个人的作为是否有利于当时的人民、当时的生产出发。从以上的分析，从明朝嘉靖到万历初期这几十年间，从当地，海瑞做过官的地区，江苏、安徽、浙江、江西、福建，那时代那地区的人民，以至更广大地区的人民，是爱戴、歌颂海瑞的。反对他的人也有，只是极少数的大地主大官僚。他的主张和措施，有利于当时人民，有利于当时生产，而不利于某些大地主的兼并，不利于某些大地主的逃避赋役，转嫁给穷苦人民的恶劣勾当。

为广大人民所爱戴、歌颂，为少数大地主大官僚所攻击、反对，这样的人物，难道还不应该为我们所肯定、所歌颂吗？

我们肯定、歌颂他一生反对坏人坏事；肯定、歌颂他一生反对贪污，反对奢侈浪费，反对乡愿；我们肯定、歌颂他一生处处事事为百姓设想，为民谋利；我们肯定、歌颂他一生不向困难低头，百折不挠的斗争精神；我们肯定、歌颂他一生言行一致，里外如一的实践精神。这些品质，都是我们今天所需要学习和提倡的，而且只有社会主义时代，这些品质才能得到充分的发扬，虽然我们今天需要的海端和封建时代的海瑞在社会内容上有原则的不同。

在今天，建设社会主义社会的今天，我们需要站在人民立场、工人阶级立场的海瑞，为建成社会主义社会而进行百折不挠斗争的海瑞，反对旧时代的乡愿和今天的官僚主义的海瑞，深入群众、领导群众、鼓足干劲、力争上游的海瑞。

这样，封建时代的海瑞，还是值得我们今天学习的。

但是，决不能也不许可假冒海瑞，歪曲海瑞。海瑞是为当时人民办好事的，一生反对坏人坏事，从没有反对过好人好事。即使在徐阶和高拱的斗争中，他没搞清楚，对徐阶只看到好的一面，不知道他坏的一面，对高拱只知道他的缺点，没有弄明白他的政治品质好的一面，作了错误的支持和抨击。但是，几年以后，弄清楚了，就自己检查，承认了错误，并且在行动上改正了这个错误。

今天有些人自命海瑞，自封“反对派”，但是，他们同海瑞相反，不站在今天人民方面，不站在今天的人民事业——社会主义事业方面，不去反对坏人坏事，却专门反对好人好事，说这个搞早了，搞快了，那个搞糟了，过火了，这个过直了，那个弄偏了，这个有缺点，那个有毛病，太阳里面找黑子，十个指头里专找那一个有点毛病的，尽量夸大，不及其余，在人民群众头上泼冷水，泄人民群众的气。这样的人，专门反对好人好事的人，反对人民事业的人，反对社会主义事业的人，不但和历史上的海瑞毫无共同之点，而且恰好和当年海瑞所反对而又反对海瑞的大地主阶级代表们的嘴脸一模一样。广大人民一定要把这种人揪出来，放在光天化日之下，大喝一声，不许假冒！让人民群众看清他们的右倾机会主义的本来面目，根本不是什么海瑞！

这样看来，研究海瑞，学习海瑞，反对对于海瑞的歪曲，是有益处的，必要的，有现实意义的。

1959年9月17日

谈迁和《国榷》

一、《国榷》这部书

二十五年前，我在北京图书馆读《明实录》，抄朝鲜《李朝实录》，想从这两部大部头书里，找出一些有关建州的史料，写一本建州史。因为清修《明史》，把它自己祖先这三百年间的历史都隐没了，篡改了，歪曲了，为的是好证明清朝的祖先从来没有臣属于明朝，没有受过明朝的封号，进一步强调建州地区从来不属于明朝的版图等等政治企图。为了达到这个目的，在修《四库全书》的时候，把明人有关建州的真实史料都作了一番安排，办法多种多样，一种是毁板，禁止流通；一种是把书中有关地方抽掉，弄成残废；一种是把有关文字删去或改写。推而广之，连明朝以前有关女真历史的著作也连带遭殃，不是被删节便是被篡改了。这样做的结果，从十四世纪到十七世纪中期这一段期间的建州史实，在整个历史上几乎成为空白点，我们对建州族的社会发展、生产情况、生产工具、社会组织、风俗习惯、文化生活、部落分布等不是一无所知，便是知道得很少。这是个历史问题，应该解决。解决的办法是努力搜集可能得到的史料，加以组织整理，填补这个人为的空白点，从而充实丰富祖国各族大家庭的可爱的历史。

当时，我从《朝鲜李朝实录》中抄出有关建州和中朝关系的史料八十本，这些史料大部分是朝鲜使臣到明朝和建州地区的工作报告，很具体，很可靠，对研究明朝历史，特别是研究建州历史有极大帮助。这部书定名为《朝鲜李朝实录中之中国史料》。隔了二十多年，最近才抽工夫校补，交给中华书局，正在排印中。

另一个主要史料《明实录》，读来读去，读出了许多困难。第一是这书没有印本，只有万历以后的各种传抄本。私人传录，当时抄书的人，怕这书部头大，有时任意偷懒，少抄或漏抄以至错抄的地方很多。错字脱简，到处都是。更糟的是这书原来就不全，因为崇祯这一朝根本没有实录。天启呢，在清初修《明史》的时候，因为《天启实录》里如实记载了当时宰相冯铨的丑事，冯铨降清以后，凭借职权方便，把记有他丑史的这一部分原本偷走毁灭了，以此，《明实录》的传抄本也缺了这部分。补救的办法是多找一些《明实录》的传抄本，用多种本子互相校补，但是，这个办法在二三十年前的私人研究工作得不到任何方面支持的情况下，是办不到的。另一个是找一部明末清初人的有关明史的较好的著作，这部书就是谈迁的《国榷》。

《国榷》这部书，知道的人很少，因为没有印本流通，只有传抄本，有机会看到的人不多。二十五年前的北平，只有前中央研究院历史语言研究所藏有一部晒印本，很珍贵，不能出借。记得在 1932 或 1933 年为了查对一条材料，曾经翻阅过一次，以后便再也没有机会见面了。

想望了二三十年，如今头发都白了，在解放了的祖国，在党的整理文化遗产的正确方针下，中华书局排印了这部六大厚册五百万字的大书，怎能叫人不高兴，不感激，不欢欣鼓舞！这部书就我个人的治学经历来说，也是一个鲜明的今昔对比。

《国榷》一百零四卷，卷首四卷，共一百零八卷。据谈迁《国榷》义例，原稿原来分作百卷，现在的本子是海宁张宗祥先生根据蒋氏衍芬草堂抄本和四明卢氏抱经楼藏抄本互相校补后重分的。这书是明朝的编年史，按年按月按日记载著者认为重大的史事，起元天历元年到明弘光元年（1328—1645 年）。卷首四卷分作大统、天俪、元潢、各藩、舆属、勋封、恤爵、戚畹、直阁、部院、甲科、朝贡等门，是综合性的叙述，便于读者参考的。

原书有崇祯庚午（1630 年）新建喻应益序，说："三代而后……野史之繁，亦未有多于今日者，然见闻或失之疏，体裁或失之偏，纪载或失之略。……盐官谈孺木，乃集海盐、武进、丰城、太仓、临朐诸家之书凡百余种，苟有足述，靡不兼收，勒为一编，名曰《国榷》。"天启丙寅（1626 年）谈迁自序批评了在他以前的几个明代编年史的作者以后，说："故予窃感明史而痛之，屡欲振笔，辄自惭怒臂，不敢称述。间窥诸家编年，于讹陋肤冗者妄有所损益，阅数岁，裒然成帙。"序后又有跋："此丙寅旧稿，嗣更增定，触事凄咽，续以崇祯、弘光两朝，而序仍之，终当复瓿，聊识于后。"由此可见《国榷》初稿完稿于公元 1626 年，以后陆续改订，过了二十年，1645 年以后，又续加了崇祯、弘光两朝。据义例所说《国榷》创稿于公元 1621 年，1647 年被小偷偷走原稿，又发愤重新编写，1653 年带稿子到北京又加修订，那么，这部书的编纂时间前后已经超过三十年了。

二、谈迁写《国榷》

《国榷》的主要根据除明列朝实录和崇祯邸抄以外，1630 年喻应益《国榷》的序文，说他采诸家著述凡百余种，这话是有事实可查的。

试以卷一到三十二的引书为例，谈迁参考过明代人著作有叶子奇、宋濂、王祎、解缙、苏伯衡、方孝孺、金幼孜、杨士奇、吴宽、李贤、李梦阳、丘濬、叶盛、姚福、郑晓、雷礼、王世贞、王世懋、王鏊、王琼、杨守陈、何乔新、薛应旂、陆深、冯时可、袁帙、何乔远、邓元锡、姜南、郭正域、吴朴、周晖、敖英、晏璧、钟士懋、林之盛、陈于陛、马晋允、陶望龄、杨廉、崔铣、罗鹤、袁又新、许重熙、张适、刘凤、顾清、严从简、郭子章、赵汝濂、高岱、廖道南、刘文征、徐学谟、陈仁锡、顾起元、霍韬、黄佐、陈懿典、朱国桢、谢铎、朱鹭、黄瑜、陈建、黄金、李维桢、尹直、杨慎、顾璘、焦竑、田汝成、茅瑞征、杨寅秋、劳堪、郭棐、罗玘、唐枢、王锜、王廷相、张志淳、陈士元、屠隆、黄志清、程敏政、储瓘、于慎行、赵时春、徐日久、陈敬宗、陈涟、冒起宗、包汝楫、周圣楷、陈善、吴中行、罗洪先、李濂、叶向高、胡松、陈廷谔、钱士升、黄省曾、袁懋谦、史继阶、许相卿、叶灿、史桂芳、何景明、陈鎏、张鼐、凌翰、朱睦㮮、尹耕、谢彬、姚涞、陈德文、徐必达、陈继儒、张溥、陈子龙、沈德符、屠叔方、姚士舜等一百二十多家。其中引用最多的是海盐郑晓的《吾学编》《今言》，丰城雷礼的《大政记》《列卿记》，太仓王世贞的《弇山堂别集》，武进薛应旂的《宪章录》，屠叔方的《建文朝野汇编》，朱鹭的《建文书法拟》，焦竑的《献征录》，徐学谟的《世庙识余录》，邓元锡的《明书》，高岱的《鸿猷录》等等。

黄宗羲撰《谈君墓表》，说他："好观古今之治乱。其尤所注心者在明朝之典故，以为史之所凭者实录耳。实录见其表，其在里者，已不可见，况革除之事，杨文贞（士奇）未免失实，泰陵之盛，焦泌阳（芳）又多丑正，神熹之载笔者皆宦逆奄之舍人，至于思陵十七年之忧勤惕厉，而太史遁荒，皇宬烈焰，国灭而史亦随灭，普天心痛。于是汰十五朝之实录，正其是非，访崇祯十五年之邸报，补其阙文，成书名曰《国榷》。”朱彝尊《静志居诗话》说他：“留心国史，考证皇朝实录宝训，博稽诸家撰述，于万历后尤详，号为《国榷》。”由此可见谈迁原来编撰《国榷》的用意，是因为明列朝实录中有几朝实录有失实、丑正、歪曲的缺点，是因为诸家编年有讹陋肤冗的毛病，才发愤编纂的。到国亡以后，不忍国灭史亦随灭，又访求邸报（政府公报），补述崇祯、弘光两朝史事，寄亡国的悲愤于先朝史书之编修，自署江左遗民，则是以爱国遗民的心情重写国史，和原来的以留心国史、典故的历史家心情编撰国史的时候有所不同了。其次，谈迁编撰《国榷》，主要的根据是列朝实录和邸报，参以诸家编年，但又不偏信实录，也不侧重私家著述；他对史事的记述是十分慎重的，取材很广泛，但选择很谨严，择善而从，不凭个人好恶。第三，建州史料万历以后最关紧要，《国榷》于万历后尤详，特别是崇祯朝没有实录，谈迁根据邸报编述了这十七年间的事迹。由于当时这书并未刊行，因之也没有经过四库馆臣的胡乱删改，我们可以根据《国榷》的记载和清修《明史》核对，就这一点而说，《国榷》这书对研究建州史和明朝后期历史是有积极贡献的。第四，1647年全稿被窃，他并不丧气，为了保存前朝史事，又发愤重新编写，这种忠于学术研究、忠于国家民族的坚贞不拔，不为困难所吓倒的精神气节，是非常值得后人崇敬和学习的。当然，谈迁也有他的时代局限性，如他对农民起义军的仇视，对国内少数民族和邻邦的态度和侈谈灾异迷信，以及文字叙述的过分简约等等，都是显著的缺点，也是封建时代史家的一般缺点，我们要取其精华，去其糟粕，用这部书作研究资料时，是要注意到这些缺点的。

还有一点很有意思的，是关于建文帝的记录。《太祖实录》的第三次修改本根本不承认建文帝这一朝代的存在，把建文年号取消，用洪武纪年。《国榷》不但恢复了建文年号，而且纪事也站在建文的立场上，在永乐起兵以前，称永乐为燕王，到起兵以后，建文帝削除燕王位号，便直称永乐为燕庶人了。我们要注意从明仁宗一直到崇祯帝都是永乐的子孙，谈迁是亡国遗民，晚年还到过北京，跑到十三陵去哭过崇祯的坟，但是在历史叙述上，他却站在为永乐所推翻的建文帝一方面。拿这件事和明代后期许多支持建文帝的野史的出版来看，说明了那时期的士大夫，对现实政治的不满和失望；他们不敢公开指斥现实的统治者，只好把同情寄托在以失败而告终的建文帝身上了。他们逃避现实斗争，同情改革失败的统治者，这也是封建时代，有正义感而又骨头软弱的读书人的悲哀吧。

谈迁对史事的真实性态度很严肃，为了求真，不惜一改再改。例如记明末张春被建州俘虏事就改了多次。第一次记录在他所写的《枣林杂俎》智集：

> 庚午(1630 年)三月[这是谈迁记错了，应为辛未(1631 年)八月]，永平道参政同州张春出关陷穹庐中，误闻殉难，赠都察院右副都御史。居无何，春从塞外求款，始追削，春妾□氏，年二十一，自经客舍。春媿其妾多矣，盖洪承畴之前茅也。

到 1655 年，他在北京，和吴伟业谈旧事，才弄清楚张春并未降敌。他又把这一事实写在所著《北游录》上：

> 丁未八月丁卯，过吴太史所，语移时。崇祯初蓟州道张春陷于建州，抗节不屈，以羁死，清史甚称之。余因曰，往时谓张春降敌，追削其秩，夺赠荫，流闻之误如此。

最后在《国榷》卷九十一记：

> 崇祯四年(1631 年)八月戊辰，是日遇敌于长山，我师败绩，

监军太仆寺少卿兼参政张春被执……春被执不屈，愿求一死……因幽之某寺中……后数年，以疾卒。

谈迁加的案语是："夫春实未尝诎膝，流离异域，其志有足悲者。宋王继忠陷契丹，上书言款，即张春之前茅也。继忠见原，春见疑，势有固然，无俟言之毕矣。"便完全改正过来了。张春事迹见《明史》卷二百九十一《忠义传》。

全书叙述是以明列朝实录为基础的，但又不全据实录，如记永乐几次和蒙古的战争，来往行程都用金幼孜的《北征录》《后北征录》和杨荣的《后北征记》，在永乐八年六月庚子次澄清河条，小注，"实录云青杨戍"，可以清楚看出。永乐十年九月记杀大理寺卿耿通，谈迁说此事"实录不载，岂有所讳耶。事具南院故牍，不可不存"。说明这一条实录里原来没有，是他用档案补上的。同样的十四年七月乙巳杀署锦衣卫都指挥佥事纪纲，谈迁也说："读其爰书，未尝不三为之太息也。"可见谈迁是读过处纪纲死刑的判决书的。十九年十二月底有一条"始立东厂，专内臣刺事"，小注："事不见正史。而会典据成化十八年大学士万安奏罢东厂云。文皇帝建立北京，防微杜渐，初行锦衣卫官校，暗行缉访谋逆妖言大奸大恶等事，恐外官徇情，随立东厂，命内臣提督控制之，彼此并行，内外相制云云。不知实录遗此，何也？"可见这一条也是实录原来没有，是谈迁根据会典补上去的。又如《明实录》和《明史》都说明成祖是马皇后生的。谈迁却根据《太常寺志》说明成祖是碽妃所生等等。不止如此，他对实录所记某些史实，还明白指出是说谎，叫人好笑。例如宣德三年(1428年)三月癸未，废皇后胡氏，立贵妃孙氏为皇后条，他就说："吾于册储而甚疑当日之事也……(中间指出疑问，从略)乃实录载胡后再请就闲，贵妃再辞坤极，谓其皆诚心，大非人情。后史氏饰美，不为有识者所葫芦乎!”

拿《国榷》和《明实录》对比,《明太祖实录》经过三次修改以后,许多事实都被删改掉了,例如明太祖晚年杀诸将,实录只写某年某月某日某人死,不说是怎样死的。《国榷》却并不隐讳,老老实实把事实如实写上。以《国榷》所记和钱谦益的《太祖实录辨证》对读,完全符合。以《国榷》和清修《明史》对比,《明史》隐去建州史迹,从猛哥帖木儿、阿哈出、释家奴到李满住、凡察、李豆罕一直到努尔哈赤这一段,几乎是空白,《国榷》却从头据实记录,不但建州诸卫和奴儿干都司的设置年月分别记载,连以后各卫首领的承袭也都一一记上了。和《明实录》、朝鲜《李朝实录》对比,也可以互相印证。

三、辛勤的劳动

谈迁一生从事学问,手不释卷,国亡后更一意修史,《北游录·纪咏》下《梦中作》:

> 往业倾颓尽,艰难涕泪余,残编催白发,犹事数行书。

这是他一生的写实。

公元1644年高宏图替他写的《枣林杂俎序》说:

> 谈子孺木有书癖,其在记室,见载籍相饷,即色然喜。或书至猥诞,亦过目始释,故多所采摭。时于坐昤涂听,稍可涉笔者,无一轻寘也。铢而寸,积而累,故称杂焉。

他喜欢读书,连坏书也要读一遍。喜欢做笔记,人们谈的,路上听的,只要有点意思,就记录下来。到处借书抄书,甚至跑到百里以外去借去抄。《北游录·纪文·上吴骏公太史书》说:

自恨绳枢瓮牖，志浮于量，肠肥脑满，妄博流览，尤于本朝，欲海盐（郑晓）、丰城（雷礼）、武进（薛应旂）之后，尝鼎血指。而家本担石，饥梨渴枣，遂市阅户录，尝重趼百里之外，苦不堪述。条积匦藏，稍次年月，矻矻成编。

从天启辛酉（1621 年）开始，这一年他母亲死了，在家读陈建所著《通纪》，嫌它不好，便着手搜集整理材料，一条条地积累，分别年月放在匦里，愈积愈多，编次条贯改了六次，编成一百卷。不料到丁亥（1647 年）八月，一股脑儿被小偷偷光了。黄宗羲《谈君墓表》说：

当是时，人士身经丧乱，多欲追叙缘因，以显来世，而见闻窄狭，无所凭借。闻君之有是书也，思欲窃之以为己有。君家徒四壁立，不见可欲者。夜有盗入其家，尽发藏稿以去。君喟然曰，吾手尚在，宁遂已乎！从嘉善钱相国借书，复成之。

他自己也说：

丁亥八月，盗胠其箧。拊膺流涕曰，噫，吾力殚矣。居恒借人书缀缉，又二十余年，虽尽失之，未敢废也。遂走百里之外，遍考群籍，归本于实录。其实录归安唐氏为善本，槜李沈氏武塘钱氏稍略焉，冰毫汗玺，又若干岁，始竟前志。田夫守株，愚人刻剑，予病类之矣。①

偷光了，再干，重头做起。以实录为本，而且还参考几种不同的本子。从 1647 年起第二次编撰《国榷》。为了搜访史料，他多年前就想去北京，1644 年高宏图的《枣林杂俎序》提到：

惜天限孺木，朝不谋夕，足迹未及燕。而今已矣，三辅黄图

① 《国榷・义例》。

之盛，东京梦华之思，孺木即有意乎，亦安所措翰也。悲夫！

北京已经为清人所占领了，怎么能去呢？就是想去，有了材料，也怎么下得笔呢？十年后，公元1653年，义乌朱之锡官弘文院编修，服满进京供职，聘他做书记，在这年闰六月同路从运河坐船到北京。丙申（1656年）二月又从运河回到海宁。在北京住了两年半多，搜集了不少史料。

朱之锡序《北游录》说他辛勤访集资料：

盐官谈孺木，年始杖矣，同诣长安（指北京）。每登涉蹑屩，访遗迹，重跰累茧，时迷径，取道于牧竖村佣，乐此不疲，旁睨者窃哂之不顾也。及坐穹村，日对一编，掌大薄蹏，手尝不辍，或复故纸背，涂鸦萦蚓，至不可辨。或涂听壁窥，轶事绪闻，残堵圮碣，就耳目所及无遗者，其勤至矣。

《北游录·纪闻》自序记访问遗事，随听随记：

自北上，以褐贱，所闻寥寥也。而不敢自废，辄耳属一二。辇上贵人，其说翔藐尘壒之外，迂朽毋得望。至渊儒魁士，未始多值，间值之，而余颓蒙自怯，嗫嚅久之，冒昧就质，仅在跬倾，惧其厌苦，手别心怅。余则垣壁桯杌之是徇，余之愦愦，不其甚乎。然幸于燕而闻其略也，若锢我荒篱之下，禽籁虫吟，聊足入耳，能倾隃麋之残沉乎！

因为身份地位关系，他只是一个老秀才，帮人做幕友，接触的人不多。就是碰到了，也很难谈得起来，又怕人厌烦，不免很紧张。即使这样，也还是有些收获，如不到北京，这些材料的搜集是不可能的。《北游录·纪邮》是他在京时的日记，从日记可以看出他到北京的目的是为了订正《国榷》，访问、借书、抄书的目的也是为了补充《国榷》。来往最多的几个人是太仓吴伟业骏公、同乡秀水曹溶秋壑、武功霍达鲁斋，这三人都是崇祯进士，都是藏书家，熟识明朝掌故。他到京后就写信给吴伟业请求指出《国榷》缺点和借阅有关史籍：

昨蒙延诲，略示讹谬，深感指南。（中述编撰《国榷》经过）而事之先后不悉，人之本末未详，闻见邸抄，要归断烂；凡在机要，非草野所能窥一二也。如天之幸，门下不峻其龙门，辄垂引拔，谓葑菲可采，株朽亦薪。……史事更贵搜订……门下以金匮石室之领袖，闻见广洽，倘不遽弃，祈于讹谬，椽笔拈出，或少札原委。盖性好涉猎，过目易忘，至于任耳，经宿之间，往往遗舛，故于今日，薄有私恳。非谓足辱大君子之纠正，而曲学暗昧，陨堑赴谷，亦门下所矜闵而手援之者也，密迩坛坫，凡有秘帙，藜隙分青，弥切仰企。记室所抄《春明梦余录》《宫殿》及《流寇缘起》，乞先假。①

《上太仆曹秋壑书》也提出同样要求：

蒙示史例，矜其愚瞽，许为搜示。迁本寒素，不支伏腊，购书则夺于饘粥，贷书则轻于韦布。又下邑褊陋，薄视缃芸，问其邺架，率资帖括。于是问一遗编，卑词仰恳，或更鼎致，靳允不一；尝形梦寐，即携李鼎阀间，亦匍匐以前矣。……幸大君子曲闵其志，托在后乘，假以程限，广赐携阅，旁征侧汇。……先朝召对事述云在朱都谏子美处，及秘录、公卿年表等万乞留意。

① 《上吴骏公太史书》。

祠曹或素所厚善者，于宗室薨赙，大臣贲恤，月日可详，特难于萃辑耳。希望万一，企踵跂之。

由曹秋壑介绍，又和霍鲁斋往来，写信说：

凡奥帙微言，悉得颁示。又所呈残稿，筚门圭窦之人，安知掌故，性好采摭，草次就录，浃岁以来，句闻字拾，繁如乱丝，卒未易理，幸逢鸿匠，大加绳削。尊谕云，史非一手一足之力，允佩良规。

从此，谈迁就和这三个学者经常往来，讨论史事了。《纪邮》记：

甲午(1654 年)正月……庚申，曹太仆见枉，语先胡事二则。

二月……乙丑，晚，共雷常侍语，常侍号飞鸣，尝预司礼监南书房，今贩钱，相邻。访以旧事，不觉泣下，拭袂而别。

甲申，仍访吴太史，语移时，晚招饮，以《国榷》近本就正，多所裁订，各有闻相证也。

丁亥，阴，过曹太仆借书，出刘若愚《酌中志》三帙，孙侍郎北海承泽《崇祯事迹》一帙。《酌中志》旧尝手录，今本加详，盖此阉继编者。……侍郎辑崇祯事若干卷，不轻示人。又著《春明梦余录》若干卷，并秘之。吴太史柬及近事，随答之。

三月……辛丑，吴太史示《流寇辑略》。

乙巳，阴，早至宣武门直舍，盖溧阳之杜邮也。失导而返。

戊申，过吴太史，值金坛王有三选部，重追语江左旧事，不胜遗恨。

四月……丁卯，……过吴太史，剧论二十刻。

丁丑……吴太史借旧邸抄若干，邀阅，悉携以归。

戊寅，展抄邸报，棼如乱丝，略次第之。

乙酉……过吴骏公太史，极论旧事。

戊子，早，过吴太史，多异闻，别有纪。

七月……丙辰，……过吴太史所，语二十刻，别有纪。

九月……乙巳，晡刻，闻霍大理见枉，遂先之，语李自成陷西安事甚悉，别有纪。

丙午……霍大理征余近录。手致之。又语遗事一二则。

丁未，阴，霍大理示黄石斋先生秘录二帙。

丙辰，录黄石斋秘稿竣，以归霍大理，语久之。

十月……戊辰，霍大理招饮，……大理筮仕曹县，语刘泽清事为详。

丙戌，冲寒过（金华）叶山公，未离枕也，亟披衣起。其邻周德润（泽）故嘉定侯之孙，官锦衣，娶驸马都尉王昺孙女，年十七，遭乱，贫甚，僦一室。余欲问遗事，故屡过山公，值之，绨袍不备，有寒色。其人拙讷，语少顷遽去。

十一月……庚戌，前借霍大理《闽书》（晋江何乔远著）阅还。客严氏故游诸彻侯，云：襄城伯李国桢任京营，甲申三月都城陷，刘友□之曰，君侯散重兵以归，此元功也，行冠诸臣之右矣。因留其营，尝同食寝。一日纵归，令检橐，因尽录其家。国桢败时，跨马，面如死灰。其舅金华潘某，退曰吾甥事至此，不即死，尚何待乎！此严氏目睹者。今刻本称国桢求葬先帝，刘诚意孔昭上章以明之，其说不知何所始也。

辛亥……午，过霍大理，示所纂《西事》及王渼波《九思集》。

癸丑，阴，往崇文门访严氏，问以遗事，不值。

十二月……辛未，借曹通政（秋壑）《续文献通考》，不值。

乙未（1655 年）正月……癸亥，风，过霍大理，借《康对山先生集》。

三月……乙未，……过霍大理，问先朝实录，未至也。

五月……丙午早，过少司马霍鲁斋所，问先朝实录，在南道未至也。

六月……丙子，钱瞻伯借我夏彝仲《幸存录》。

八月……甲寅，过吴太史所，值其乡人马又如（允昌），本世弁，崇祯末任四川副总兵，遭乱，开阃全州。己丑（1649年）变出部校，举家遇害，因北降，隶镶红旗下，食四品禄，贫甚。言遗事一二则。

戊午……晡刻，过霍彦华，值咸宁王文宣（弘度），俱目击李自成僭位事。

壬戌……晚，过王文宣、霍彦华，语旧事，知甲申大事记殆嗙呓也。

九月壬午，……饭于吴太史所。太史同年侍郎孙北海（承泽）撰《四朝人物传》，其帙繁，秘甚。太史恳年余，始借若干首，戒勿泄。特示余曰，君第录之，愿勿著其姓氏于人也。

甲辰，吴太史又示我孙氏人物传若干。

十一月……癸卯，阴，先是霍鲁斋购《明实录》而缺熹庙，以问余，所录尚未全，无以应也。

十二月……辛未，……借霍鲁斋《万历实录》，向在嘉善钱相国所抄实录，为主书删其半，至是鲁斋以二百金全购。

壬申，朱生生（国寿）来，前兵部郎中，仕清陕西参政。

癸酉，答朱生生，生生留饮。……生生语明季事甚悉。

丙申（1656年）正月……癸巳，大风，寒。过周子俶，值山阳咸大咸（默），弘光初明经，从左萝石北使，言北使事颇异。

戊申，阅《神宗实录》竟，归之。

癸丑，晚，于周子俶所复值戚大戚，语良久（关于弘光元年高杰被害事，及甲申之变太子走外家周氏被出首事）。

此外，《北游录·纪闻》上《赵朴》条：

广宁门外……天宁寺，……内侍赵朴连城逃禅于此，尝值之，问以（懿安皇后及太子）遗事云。

记王绍徽、薛国观条，俱霍鲁斋先生说。

从以上所摘录的材料看，谈迁对明季史事的搜集，是尽了极大努力的。除了曹溶、吴伟业、霍达以外，他访问了故公侯的门客、降臣、宦官、皇亲等等，把所听到的都记录下来，和文献一一核对。他还到过十三陵的思陵，明代丛葬妃嫔王子的金山，和景帝陵，西山和香山的寺庙等，也都写了材料。他把这些目击的史料应用到《国榷》这部书上，以此，《国榷》的史料价值是很高的，特别是万历以后，崇祯、弘光间的记录。崇祯朝的史事根据邸报和访问，弘光朝则他自己在当时的宰相高宏图幕府，并和张慎言等大臣往来，许多事情都得于亲身闻见，因此，是比较可信的。

谈迁在北京两年多的收获很大，但是，也有许多困难。借书访人，都不是容易事。北京尘土飞扬，也不习惯：《北游录·纪文·寄李楚柔书》诉苦说：

口既拙讷，年又迟暮，都门游人如蚁，日伺贵人门，对其牛马走，屏气候命，辰趋午俟，旦启昏通，作极欲死，非拘人所堪。于是杜门永昼，而借人书重于卞氏璧，不可复得。主人邺架，颇同故纸，目翳不开，五步之外，飞埃袭人，时塞口鼻。惟报国寺双松，近在二里，伛偻卷曲，逾旬辄坐其下，似吾尘中一密友也。

……顷者，益究先朝史，凡片言只行，犁然有当于心，录之无遗。拟南还后作记传表志，三年为期，不敢辄语人，私为足下道也。

他生性耿介，受不了这样生活，想回南了。《北游录·后纪程序》：

余欲归屡矣。乙未春三月欲附朱方庵，秋八月欲附徐道力，而居停见挽，遂不自决。虽蜗沫足濡，而心终不怿。盖追访旧事，稍非其人，则不敢置喙。至于贷书则余交寡，市书则余橐耻，日攒眉故纸，非其好也。迨萌归计，而居停适有纂修之命，意效一二，佐其下风，则天禄石渠之藏，残缺失次，既无可资订，遂束身而南。

原来还想趁朱之锡修书之便，抄一点东西的。到了知道内阁图书已经残缺失次，无可资订，便下了决心，离京回家了。

四、谈迁生平

谈迁的生平，见于《海宁县志·隐逸传》、黄宗羲《谈君墓表》，都很简略。现在根据他所著的《北游录》和《枣林杂俎》，综合叙述如下：

谈迁原名以训，字观若，明亡后改名迁，字孺木，海宁县枣林人，明诸生。他自己题《枣林杂俎》：

吾上世……德祐末避兵徙盐官之枣林，今未四百祀，又并于德祐！吾旦暮之人也，安所避哉！求桃源而无从，庶以枣林老耳，书从地，不忘本也。

四百年前宋亡，他的祖先搬到海宁，如今，明朝又亡了，没有地方可搬了。这段话是很哀感的。

据《北游录·纪文·六十自寿序》:“癸巳十月癸亥朔,抵长安,明日为揽揆之辰,周一甲子矣。”癸巳为公元1653年,往上推六十年,他生于1593年,明神宗万历二十一年癸巳。公元1621年,二十九岁,开始编撰《国榷》。1644年,他五十二岁,清军入关,北京沦陷。1645年,五十三岁,弘光被俘,南京沦陷。1647年,五十五岁,《国榷》全部手稿被窃,发愤重新撰写。1653年,六十岁了,受聘义乌朱之锡做幕友,到北京搜集明代史事,订正《国榷》。1656年,年六十三岁,离京回海宁老家。

他的卒年,据黄宗羲《谈君墓表》:“走昌平,哭思陵,西走阳城,欲哭(张慎言)太宰,未至而卒,丙申岁冬十一月也。”按谈迁自撰《北游录》,丙申(1656年)五月辛丑,从北京回家。在五月以前,也没有记到阳城的事实。《海宁县志·隐逸传》则说:“丁酉夏,以事至平阳,去平阳城数百里远,处士徒步往哭张冢宰之墓。……卒年六十有四。”则谈迁死于丁酉年,年六十四岁。黄宗羲《墓表》所说丙申,应是丁酉之误。

他家很贫困,《县志》说他:“处士操行廉,虽游大人先生之门,不妄取一介,至今家徒四壁立。”《北游录·纪邮》记他好几次拒绝人送礼物,拒绝人拿钱买他的文章。1656年南归时也不肯求人写介绍信给以方便,《纪程》下小序说:“谈迁曰:余北游倦矣,得返为幸。……在燕时,或修贽广谒,而余不能也。别居停,竟长揖出门,不更求他牍。道中蹑一敝屣,殆于决踵。余岂不忧日后耶,忧日后又不如忍目前。余归计决矣,担簦而往,亦担簦而回,箧中录本殆数千纸,余之北游幸哉!余之北游幸哉!”从这段自述,可以看出他性格的耿介,是一个有骨头的老穷汉。

谈迁五十二岁以前的生活情形，不大清楚。从他后半生的生活看来，大概也是靠替人当幕友，办些文墨事务，代写些应酬文字，赚些月俸过日子的。《北游录》里《纪文》一共有十六篇序，除《六十自寿序》以外，其他各篇题目下面都注有代字，是代他的东家朱之锡写的。六十四岁这一年《县志》说他以事至平阳，大概也是替人做幕友，不然，他这样穷，为了私事是出不了这样远门的。《县志》载他的著作有《西游录》两卷，应该就是这次旅行的纪游文字。

黄宗羲《墓表》说："阳城张太宰、胶州高相国皆以君为奇士，颇折节下之。其在南都，欲以史馆处君，不果。无何，太宰、相国相继野死。"《县志》说："崇祯壬午（1642 年）间，受知阳城张公慎言、胶州高公宏图，二公者天下之望，相与为布衣交。甲申（1644 年）高入相，张为冢宰，凡新政得失，皆就谘于处士，多所裨益。相国以处士谙掌故，荐入史馆，泣辞曰，迁老布衣耳，忍以国之不幸，博一官。高乃止。勋寺交扇，时事日非，处士私语二公曰，公等不去，将任误国之咎。二公用其言，先后乞骸骨。乙酉张客死宣城，高致命会稽，处士归于麻泾之庐。"《北游录·纪文·六十自寿序》说："记甲申正月既望，御史大夫阳城张藐山（慎言）初度，遍集齐、梁、吴、晋之士，余首坐，剧饮。先生顾诸客曰，冠进贤而来者，趾高气扬，仆视其中无所有也。虽一穷褐，胸中有书若干卷。深相礼重。"由此可见从公元1642 年起，谈迁就入高宏图幕，并和张慎言往来，被两人所契重，参预谋划。他对国事所提的意见，散见《枣林杂俎》仁集《定策本末》《劝进》《监国仪注》《王肇基》《黄澍》《高杰》等条。

谈迁对明代史事虽然十分重视，用一辈子功夫钻研搜集，但对小说戏曲，却非常轻视。如《北游录·纪邮》载：

观西河堰书肆，值杭人周清源，云虞德园先生门人也，尝撰西湖小说。噫，施耐庵岂足法哉！

又《纪闻》上《续文献通考》条：

华亭王圻《续文献通考》，其艺文类载《琵琶记》《乐府》《水浒传》，谬甚。

他的著作除《国榷》《枣林杂俎》《北游录》以外，有《枣林集》十二卷、《枣林诗集》三卷、《史论》二卷、《西游录》二卷、《枣林外索》六卷、《海昌外志》八卷。

1959年7月10日

关于评价历史人物的一些初步意见

——在南开大学科学讨论会上的讲话

关于评价历史人物的问题，我自己正在研究中，还没有成熟的看法，今天只能提出一些初步意见。半年以前，我曾经和一些研究历史和文学史的朋友们座谈这个问题，他们都认为这是在历史教学中与搞文学史的人们感到困难的问题，对某些历史人物应该肯定呢还是否定，没有把握。某些同志在研究古代画家时，把他们的阶级出身与艺术成就没有区别对待，造成了困难，所以只好笼统地说这些人都是中小地主出身。其实，如明代之董其昌就不是中小地主，他是大地主；又如唐代的王维，有庄园，有别墅，当然不是中小地主。因为过去能受比较高的教育的只是统治阶级的子弟，过去的画家大都出身于地主家庭中，当然也有出身农民的，例如王冕，但这样的人并不多。要知道过去时代掌握文化享有文化的人都是些什么人，包括历史家、教育家、政治家等等，他们能够脱产上多年学校，到各地游历访问，搜集广泛资料，而用不着负担自己和家庭的生活费用，这样的人绝不可能是工农成分的，而都是地主阶级分子。当然也有例外，但也不多。过去的旧社会是封建社会，文化为地主阶级所垄断。

但是，我们也不能因为他们的阶级出身而否定他们在文化上的贡献。譬如王维是大地主，在他一生的政治生活中有不光彩之处，但他的诗画都很好，也不能因为他是官僚、地主，就说他的诗画也不好。我看，过去几千年的封建时代的文化，无论音乐、诗歌、绘画、雕刻等等，假如我们因为这些作者是地主阶级出身而一概否定了，这是危险的。试问过去的大政治家，哪个不出身于地主阶级，假如都因为阶级出身，而不问他们对人民做的是好事是坏事，一概把他们否定，那么，历史上就没有什么大政治家可以肯定了。因此，分析历史人物不能单纯从阶级出身来决定一切，而要看他的言论、行动和成就，对时代的贡献等等。我很想研究一下这个问题，如何下手，我打算选取历史上某些有代表性的典型人物，从各方面进行分析研究，已经做了一些，还有些工作需要继续做。今天我仅对所研究过的四个历史人物提出一些意见，供大家参考。这四个典型历史人物中的两个是曹操、武则天，这两个人大家有不同的看法，对曹操已经讨论很久了，最近上海越剧团演了《则天皇帝》这个戏，我看了也发表了个人意见；第三个人是海瑞，对这个人争论不多；第四个人是谈迁，这个人大家还不大知道。

一、曹操

讨论他的文章已发表几百篇了，细节我不讲，只讲主要几点。

1. 曹操从二世纪中期生至 220 年死，他的一生是奋斗的一生，战斗的一生。从现在掌握的史料来看，他追求的是当时中国的统一，统一是好事，对整个中华民族好，应该肯定。公元 208 年赤壁之战这一仗打得不好是事实，但也有不同说法，我们不能听片面之词，打官司也得有原告被告。不管怎样，他统一南方的努力在这一仗以后遭到很大障碍，孙权、刘备趁此巩固发展自己地盘，形成了三国鼎立局面。曹操虽然没有能够统一全中国，但经过长期的努力，在他统一大半个中国的前提下，安定了社会秩序，有了法制（当然是封建法制），生产发展了，人口增加了，文化兴起了，外来的侵略挡住了，起了巩固内部和保卫国家安全的作用，所以，他对统一是有功的。对这一点也有人不同意，说“统一不是好事”，说“东汉末年的统一，政治腐烂得一塌糊涂”。我看，这种看法是有问题的。东汉后期，政治腐烂、民不聊生的情况，是封建统治所造成的，是社会制度问题，不能归咎于统一。统一时代所造成的坏事应由当时的社会政治制度、某些人物来负责，而不能由统一负责。所以，这是应该肯定曹操的第一个方面。

2. 第二方面是曹操做了了不起的事，和后来的武则天有相同之处，他对当时久已存在的封建统治阶级内部的腐朽力量进行打击。对当时的世家大族，如杨家、袁家等四世三公五公，政治上有威望的大地主大家族，都有意识地给予打击。为什么呢？因为这些家族的代表人物在政治上保守，一心一意为大地主服务，不利于农民发展生产，也不利于政治改革。相反，他所任用的人才，多提拔寒门，主要是出身低微的知识分子，都是些有能力、能办事的人，这样，他在政治上经济上许多措施，便可以顺利贯彻了。当时有两个政府存在，但真正掌握政权真正能办事的是曹操的魏政府，而不是汉献帝的汉朝政府。此外，曹操大搞水利，大搞屯田，推广新式农具，恢复并发展了农业生产，发展了社会经济，这些都是好事。曹操用人只要有才干就用，有人利用这点来攻击曹操，这是不对的。我认为，曹操改变了当时的社会风气，任用寒门代替豪族，扩大和加强了政权基础，以便于贯彻政策，在政治上这是了不起的措施。

3. 他个人的才能应肯定。曹操是中国的大军事家，当时孙权、刘备就很佩服他。他又是文学家，有人说把建安文学的兴起归功于他不公道，但不管怎样，他总是有功的，他提倡、鼓励、打气并保护文学家们，自己的诗、文也写得好，文学史上有他的地位。假如曹操与建安文学无关，那为什么孙权、刘备那里没有搞出一个什么文学呢？曹操又是书法家。他在政治上的成就不用说了。他又是运动家，假如把古代的运动家开个名单，我看，曹操应该入选。像这样具有多方面才能的人，了不起的人，大家对他有不同的意见，是很自然的。

有人说他杀人过多，但要看杀的是什么人。杀了杨家，消灭了袁家，都是大官僚，大地主。他杀了孔北海，孔融在当时很有名望，有许多人不满意，孔北海是反对曹操的政策的。他杀了名医华佗（安徽人），医学界人不满意。曹操是政治家，要取得政治斗争的胜利，必须打破旧机器建立新的国家机器，为了要贯彻自己的政策方针，打掉反对前进、阻碍社会前进的人，是完全必要的。这在历史上任何朝代都是一样，没有什么可以奇怪的。当然他多杀了一些人也乱杀了一些人是事实，但像书上说的杀得泗水为之不流，鸡犬都杀光了，事实是否如此，要看这话是什么人说的。有人说他杀得很多，也有人为他辩护，说他杀人不是那样多，我看这不是数量问题，而是该杀不该杀的问题。他的军令是残酷的："围而后降者屠。"这条军令当时他的将领就有不同意见。还有人把他打败黄巾改编青州军，说成是继承了黄巾的事业，他把黄巾没有完成的事业完成了。我看这种说法也很难令人信服。例如唐太宗是否也是继承了隋末农民起义的事业？清朝统治者是否也继承了明末李自成农民起义的事业呢？我看，不能这样说。

如何评价曹操，应从多方面来考虑。曹操有光明的一面，也有黑暗的一面；有保守的一面，也有进步的一面；有好的一面，也有坏的一面。从他对当时人民、对当时历史发展所起的作用，以及对在他以后的历史所起的作用来衡量，曹操无疑是应被肯定的，历史上应有他的地位。历史工作者是不是还应该进行一些工作，现在研究他的文章已上千篇了，意见也大体趋于一致。我看历史工作者还有工作可做，还得进一步区别开当时的统治阶级、当时的人民对曹操的看法；也应区别魏、吴、蜀、晋史家对他的不同看法和估价；区别三国以后史家政治家对曹操的看法。例如，北宋以前的人和北宋以后的人对他的看法是有不同的，不同的原因主要是正统论在作怪，从南北朝南北分裂到南宋时宋金对立，南北两方都自居正统，都指斥对方不是正统，曹操在这种政治情况下，他的名誉就受了影响了。还有汉族和少数民族的关系问题，也就是历史上“夷夏”问题。由于这样种种原因使得曹操这人物的历史地位，也随着时代的改变而有所改变。所以研究历史还应从整个历史发展进程进行研究，不然，就很难得到一个历史人物的真正面貌，而只能得到一个假象，这是很危险的。

二、武则天

大家对武则天谈得还不多。最近上海越剧团在北京演的《则天皇帝》，我看了，大体上还好；成问题的是把她写成失败人物。剧本提出她晚年到底她的皇位传给谁，儿子不成器，传给侄子，人家都反对，传贤呢，在当时是不可能的事，最后只好还是被迫由儿子继位，因为这样，就说她失败了，输了，以悲剧结局，我看，这样写是值得考虑的。我看：

1. 武则天是一个成功的人物，成功的政治家，不是失败的人物，不是悲剧人物。

2. 传贤思想在当时当地是不可能的，这是有了资本主义以后才有的思想，在封建社会是不可能的，不能把后人的思想强加于前人。

她死于八世纪初705年，活了八十二岁，三十岁进宫，第二年当皇后，参与政治；后又称天后，与高宗并称二圣，垂帘听政；以后又称则天皇帝，一直到她死。在中国历史上、唐朝历史上她起作用五十年，这样的人物在历史上是没有几个的。

研究唐代的历史应有这样的估计：唐太宗是了不起的人，打定了唐朝的基础；除高宗初年的几年以后，就是武则天的五十年；跟着是唐玄宗的开元之治的全盛时代。可以这样说：太宗打下基础，建立了规模；而武则天则是巩固发展了这基础的；唐玄宗是吃现成饭的。没有武则天起作用的五十年，也就没有玄宗的开元之治。开元之治是好事，人民生活安定了，生产、文化得到提高，为什么不好？是好的。我们热爱我们的祖国，热爱我们的历史，这个时期是我国封建时代的繁荣时期。并不是如有人所说的，一部二十四史都是人吃人的时代，应该说历史上曾经有过黑暗时代，也曾经有过光明的时代。光讲一面，是不全面的。从唐太宗到玄宗时代，中国人民的活动影响是超越国界的，从整个东方和当时唐朝影响达到地区的情况来说，中国人民抬起头来了，很值得骄傲。周围的许多国家都受唐的影响，例如大唐律的影响就很广泛。当时长安是国际性的都市，各国人都来进行经济和文化的交流，开辟了通达西方的路线。唐朝的官吏中各族人都有。当时文化提高了，生产发展了，其关键主要是武则天这五十年。加上唐初，这七八十年的安定局面，人民的文化生活、物质生活不断得到提高了。这是历史上大大的好事。总之这个时期是了不起的，大诗人、大文学家、大政治家产生最多。

我认为武则天统治的五十年间，对唐朝的历史、对祖国的历史都起了作用，是应该肯定的。

她的政治措施与曹操有相似之处，例如为了推行新的政策，就要打击元老重臣，当时元老重臣有许多人是反对她的。她要不要贯彻她的方针，在这点上她采取了坚决的行动，打击反对派，包括李家子孙在内。不管他们有多大功劳多高地位，只要是政治上的反对派就坚决消灭。她把太宗时代的功臣、大臣，基本上摆在一边，而用另一批出身寒门有抱负、有才能的人，来推行其政治，以达到她的政治主张。

其次，当时在政治用人上，从南北朝以来有南人、北人、关东、关西的不同看法，情况很复杂，统治集团内部是有矛盾的。唐太宗虽然很英明，但也难免有地域之见，支持这一地区的地主，轻视、压制那一地区的地主。武则天突破了这种地区成见，她不管什么地区，也不管什么家世，只要有才干就用。她用人的方针是违反当时统治阶级集团的利益的，因此，遭到不断反对。她通过科举制度和不次用人，扩大和加强了当时统治集团的政治基础。

同时，她用人不拘常格，甚至不管文化水平，她用的人有的是不识字的，只要认真办事的就用，目的是为了办好事情。这样，在她的时代培养了许多人，人才也多，大文学家、政治家培养提拔了许多，为下一代（唐玄宗的时代）准备了干部，开元朝廷上的主要人物大体都是武则天时代所培养的。唐玄宗初期的政策也是武则天时代的政策。由此可以看出，武则天是伟大的政治家，在当时当代发生作用，在中国历史上发生作用，中国几千年的历史，在她统治时期就占了五十年。

有人攻击她的男女关系，骂得很厉害，在这里应说明一下：(1)

在唐朝时代的男女婚姻关系，从当时的情况看，和宋以后是不大一样的，例如公主就有改嫁三次的，女人死了男人改嫁，在社会上并不是奇怪的事情。(2)唐朝宫廷的家庭生活习惯，应该和其他少数民族的生活习惯比附研究，例如古时候汉朝王昭君嫁给匈奴单于，单于死了嫁给儿子，儿子死后嫁给孙子。清朝顺治的母亲嫁给他叔叔多尔衮，这种习俗汉人不容易理解，但作为少数民族习俗看就没有什么可以大惊小怪了。唐朝李家到底是什么族我们不去管他，但是，有一点是很清楚的，唐高祖的母亲，唐太宗的老婆都是少数民族，李家血统中有少数民族的因素，习染上某些少数民族的习俗不也是很自然吗？(3)研究武则天应根据什么史料。在当时武则天是被歌颂的，也有反对的。她死后唐朝许多人，包括她的子孙在内，对她的政治措施是肯定的，称她是"则天大帝""天后"，讲好话的多，说坏话的少。讲她坏话的开始，是司马光的《资治通鉴》，骂了不少，认为妇女管政治就是母鸡管天亮。宋朝理学家所谓饿死事小、失节事大，妇女的丈夫死了就不能改嫁，而应该上吊，或者守节，等养儿子成名了，请皇帝给立贞节牌坊，这样，正史上就出现了很多篇幅的烈女传、贞节传等等。可以看出，武则天就是在这种情况下挨了骂的。可是也很荒唐，她死时已经八十二岁了，说她晚年有许多男人侍候，这个那个的，极尽诬蔑的能事。而且即使是这样，又有什么了不得，那时代男人可以有很多妻妾，死了老婆可以再娶，女人呢，死了丈夫就不能嫁老公吗？这叫没有道理。所以，研究武则天，应该看评论她的人是什么阶级，什么立场，什么时代的人，应该区别来看。她在唐朝历史上起了承前启后的作用，对唐太宗的事业加以发展，给开元之治打下了基础，她是了不起的人物，了不起的政治家。

三、海瑞

明朝十六世纪人，正德末年时生，死于1587年。

海瑞一向是被肯定的人物，但也有问题，过去的小说、戏剧、弹词等等，大体上都强调他是一个包公式的人物，平反冤狱，把他的政治成就局限在公案这一小范围了。而且，他做官的地方多在浙江、江苏、江西、福建、安徽，在北方的时间不多，所以有人称他是“南包公”。从史实看，他不仅是个好官，而且是当时有成就的政治家。的确他审了许多案，平反了一些冤狱，但这只是他事业的一部分，主要的海瑞是政治家，他是当时封建统治阶级内部的左派，是少数派，得到当时封建统治阶级某些中间、左派、一些青年知识分子及农民市民的支持，但是受到右派的反对。他同情贫农、中农和市民，做了不少好事；但另一面，他毕竟是封建统治阶级的一员，他是维护封建礼法的。他当时对推行一条鞭法最积极，还主张和执行丈量田亩。明朝初年是大规模地丈量过田亩的，但经过二百年的时间，由于封建官僚制度，地主、官僚、贵族、皇亲国戚利用地位占有大量土地，边地的军官也把屯地占为私有。此外，明朝制度，可以根据官僚的地位等级豁免徭役若干人，这样，官僚、举人秀才的负担少了，都转嫁到农民身上，农民所负的徭役很重，生活不下去，只得连人带田地去投靠在有权势的豪门中；一般中小地主也受官僚地主的压榨，为了逃避国家赋税徭役的过重负担，也有投靠在大地主门下的。在南方，特别是江苏、浙江地区，有很大数量的老百姓被强迫附属在大地主门下，这一带官田多，赋税更重，要负担全国赋税的三分之一。海瑞主张重新丈量土地，推行一条鞭法，把各种各样名目的赋役，都归纳一类，简化了手续，按土地面积征粮，纳的粮大部分改折为银子。这样，农民负担就减轻了一些，但这办法对地主官僚却很不利。海瑞一辈子反对凭政治力量剥削农民的穷凶极恶的大地主。海瑞批评嘉靖皇帝下狱时，还是当时宰相徐阶说的情，徐阶看重海瑞。但海瑞不顾私人感情，在任应天巡抚时，一到任，老百姓就告状一百多起，告的是有权势的大地主、乡官，主要是告徐家，海瑞第一个叫退休的宰相徐阶退田给老百姓，徐阶知道海瑞不讲情面，只得退了一点，海瑞一定要他退一大半。徐阶恨极了，就派人勾通京里的太监和言官，弹劾海瑞"鱼肉乡绅"，海瑞也反攻，说从前乡官鱼肉老百姓，他们不作声，现在老百姓才叫乡官退还他们非法占去的一部分就说是鱼肉乡绅了，怎么这样不讲理。也有人骂他过左了，说他矫枉过正了，他说他并没有矫枉过正，而是还没有做够。但他的一条鞭法还是执行了，广大人民的负担减轻了一些，地主剥削也少了一些，得到广大人民歌颂。所以，海瑞是有办法、有政治眼光、有魄力的政治家。当时骂他的人不少，说他好话的人更多。说他好的是农民、市民，骂他的是大地主、乡官。

研究海瑞是根据官僚地主骂他的话呢？还是根据他为百姓办了好事说他好话的来研究呢？这是一个立场问题。他的成就不限于审案，这样说对他不是翻案，而是正确地估计他在历史上的作用。另外一方面，海瑞斗争了一生，对当时人民是有利的，他打击了官僚地主，保护中小地主和贫农中农以及市民。同时他采取了一些措施，如当时的驿站——水陆交通，主张规定制度办理，这样，就可以减轻人民负担，对人民是有利的。但对官僚地主则不利，所以他们就群起而攻之了。

此外，他对城市平民的利益也是保护的，当时南京有一个坏风气，官府需要的日常用具都要由铺户无代价供给，准备不好就要受罚，官员游山玩水要人民抬轿，供给酒食，海瑞反对这个做法。他到南京上任，一调查，各衙门向铺户要东西的单子就有几百张，便下令禁止。总之，他一生向坏人坏事作斗争，丢过官，坐过牢，做一辈子官，死后全部家产才一百多两银子，一所一百二十两银子买的住宅，和祖传遗产十多亩田地；此外，便一无所有了。他敢于说话能批评人，也能接受批评，对皇帝的毛病也一一列举，毫不客气，这是历史上应肯定的人物。目前，“右倾机会主义分子”假借海瑞的敢说话的名声，也来冒充海瑞，反对党的总路线，大骂大炼钢铁，骂人民公社搞早了、搞糟了等等，这要区别开，要弄清楚站在什么立场说话，海瑞反对的是坏人坏事，从来没有反对过好人好事，“右倾机会主义分子”则是专门反对好人好事的，本质不同，绝对不容许假冒。

四、谈迁

他写了一本书——《国榷》，五百多万字，这个人是值得我们宣传学习的，我们要学习他的顽强斗争、努力、刻苦研究的精神。他与上面的三个人是不同的。他是个穷秀才，给官僚起草文件当幕友过活。明末他在大学士高宏图的幕府中，福王被俘后，他就隐居了，他有民族气节。另外，他对明代历史用功了几十年，是一个历史学家。从二十九岁母亲死，他守孝时念历史，念了几本很不满意，便决心自己编明朝的编年史。但在当时的条件下，只有某些大官僚藏有些书，也有一些更大官僚例如当过大学士的，将万历以前实录抄下来，但抄得也不全，各种抄本也不一样。谈迁到处搜集抄写，《国榷》一书引用了一百几十种资料，花了很长时间修改过六次，编成后被人偷走了（当时有人当过官想留个名，要出部书，但自己不会写，知道谈迁写了这部书，知道买不动，便想法偷走了）。谈迁虽很伤心，但不灰心，哭了一场以后，他又重新搜集史料，搞了五六年，并根据调查访问的资料将一些错误史料修正了，例如原载张春降敌，后到北京弄清楚张春没有投降，便把记录改了。他到北京后到处搜集史料，向几个藏书家借抄，还做实际调查研究工作。这样又花了一两年重新校补，书成名为《国榷》。这样顽强学习的精神是了不起的。还应指出，第一次写书，他是为了求得历史的真实而写，第二次写便不同了，是有亡国之恨写的，是在对国家的爱、对民族的爱的情况下编写出来的。他认为明朝亡了，但明朝的历史却不能亡，把这个责任一个人担当起来，他是一个爱国的历史家。

他生活贫困，以私人之力搞出这部大著作，实在非常不容易，了不起。《明太祖实录》经过三次修改，其他各朝修实录的人对一些人物有歪曲，只能作为资料看，不能完全信赖。《国榷》除根据这里面的材料外，还参考了法院的判决书和一百多家的历史记载，内容很丰富。例如，乌斯藏、朵甘和建州的有关史料，在《国榷》中就记载得比较详细，根据这些史料可以了解当时少数民族的情况。这本书史料价值是很高的。他于1657年死，过了三百年，书到今天才印出，谈迁这个爱国主义史学家也翻身了，他在中国史学史上是有地位的。他有许多方面是值得我们学习的，他费了前后几十年功夫，求了多少人，跑了多少路，抄过多少书，改写过六七次，经历多少困难，忍饥受冻，有时还得受气，这样的学者对我们启发很大，他的顽强学习精神和忠于国家民族的精神对我们今天的学习、鼓干劲、争上游是都有现实意义的。

上面谈了这四个人，总的来说有以下这些看法。要声明，只是些初步意见，仅供参考。

第一，评价历史人物，应从当时当地人民的利益出发，他的作为对当时当地人民是好是坏，对生产起促进还是起破坏作用，对文化艺术是起提高还是摧毁作用，这是一个标准。不能拿要求现代的人的标准来衡量古人，那样就没有一个人会及格了，这样做，是非历史主义的。要不然，这样做的结果，把我们的祖宗全说成是坏人，祖国的历史漆黑一团，我们全是坏人的子孙，我们的历史只是今天才从头开始，把历史切断了，这有什么好处呢？总之，评论历史人物应该以对当时当地大多数人的利益为标准。我们的祖先有很多人是了不起的，我们的民族是伟大的民族。

第二，要区别史料。凡是在当时历史上起过作用的人物和事件，在当时及以后都必然会有不同的意见，例如土改，我们说好，地主说不好；“大跃进”，总路线，大炼钢铁，大办人民公社，我们说好，“右倾机会主义分子”说不好。所以应根据当时人民的意见，应根据当时大多数人的看法，而不应该根据当时和以后少数反对者大官僚大地主的意见。要看说话的是什么人，什么立场。对曹操的评论，宋以后和宋以前是有所不同的；武则天也是如此，研究武则天，要根据唐人对她的意见，要根据直接记载的史料。当然也不能一概而论，要对被歪曲的人物区别对待，为曹操翻案的道理就在于此。

第三，阶级出身不是评价历史人物的唯一条件。人是可以改变的，过去、今天、将来都是如此。一个地主官僚阶级出身的人可能成为坏人，但不一定都是坏人，曹操、武则天、海瑞出身全不好，过去有些大画家、书法家、美术家，也都是大地主阶级出身。因为在过去社会里，只有他们这些人才享有文化学习的机会。我们决不能为这些历史人物的阶级出身而片面否定他们的历史成就，要有区别。同时，也要有联系，家世和社会的影响对一个人的发展或多或少都会是有的，也不可以说阶级出身和个人的发展毫无联系，这样说，也是不对的。

第四，评论人物应从政治措施及作用来衡量，而不应单纯从私人生活出发。个人生活是有关系的，但不是主要的。武则天即使死了丈夫以后嫁一个两个老公或更多个老公，对唐代社会、唐代人民，对中国历史之发展有何坏处？我看不出有什么坏处。说曹操杀孔融就是切断了中国的文化，我看也不见得。有人说海瑞虐待妻子，史料上无此记载，只说他的家庭生活不愉快。一定要从这方面去钻牛角尖、挑错儿，我看没有多大意思。总之，这些问题都是个别的，次要的，甚至不是重要的，不是评价历史人物的主要标准，我们不应该把这些个别问题和政治上的大节、历史上的关键性措施混淆起来。

第五，不能拿今天的意识形态强加于古人。武则天是了不起的人物，可是有些小说戏剧一定说她有民主思想，这就不对头了。她如活着，也会说这是胡说。武则天是个了不起的妇女，为妇女说过话，但也不能因此而说她主张妇女翻身。在当时，武则天的确翻身了，但当时的妇女并没有翻身。时代不同，社会性质不同，道德标准也就不同，奴隶社会有奴隶社会的道德标准，封建社会有封建社会的道德标准，社会主义社会有社会主义社会的道德标准，总之，社会性质改变了，道德标准也必然随着改变，这是个历史的发展观点，评价历史人物应从历史发展的观点出发，而不能拿今时今地的道德标准去评价彼时彼地的历史人物。

第六，实事求是，反对浮夸。不符合过去存在的客观实际就是浮夸，本来这人只有五六分好，你却说十分八分好，这就是不真实了。是怎样就是怎样，要力求合于当时实际情况。当然历史实际是不可能完全复原的，但我们历史工作者要用最大的努力力求符合当时的历史实际，不知道的就是不知道，宁阙疑，不要乱说。也有人说我们的历史博物馆有的时代的陈列实物这不够那不够，我看不是够不够的问题，我们不能从主观愿望出发，要实事求是，有什么合适的摆什么，没有呢只好空着，不要吹毛求疵，辽金时代存世的实物本来就是少嘛，这能怪谁。不过，话说回来，随着考古事业的发展，将来，我们可以希望会有越来越多的东西发掘出来，博物馆的陈列会随着越来越丰富多彩的。

第七，什么是历史？总括一句话，就是生产斗争阶级斗争的总结，就是和自然界的斗争、和反动统治阶级的斗争的总结。我们祖先所曾经努力、曾经斗争过的某些有益的经验，其中有些对于今天也还是有现实意义的。学习这些有益的经验，这也就是古为今用，古人为今人服务。因此评价历史人物，应该从生产斗争和阶级斗争出发，离开这些搞些鸡毛蒜皮，捡了芝麻，丢了西瓜，不是马克思列宁主义者研究历史的应有态度。

第八，评价历史人物还应从整个历史发展出发。从当时当地，也要从整个历史、几千年来多民族共同大家庭的历史来衡量。例如隋炀帝修运河是好事还是坏事，当时人民的确负担很重，但修成了，对当时人民，对后代人民却有大好处。秦始皇修长城是好事还是坏事，要看到，假如没有万里长城，就会增加抵御外来侵略的困难，而且这个建设一直起作用到明朝，从这方面说，决不能说全是坏事。所以评价历史人物还应从整个历史的发展来看。

以上的意见，只是根据这四个人物做了一些研究，做了些初步分析，归纳为这八条意见，是不成熟的初步意见，提供给同志们、朋友们参考和指教。

1959 年 10 月 27 日